Olschansky · Täuschende Wörter

Heike Olschansky

Täuschende Wörter

Kleines Lexikon der
Volksetymologien

Philipp Reclam jun. Stuttgart

Universal-Bibliothek Nr. 18023

Gesamtherstellung: Reclam, Ditzingen. Printed in Germany 1999

ISBN 3-15-018023-6

Inhalt

Vorwort

Wir täuschen uns, wenn wir die *Sucht* mit *suchen* verbinden, die *Armbrust* mit dem *Arm* und der *Brust*, den *Friedhof* mit dem *Frieden*, die *Gastronomie* mit dem *Gast*. Der *Bikini* ist zwar ein zweiteiliger Fummel, hat aber nichts mit *bi-* 'zwei-' zu tun, sondern ist nach der Insel Bikini benannt, auf der die USA 1946 Atombombenversuche durchgeführt haben. Der berühmte *Erlkönig* ist kein 'Erlen-König', sondern ein von Herder falsch übersetzter 'Elfen-König'. In *ausgepowert* steckt eigentlich nicht die *Power* (aus dem Englischen), sondern französisch *pauvre* 'arm'. Die *Betuchten* sind etymologisch nicht in gute Tücher gehüllt, sondern die finanziell Vertrauenswürdigen, da *betucht* vom hebräischen *bāṭu*^{a}*ḥ* 'sicher sein, vertrauensvoll' kommt. Wußten Sie, daß *der Braten* nichts mit dem Verb *braten* zu tun hat? Warum steckt in der Redensart *über den großen Onkel latschen* der *Onkel*? Und was sind eigentlich die feilgehaltenen *Maulaffen*?

Das Buch versammelt täuschende Wörter und Wendungen, bei denen das Sprachgefühl einen historisch falschen Zusammenhang herstellt oder hergestellt hat, und erklärt ihre richtige sprachgeschichtliche Herkunft. Die meisten sind Volksetymologien. Das sind klassischerweise solche Wörter und Wendungen, die Bausteine enthalten, welche geschichtlich (durch Aussterben der Wortfamilie oder als Entlehnungen aus anderen Sprachen) isoliert worden sind, d. h. nicht mehr in eine Wortfamilie eingebunden waren. Ein solches isoliertes Element wird dann mit einer anderen Wortfamilie verbunden, der es zufällig lautähnlich oder -gleich ist. Manchmal wird es ihr lautlich angepaßt. Die neue Wortfamilie nimmt das isolierte Element wie ein Pflegekind auf – die Musterpflegekinder passen sich der neuen

Familie mit der Zeit (in der Bedeutung) sehr gut an (etwa der *Braten*), die Sorgenpflegekinder bleiben der neuen Familie doch weiter fremd (etwa der *Schmetterling* als 'Schmetterer', die *Schwelle* als 'Aufgeschwollenes' oder das *Eiland* 'Insel' als 'Ei-Land'), die meisten volksetymologischen Adoptivlinge gehen in der neuen Wortfamilie einfach irgendwie mit durch (etwa *anberaumen*, das nichts mit dem *Raum* zu tun hat, ebenso wie *ereignen* nichts mit *eignen* oder *ergötzen* nichts mit dem *Götzen*). Manchmal geben Volksetymologien Anlaß zu neuer Realität: etwa zu ätiologischen Sagen (wie dem Ammenmärchen, daß der Storch die Kinder bringe, der Einbrüstigkeit der Amazonen oder der angeblichen Gefräßigkeit des Vielfraßes), zu neuem Brauchtum (wie beim *Bockbier*, in dem nicht der *Bock* steckt, sondern das *Einbecker Bier*) oder zu neuen Wörtern bzw. Wortbildungen (wie dem *Veilchendienstag*, der dem *Rosenmontag* nachfolgt, oder dem *Monokini* und dem *Minikini*, die dem *Bikini* nachgebildet sind).

Der erste Teil des Buches versammelt in Lexikonform die deutschen Volksetymologien der Standardsprache. Daran schließen sich aus Gründen der Einheitlichkeit drei separate Exkurse an. Darin kommen 1. Volksetymologien anderer Stilebenen zur Sprache, und zwar mundartliche, nur vereinzelt gebrauchte, des weiteren sprachgeschichtliche bzw. veraltete sowie scherzhafte bzw. intentionale, außerdem 2. eine Auswahl volksetymologischer Namen sowie 3. – um einen Ausblick auf die Universalität dieser sprachlichen Täuschungen zu geben – einige fremdsprachige Volksetymologien. Diese Wörter und Namen stellen jeweils nur eine Auswahl aus der Sekundärliteratur dar, quasi vollständige Darstellungen stehen hier noch aus. Auf die Wörter, Wendungen und Namen der drei Exkurse kann durch das Register zugegriffen werden.

Lexikon

der Abc-Schütze

Warum gerade der harmlose *Abc-Schütze* (der seit dem 16. Jahrhundert zuerst in der Verkleinerungsform *Abc-Schützigen* bezeugt ist) etwas mit dem Schießen zu tun haben soll, erklärt sich durch eine volksetymologische Übersetzung. *Schütze* hat die Bedeutung ‘Anfänger’ aus dem lateinischen *tīro* ‘Rekrut, Anfänger’ entlehnt. Dies hat man fälschlich mit französisch *tirer*, italienisch *tirare* ‘schießen’ verbunden und deswegen den deutschen Ausdruck *Schütze* für die Übersetzung verwendet.

das Abenteuer

Ein *Abenteuer* ist ein aufregendes, ein erregendes Erlebnis, ein mutwillig eingegangenes Wagnis, auch eine Liebesaffäre. Das Wort wird oft mit *Abend* und/oder *teuer* verknüpft. Und manch einer mag unter einem Abenteuer auch einen ‘teuren Abend’ verstehen. Eine andere Deutung bezieht sich auf ehemalige »Expeditionen ins unbekannte Abendland«, die »den Hals kosten« und somit »teuer« sein können. Und da die Aufregung bei Erlebnissen besonderer Art geschätzt wird, wurde *Abenteuer* auch als ein Erlebnis gesehen, das »mir was wert (nicht monetär)« und somit »mir teuer« ist.[1] Eine ältere volksetymologische Interpretation ist, »was man am Abend erzählt«.[2]

Tatsächlich hat *Abenteuer* weder etwas mit *Abend* noch mit *teuer* zu tun. Es ist ein Lehnwort des 12. Jahrhunderts aus altfranzösisch *aventure* und als Begriff der Artusromane verknüpft mit ‘etwas Merkwürdigem, meist gefährlicher Art, das dem Ritter unvermutet unterwegs begegnet’. Das altfranzösische *aventure* geht auf lateinisch *advenīre* ‘sich ereignen’ zurück.

1 Jeweils Befragungsaussage bei Olschansky (1996) S. 195.
2 Saussure (1967) S. 208.

der Abort

Der *Abort* als 'Fehlgeburt, Abgang' und der umgangssprachliche *Abort* als 'Klosett' sind etymologisch nicht verwandt (obwohl sich da eine Assoziation aufdrängen kann).

Abort 'Fehlgeburt' kommt von dem *Abortus* der medizinischen Fachsprache, was im 16. Jahrhundert aus lateinisch *abortus* 'Abgang' stammt und auf das Verb *aborīrī* 'vergehen' zurückgeht.

Abort 'Klosett' steht verhüllend für älteres *Abtritt*. Dieser *Abort* ist im 16. Jahrhundert aus *ab* und *Ort* zusammengesetzt worden und bezeichnete ursprünglich tatsächlich einen 'abgelegenen Ort'.

der Adebar

Das Ammenmärchen, daß der Storch die Kinder bringe, entspringt wahrscheinlich einer ziemlich alten (vordeutschen) Volksetymologie für das Wort *Adebar*, das eine vor allem nieder- und westmitteldeutsche Bezeichnung für den Storch ist. Man vermutet als Etymologie des Wortes 'Sumpfgänger'. Pfeifer (1995) S. 12 rekonstruiert ein germanisches **udafaro* und schließt *uda-* an die indogermanische Wurzel für 'Wasser' an, *-faro* stellt er zu althochdeutsch *faran* 'gehen, fahren'. Schon im Germanischen ist das Wort allerdings neugedeutet worden, indem es zu **ōdaboro* 'Segenbringer, Glücksträger' umgewandelt worden ist. So erscheint es neumotiviert mit althochdeutsch *ōt* 'Glück, Reichtum' und *-boro* 'Träger'.

die Affenschande

Die redensartliche *Affenschande* hat etymologisch nichts mit unseren äffischen Vorfahren zu tun, die als »notorisch schamlos« gelten. *Affenschande* kommt vielmehr aus dem Niederdeutschen und ist volksetymologisch umgesetzt aus *aapen Schann* 'offene Schande'.[1]

der Alkoven

Der *Alkoven* 'Schlafnische; kleiner Nebenraum' ist im 17. Jahrhundert aus französisch *alcôve* entlehnt, das selbst über spanisch *alcoba* auf arabisch *al-qubba* 'Kuppel' zurückgeht. Im Deutschen war das Wort zunächst feminin *die Alkove*. Wahrscheinlich ist es dann an das niederdeutsche *Koven* (hochdeutsch *Koben*) 'Hütte, Verschlag' angelehnt worden (oder auch *Ofen* oder *Hof* haben auf das Wort eingewirkt), so daß es sich lautlich und im Genus zum Maskulinum *Alkoven* geändert hat.

der Almrausch

Der süddeutsche und österreichische *Almrausch*, die haarige, rostrote Alpenrose, gehört im Grundwort nicht zu *Rausch* oder *rauschen*, sondern *-rausch* ist hier wahrscheinlich im 16. Jahrhundert aus lateinisch *rūscus* 'Mäusedorn' entlehnt.

die Ameise

Die *Ameise* ist keine *Meise*. Die *Ameise* ist im Westgermanischen **ǣ-maitjōn* und ursprünglich als 'Abschneiderin' benannt, weil sie Blatt-Teile abschneidet – oder aber die Moti-

1 Vgl. auch Krämer/Trenkler (1998) S. 16.

viertheit, dann als ‘Abgeschnittene’, bezieht sich auf den deutlich abgegrenzten, eingeschnittenen Leib der Ameise mit Kopf, Thorax und Hinterteil. Das Wort ist eine germanische Zusammensetzung aus *ǣ* ‘ab, weg’ (das auch in *Ohnmacht* ‘Macht-, Kraftlosigkeit’ steckt) und **maita-* ‘schneiden’ (wozu auch *Meißel* gehört).

Die *Meise* (germanisch **maisōn*) gehört vielleicht zu einem germanischen Adjektiv **maisa-* ‘klein, winzig’ und wäre so die ‘Kleine, Zierliche’.

den Amtsschimmel reiten

Der redensartliche *Amtsschimmel*, der auf der Behörde geritten wird (seit dem 19. Jahrhundert), ist ursprünglich vielleicht gar kein *Schimmel* (Pferd), sondern ein *Simile*, ein Musterformular. Die Etymologie der Redensart ist nicht sicher geklärt. Zwei Erklärungen werden geboten.

Einmal geht man davon aus, daß *-schimmel* volksetymologisch aus *Simile* umgedeutet ist, das von lateinisch *similis* ‘ähnlich’ kommt. Im alten Österreich war dieses Simile ein vorgedrucktes Musterformular, mit dem wiederkehrende Fälle schematisch zu erledigen waren. Die Juristen gebrauchten ein Wort *Schimmel* für ‘Musterentscheid, Vorlage’. Kanzleibeamte, die alles nach einem Schema handhabten, wurden deshalb auch scherzhaft *Simile-* oder *Schimmelreiter* genannt.

Eine andere Herleitung, wonach die Redensart keine Volksetymologie wäre, geht von der schweizerischen Wendung *auf dem obrigkeitlichen Schimmel herumreiten* aus, die schon 1824 bezeugt ist. Diese Wendung bezog sich ursprünglich auf die eidgenössischen Amtsboten, die auf Schimmeln schriftliche Unterlagen überbrachten.

anberaumen

anberaumen bedeutet ‘einen Termin (Gerichtstag o. ä.) an-, festsetzen’. Vielleicht denkt mancher dabei an den Raum, der für das anberaumte Ereignis frei sein muß. Das Verb ist aber ursprünglich keine Bildung zu *Raum*, sondern im 16. Jahrhundert volksetymologisch umgestaltet aus *anbera(h)men* und an *Raum* angelehnt. In *anbera(h)men* steckt offenbar mittelhochdeutsch *rām* ‘Ziel’, das in keine Wortfamilie mehr eingebunden war.

anderweitig

anderweitig ist nicht mit *weit* gebildet, sondern mit *Weide*. Es bedeutet ‘sonstig, in anderer Hinsicht, anderswo’, etwa wenn jemand anderweitig untergebracht oder etwas anderweitig eingesetzt wird. Das Adjektiv ist weitergebildet aus *anderweit*, mittelhochdeutsch auch *anderweide* ‘zum zweiten Mal, wiederum’, einer Bildung aus *ander-* ‘der/die/das zweite’ und dem mittelhochdeutschen Zahlwortsuffix *-weide*, *-weit* ‘-mal’, das auf mittelhochdeutsch *weide* ‘Fahrt, Reise’ zurückgeführt wird. Über die Beziehung ‘die soundsovielte Fütterung auf dem Weg’ geht es auf die ursprünglichere Bedeutung ‘Futter’ zurück. Nachdem das mittelhochdeutsche Zahlwortsuffix nicht mehr deutlich war, wurde *anderweit* in der frühneuhochdeutschen Kanzleisprache an *weit* angelehnt und entwickelte so über die Richtungsbedeutung ‘anderswohin, sonst’ die heutige Bedeutung.

anrüchig, das Gerücht und *ruchbar*

Anrüchiges wird gemieden – nicht weil es da schlecht riecht, sondern weil es einen schlechten Ruf hat. Mit *riechen* hat *anrüchig* ursprünglich auch nichts zu tun. Gerüchte mögen sich zwar verbreiten und anhalten wie Gerüche, gemeinsam haben sie auch oft ihren vagen, aber durchdringenden Charakter. Aber *Gerücht* und *Geruch* sind nicht verwandt. Auch bei *ruchbar* in der Wendung *ruchbar werden* 'bekanntwerden, in die Öffentlichkeit dringen' mag man an *riechen* denken, wenn man sich vorstellt, was ruchbar ist, kann man quasi riechen. Doch alle drei Wörter – *anrüchig*, *Gerücht* und *ruchbar* – kommen nicht von *riechen*, sondern von *rufen*.

Das Adjektiv *anrüchig* lautete älter *anrüchtig*. Es stammt im 13. Jahrhundert aus dem Niederdeutschen und ist eine Bildung zu *ruchte* 'Leumund', dem mittelhochdeutsch *ruofte* 'Ruf, Leumund' (neuhochdeutsch *Ruf*) entspricht. Grundlage ist *rufen*. Im Hochdeutschen wurde *anrüchtig* zur Wortfamilie um *riechen* gestellt und veränderte sich im 15. Jahrhundert lautlich zu *anrüchig*.

Auch *Gerücht* und *ruchbar* stammen aus dem Niederdeutschen. Sie sind ebenfalls zu mittelniederdeutsch *ruchte* 'Leumund' gebildet. *Gerücht* bedeutete ursprünglich 'Gerufe'. Es bezeichnete dann auch das Geschrei, mit dem ein Verbrechen öffentlich gemacht wurde. Hieraus entwickelte es die Bedeutung 'gute oder böse Nachrede, Ruf', mit der es um 1500 aus dem Niederdeutschen in die Literatursprache drang. Heute bedeutet es 'unbewiesene Nachricht, umlaufendes Gerede'. Das altertümliche Adjektiv *ruchbar* ist in der Form *ruchtbar* im 16. Jahrhundert aus dem Niederdeutschen aufgenommen. Ob auch hier der Verlust des *t* durch frühe Assoziation mit *riechen*, *Geruch* mitbedingt ist, muß offen bleiben. Seine Bedeutung 'bekannt, offenkundig' entwickelte sich in der Bedingung 'durch umlaufendes Gerede bekannt'. Da die Entlehnungen aus dem Niederdeutschen die niederdeutsche Entsprechung *-cht* für hochdeutsches *-ft* aufweisen, stehen sie im Hochdeutschen näher beim unverwandten *riechen* als bei *rufen*.

Das Verb *riechen* dagegen gehört zu *rauchen*, was seine ursprüngliche Bedeutung war. In den germanischen Sprachen hat sich daraus die Bedeutung 'einen Geruch ausströmen' entwickelt und im Mittelhochdeutschen dann auch 'einen Geruch wahrnehmen'.

anschnauzen

anschnauzen 'grob zurechtweisen', das seit dem 16. Jahrhundert bezeugt ist, hält das heutige Sprachgefühl für eine Bildung zu *Schnauze*. Es ist jedoch aus einem älteren **anschnaub(e)zen* zusammengezogen, einer Intensivbildung auf *-(e)zen* zu *anschnauben*. *schnauben* und *Schnauze* gehören beide zu einer lautmalenden Sippe, die germanisch mit **sn-* anlautet und Geräusche bezeichnet, die Nase/Schnabel und Mund erzeugen.

die Armbrust

Die Armbrust ist eine mittelalterliche Handwaffe zum Abschießen von Pfeilen, Bolzen und ähnlichen handgreiflichen Gefährlichkeiten.

Wer bei *Armbrust* an *Arm* und *Brust* denkt und glaubt, daß die Waffe so heißt, weil man sie mit dem Arm (und der Brust) hält und bedient, sitzt einer etymologischen Täuschung auf. Die *Armbrust* ist eigentlich als 'Bogenschleuder' benannt und eine Entlehnung aus dem Lateinischen, wo das vermeintliche deutsche *Arm* der 'Bogen' und das vermeintliche deutsche *Brust* die 'Schleuder' ist.

Während *Arm* und *Brust* alteinheimische deutsche Wörter sind, ist *Armbrust* (mittelhochdeutsch *ar(m)brust*, *ar(m)brost*) erst im 12. Jahrhundert aus altfranzösisch *arbalestre* entlehnt. Dies stammt von lateinisch *arcuballista* 'Bogenschleuder', einer Zusammensetzung aus *arcus* 'Bogen' und *ballista* 'Wurf-, Schleudermaschine' (was vom griechischen *bállein* 'werfen, schleudern' kommt). Im Deutschen wurde die Entlehnung im zweiten Teil zuerst volksetymologisch mit dem Neutrum mittelhochdeutsch *berust*, *berost*, Kollektivbildung zu *rüsten*, motiviert, das erste Glied auf mittelhochdeutsch *arm* 'Arm' bezogen und die Zusammensetzung wohl als 'Armwaffe' gedeutet. Als dann wieder mittelhochdeutsch *berust* ungebräuchlich geworden war, wurde das Zweitglied auf *Brust* bezogen – deshalb auch das feminine Genus.

armselig

Wer in *armselig* das Adjektiv *selig* hineinhört, denkt wortgeschichtlich falsch.

Das Adjektiv *armselig* ist keine Zusammensetzung mit *selig*, sondern eine Ableitung aus dem mittelhochdeutschen Substantiv *armsal*. Das ist (wie auch *Mühsal* und *Labsal*) eine Bildung mit dem Suffix *-sal*, das Abstrakta bildet. *-sal* (abgeschwächt *-sel* wie in *Wechsel* und *Überbleibsel*) wird auf das indogermanische Instrumentalsuffix *-tlo-* zurückgeführt.

Das Adjektiv *selig* 'überaus glücklich, der himmlischen Freuden teilhaftig, verstorben', mittelhochdeutsch *sælec*, *sælic*, althochdeutsch *sālīg*, wird auf eine indogermanische Wurzel **sel(ə)-* 'günstig, guter Stimmung, begütigen' zurückgeführt.

Ableitungen mit *-ig* von Substantiven auf *-sal* sind auch *labselig*, *mühselig* und *saumselig*, die das Sprachgefühl z. T.

auch auf das homonyme *selig* bezieht. Ebenso volksetymologisch bezogen werden wohl auch die Adjektive *feind-*, *red-* und *rührselig*, die nur analog zu diesen Ableitungen gebildet sind (d. h. ohne daß ein Substantiv auf *-sal* als Ausgangswort vorliegt). Tatsächliche Komposita mit *selig*, so *glück-*, *gott-*, *fried-*, *leut-*, *weinselig*, grenzen sich davon ab.

das Attentat und *der Attentäter*

Das Attentat ist eine Tat, doch in *Attentat* steckt nicht die *Tat*, auch wenn in *Attentäter* der *Täter* steckt.

Attentat 'Mordanschlag, eine Gewalttat aus politischen Motiven' ist im 15. Jahrhundert aus dem mittellateinischen *attentatum* entlehnt, das 'Versuch' bedeutet. Es kommt vom Verb *attem(p)tāre* 'versuchen, angreifen, antasten', einer Bildung aus *ad-* 'zu, an' und *temptāre* 'betasten'. Die heutige Bedeutung von *Attentat* setzte sich seit Anfang des 19. Jahrhunderts unter Einfluß von französisch *attentat* 'Anschlag auf eine Person' durch. Die Ableitung *Attentäter*, die deutlich volksetymologisch von deutsch *Tat* ausgeht, wurde in der Mitte des 19. Jahrhunderts gebildet – nach dem mißglückten Attentat auf den preußischen König Friedrich Wilhelm IV. 1844 trat in einem Drehorgellied der *Attentäter* als eine (möglicherweise scherzhafte) Reimbildung zu *Hochverräter* auf.

ausgepowert

In *ausgepowert* scheint *Power* zu stecken, was von englisch *power* 'Kraft' kommt. Mit der positiven *Power* hat das Verb aber ursprünglich gar nichts zu tun. Es geht im Gegenteil letztlich auf französisch *pauvre* 'arm' (von lateinisch *pauper*) zurück. Ursprünglich meinte *auspowern*, das im

19. Jahrhundert zuerst in der Form *auspovern* belegt ist, '(bis zur Verelendung) ausbeuten'. Heute ist es aus der Sportsprache vornehmlich als Partizip *ausgepowert* bekannt. Durch Anlehnung an *Power* (das letztlich von lateinisch *posse* 'können' kommt) hat es auch die Bedeutung von *ausgepumpt* 'entkräftet, erschöpft' angenommen.

die Backe 'Gesäßhälfte' und *die Backe* 'Wange'

Die Backe, auf der man sitzt (die *Arsch-*, *Hinter-*, *Po-* oder *Sitzbacke*), und die Backe im Gesicht, die Wange, sind beides rundliche Körpererhebungen. Dabei faßt das Sprachgefühl *Backe* 'Gesäßhälfte' als Übertragung von *Backe* 'Wange' auf. Beide Wörter sind wahrscheinlich aber ganz verschiedener Herkunft.

Die *Backe* als 'Gesäßhälfte' (mittelhochdeutsch *bache*, althochdeutsch *bahho* 'Rücken, Schinken, Speckseite') wird zumeist als Ableitung von althochdeutsch *bah* 'Rücken' gesehen, die sich mit anderer Bedeutung auch in der *Bache* 'weibliches Wildschwein' fortsetzt. Als Bezeichnung für die menschliche Gesäßhälfte wird das Wort im Frühneuhochdeutschen an *Backe* 'Wange' angeglichen.

Die *Backe* – im Süddeutschen maskulin *der Backen* – als 'Wange' (mittelhochdeutsch *backe* 'Backe, Kinnlade', althochdeutsch *backo* 'Kinnbacken, Kinnlade') bezeichnete ursprünglich die 'Kinnbacke', den 'Unterkiefer'. Später hat das Wort die Bedeutung von *Wange* (das heute gehobener Stil ist) angenommen. Die Etymologie ist nicht geklärt. Man erwägt, daß das Wort mit dem griechischen *φαγεῖν* 'essen' verwandt ist und nennt eine indogermanische Wurzel **bhag-* 'zuteilen, als Anteil bestimmen, erhalten'. Demnach wäre die *Backe* eigentlich der 'Esser'.

das Bauchgrimmen

Wenn man *Bauchgrimmen* 'Leibschmerzen' hat, wütet der Bauch (weil er *grimmig* ist?). Doch in der Zusammensetzung (einfaches *Grimmen* wird heute nicht mehr gebraucht) steckt nicht *Grimm* 'Wut', sondern ursprünglich mittelhochdeutsch *krimmen* (althochdeutsch *krimman*) 'mit gekrümmten Klauen packen und verletzen, Schmerzen verursachen'. Dieses Verb gehört zur Wortgruppe von *krumm* und *Krampf*. Das *Bauchgrimmen* ist also nach dem Schmerz benannt, der Magenkrämpfe begleitet. Im Mittelhochdeutschen wurde *krimmen* auf die unverwandte, aber teilweise bedeutungsähnliche Wortfamilie um *grimmen* 'wüten, brüllen, zürnen' bezogen und ebenfalls anlautend mit g geschrieben.

Die Wortfamilie um *Grimm* 'Wut' ist verwandt mit *gram* (das von der Bedeutung 'grollend' ausgeht) und wird zu einer Wurzel 'tönen, donnern' gestellt.

bedauern

In *bedauern* steckt nicht *dauern* 'währen', sondern die Präfixbildung setzt ein homonymes *dauern* 'leid tun' voraus.

dauern 'bedauern' ist seit dem 13. Jahrhundert als *tūren* bezeugt. Das Wort gehört zu *teuer* und bedeutete ursprünglich '(zu) teuer dünken, (zu) kostbar vorkommen'. Weil man, wenn einem die Aufwendung für eine Sache zu teuer erscheint, diese Sache abwertet, entwickelte sich im 16. Jahrhundert der Sinn 'leid tun; Mitleid erregen'.

dauern 'währen' dagegen, das seit dem 12. Jahrhundert bezeugt ist, liegt letztlich lateinisch *dūrāre* 'fortdauern' zugrunde.

begleiten

begleiten hat nichts mit *gleiten* zu tun, sondern gehört zu *leiten*. Im Mittelhochdeutschen sind wahrscheinlich die Formen *beleiten* und *geleiten* zusammengetroffen und haben möglicherweise über eine Vorform **begeleiten* zu *begleiten* geführt, die Bedeutung hat sich von 'führen' zu 'mitgehen' abgeschwächt.

Das Verb *gleiten* (seit dem 12. Jahrhundert bezeugt) ist damit nicht verwandt, vielleicht gehört es zu *glatt*.

behelligen

In *behelligen* 'belästigen' steckt nicht *hell*, sondern mittelhochdeutsch *hellic* 'müde, matt', das selbst von dem mittelhochdeutschen Adjektiv *hel* 'trocken, dürr' kommt. *behelligen* bedeutet also eigentlich 'ermatten, ermüden'.

Das Adjektiv *hell* dagegen bezog sich ursprünglich auf Töne und bedeutete als mittelhochdeutsch *hel* zuerst 'tönend', dann auch 'laut', schließlich wurde es auf Gesichtseindrücke übertragen und in Gegensatz zu 'dunkel' gestellt.

der Beifuß

Die Pflanzenbezeichnung *Beifuß* ist im Althochdeutschen *pīpōz*, das zum althochdeutschen Verb *bōzen* 'schlagen' gehört und auch in *Amboß* (eigentlich der 'Anschlag') steckt. Es kann benannt sein als 'Gewürz, das an die Speisen gestoßen wird' oder als 'Pflanze, die böse Geister abstoßen kann'. Im Mittelhochdeutschen wurde *bībōz* volksetymologisch an *Fuß* angeschlossen und zu *bīvouz* 'Bei-Fuß' umgebildet. Dies entspricht wahrscheinlich dem antiken Aberglauben, von dem Plinius berichtet, daß die Pflanze, wenn sie auf der Reise ans Bein gebunden wird, den Wanderer vor Ermüdung schütze.

das Beispiel

Besteht *Beispiel* aus *bei* und *Spiel*? Aus *bei* ja, aus *Spiel* ursprünglich nicht. Im Mittelhochdeutschen hieß es *bīspel*. Mittelhochdeutsch *spel* bedeutet 'Erzählung, Rede'. *Beispiel* ist somit ursprünglich 'das zu einem Sachverhalt nebenbei Erzählte'. Im Mittelhochdeutschen war *spel* aber vereinzelt im Wortschatz. Im Frühneuhochdeutschen wurde es so als zweiter Bestandteil von *bīspel* (wie auch bei *Kirchspiel*) lautlich an *Spiel* angeglichen, um es zumindest formal an eine Wortfamilie anzuschließen. Wie bei vielen anderen Volksetymologien ist auch hier der Neuanschluß nur lautlich, eine semantische Beziehung ist kaum herzustellen. Aber ein Wort, das aus bekannten Bestandteilen besteht oder zu bestehen scheint, läßt sich leichter behalten als eines mit Material, das ansonsten im Lexikon nicht mehr vorkommt.

Das Substantiv *Spiel* 'vergnügliches Treiben, Zeitvertreib, Wettkampf', mittel- und althochdeutsch *spil*, ist in seiner Herkunft nicht klar. Die Ausgangsbedeutung scheint 'Tanz, tänzerische Bewegung' zu sein; diese Bedeutung ist bis ins Mittelhochdeutsche bewahrt. Von Anfang an bedeutete es aber zumeist schon 'Kurzweil, Zeitvertreib, fröhliche Übung'.

belemmert oder *belämmert*?

Jemand kann belemmert sein oder sich benehmen, und eine Sache oder Situation kann belemmert sein. Im ersten Fall benimmt sich der Betroffene betreten oder eingeschüchtert. Im zweiten Fall wird die Sache oder Situation einfach negativ qualifiziert.

Vor allem wenn eine Person als *belemmert* bezeichnet wird, denken viele an *Lamm* und vergleichen das Verhalten der Person mit dem des wenig aggressiven Tiers. In der geschriebenen Sprache findet sich daher oft auch die Form *belämmert.*

Tatsächlich hat *belemmert*, das seit dem 17. Jahrhundert bezeugt ist, aber nichts mit *Lamm* zu tun, sondern kommt von *lahm. belemmert* ist Partizip zum niederdeutschen Verb *belemmer(e)n* 'belästigen'. Dieses ist eine Wiederholungsbildung (wie *streicheln* zu *streichen*) zu *belemen* 'lähmen'.

Allerdings hat man die volksetymologische Assoziation mit *Lamm* in der neuen Rechtschreibung ausgenutzt und sich für die Form *belämmert* als korrekte Schreibweise entschieden, um dem Sprachbenutzer die Handhabung des Wortes einfacher zu machen.

der Bergfried

Das Wort *Bergfried* bezeichnet den 'festen Hauptturm einer Burg'. Eigentlich ist es ein mittelalterlicher Ausdruck. Mittelhochdeutsch *ber(c)vrit, bervride* hatte die ältere Bedeutung 'hölzernes Turmgerüst, das an die Mauern einer belagerten Stadt geschoben wird'. Das Wort ist im Mittelhochdeutschen volksetymologisch angeschlossen an *berc* 'Berg' und *vride* 'Schutz, Sicherheit'. Wahrscheinlich liegt mittellateinisch *perfridus* u. ä. zugrunde, das man auf ein griechisches *pýrgos phorētós* 'tragbarer Turm' (der von Elefanten an die Befestigung herangetragen wird) zurückführt. Daß sich die Bedeutung von 'tragbarer Turm' zu 'Hauptturm einer Burg' verändert hat, sieht man durch den volksetymologischen Neuanschluß bedingt.

der Bertram

Die Bezeichnung der Heilpflanze *Bertram* stammt aus dem griechischen *pýrethron* 'Feuerwurzel' – die Wurzeln der Pflanze haben einen brennenden Geschmack. Bei der Übernahme ins Althochdeutsche (*berhtram*) wurde das Wort an den Personennamen *Ber(h)tram* (etymologisch *beraht* 'glänzend' und *hraban* 'Rabe') angeglichen.

betucht sein

Wohlhabende Leute nennt man umgangssprachlich *betucht*. Die meisten Deutschsprecher, die die Wortgeschichte von *betucht* nicht kennen, bringen das Wort wohl in irgendeine Verbindung mit *Tuch* – indem sie sich etwa vergegenwärtigen, daß gute oder viel Kleidung von Wohlstand zeuge, oder indem sie sich den Reichtum von Tuchhändlern (in fernen Zeiten und Zonen) vorstellen (jeweils Befragungsaussage bei Olschansky, 1996, S. 191).

betucht leitet sich aber nicht von *Tuch* 'Stoff' her und die Bezeichnung entspringt nicht einem Zusammenhang von Tuch und Wohlstand. *betucht* ist im 17. Jahrhundert aus westjiddisch *betūche* 'sicher' entlehnt und wurde im Deutschen an die Partizipialformen auf *t* angeglichen. Es geht auf hebräisch *bāṭu*^{a}*ḥ* 'sicher sein, vertrauensvoll' zurück. Im kaufmännischen Bereich wurde damit ein wohlhabender, also finanziell sicherer Partner bezeichnet.

der Beutel

Im Beutel kann man die Beute, so man eine erhascht hat, aufbewahren oder nach Hause tragen. *Beutel* hat aber – anders als etwa *Stengel* (von *Stange*) oder *Stapel* (das mit *Stab* zusammenhängt) – nichts mit der *Beute* zu tun.

Beutel 'Säckchen, Geldtasche' (im Mittelhochdeutschen *biutel*, althochdeutsch *būtil*) ist sprachgeschichtlich abhängig von *Beule* und etymologisch als 'Aufgeschwollenes' motiviert.

Beute 'das durch Plünderung Erworbene, Gewinn' ist im 14. Jahrhundert aus mittelniederdeutsch *bū(i)te* 'Tausch, Verteilung, Beute' entlehnt, einer Ableitung von *buten* 'tauschen, verteilen, erbeuten'. Die *Beute* ist also etymologisch das, was 'zur Verteilung kommt', im Handel und bei einem Kriegszug. Erst später wird der Aspekt des plünderisch Weggenommenen dominant.

bezeigen **oder** ***bezeugen*****?**

bezeigen und *bezeugen* werden nicht selten, da sie z. T. semantisch und in landschaftlicher Aussprache zusammengefallen sind, verwechselt, so wie etwa auch die *Ehrenbezeugung* statt der *Ehrenbezeigung* und die *Gnadenbezeugung* statt der *Gnadenbezeigung* stehen.

bezeigen ist eine mittelhochdeutsche Präfixbildung zu *zeigen* und gehört mit diesem zu *zeihen* (althochdeutsch *zīhan* 'beschuldigen'). Dies geht auf eine indogermanische Wurzel **deik-* 'zeigen' zurück. Im Germanischen meinte es insbesondere rechtssprachlich 'auf jemanden als den Täter hinweisen'. So tritt es semantisch in die Nähe zum gerichtlichen *Zeugen.*

Trotzdem ist *bezeugen* mit *bezeigen* nicht verwandt. Die Präfixbildung zu *zeugen* 'Zeugnis ablegen' geht mit dem polysemen *zeugen* 'Kinder hervorbringen' (althochdeutsch *(gi)ziugōn* 'etwas – als Besitz, Vermögen – nachweisen') von *Zeug*, ursprünglich 'Gerät zu technischer Tätigkeit', aus. Zusammen mit *Zeuge* ('der vor Gericht zieht') geht diese Gruppe auf *ziehen* zurück, dessen Grundlage indogermanisch **deuk-* 'ziehen' ist.

das ist nicht mein Bier

Die umgangssprachliche Redewendung *das ist nicht mein Bier* bedeutet 'das ist nicht meine Angelegenheit'. Man weiß, wie wichtig den Deutschen das Bier ist, und läßt – wenn man das überhaupt tut – vielleicht die überladenen Tische in den Bierzelten und die vollgepackten Tabletts der Kellner(innen) vor das innere Auge treten. Etymologisch steckt in der Redewendung aber nicht *Bier*, vielmehr ist *Bier* hier eine mundartliche Umgestaltung aus *Birne* (vgl. kölnisch *dat sönd ding beäre net* 'das geht dich nichts an').[1]

der Bikini und *der Monokini*

Der *Bikini* ist kein *Monokini* ist kein *Minikini* . Der Bikini ist die knappe zweiteilige Badekleidung für Frauen. Der Monokini ein einteiliger Fummel (ursprünglich die Herrenbadehose). Der Minikini ein winziger Fummel.[2]

Also: *bi* = 2, da *mono* = 1 Teil? Volksetymologie! In *Bikini* steckt nicht das Fremdpräfix *bi-* 'zwei', das aus dem Lateinischen stammt. Die Bezeichnung ist vielmehr im 20. Jahrhundert aus dem Französischen oder Amerikanisch-Englischen entlehnt und geht auf den Namen des Atolls Bikini (Marshallinseln) im Pazifischen Ozean zurück, das die USA 1946 für Atombombenversuche benutzt haben. Das Motiv für die Übertragung des Inselnamens ist nicht klar. Es gibt verschiedene Deutungsversuche. Pfeifer (1995) S. 136 denkt »an das zerstreute Vorkommen der Atolle oder auch an die von der Trägerin dieses Kleidungsstücks ausgehende, mit einer Explosion verglichene Wirkung«, Kluge/

1 Siehe DUDEN Redewendungen (1992) S. 109. – Ausführlicher bespricht Todenhagen (1972) diese Volksetymologie.

2 *Minikini* und (als veraltend) *Monokini* verzeichnet DUDEN Das große Wörterbuch (1993–95) V S. 2298.

Seebold (1995) S. 109 vermutet für die Bezeichnungsübertragung die Assoziationen 'Südsee' und 'Explosion', DUDEN Etymologie (1989) S. 81 meint, »[d]ie Wirkung, die dieser knapp geschnittene Badeanzug hervorrief, wurde mit der gleichen moralischen Entrüstung betrachtet wie die Atombombenversuche auf Bikini.«

der Blankscheit

Korsetts sind außer zu medizinischen Zwecken glücklicherweise aus der Mode gekommen. Deshalb ist auch das Wort *Blankscheit* ein Archaismus, ein veraltetes Wort. *Blankscheit* bezeichnete das 'Fischbein im Mieder'. Lautlich scheint es eine Zusammensetzung aus *blank* und *Scheit* zu sein und als 'blanker Scheit' benannt worden zu sein. Tatsächlich ist das Wort im 18. Jahrhundert aus französisch *planchette* entlehnt, das ursprünglich 'Plättchen, Brettchen' bedeutete, und im Deutschen dann volksetymologisch umgedeutet worden.

bläuen oder *bleuen*?

Wenn jemand *verbleut* (verprügelt) wird, trägt er oder sie *blaue* Flecken davon. Die meisten Sprecher denken wohl auch an *blau* (*grün und blau schlagen*), da oft auch *verbläuen* geschrieben wird. Das gleiche gilt für einfaches *bleuen* 'schlagen' und die Präfixbildung *einbleuen* 'durch Prügel beibringen, mit Nachdruck einschärfen'. Alle drei Verben sind etymologisch zwar unabhängig von *blau*, werden aber häufig volksetymologisch auf *blau* bezogen und mit *äu* geschrieben. Die neue Rechtschreibung hat dies jetzt sogar zur Regel gemacht. Tatsächlich sind sie aber verwandt mit dem *Bleuel* (dem hölzernen Schlegel, mit dem z. B. die

Wäsche gewaschen wird) und der moderneren *Pleuelstange* 'Schubstange'.

bleuen (mittelhochdeutsch *bliuwen*, althochdeutsch *bliuwan*) geht mit seinen Präfixbildungen *ver-* und *einbleuen* auf ein germanisches Verb **bleww-a-* 'schlagen' zurück.

Das Adjektiv *blau* (mittelhochdeutsch *blā(wes)*, althochdeutsch *blāo*, germanisch **blēwa-* 'blau') setzt eine indogermanische Wurzel **bhel-* 'glänzen(d), weiß' voraus, die die Grundlage für mehrere westeuropäische Farbwörter ist. Die Vorstellung 'blau' ist also nicht ursprünglich; wie manche anderen Farbbezeichnungen auch hatte dieses Farbwort die Ursprungsbedeutung 'hell, glänzend', die heutige Bedeutung 'blau' hat sich erst im Germanischen entwickelt und war selbst im Althochdeutschen noch nicht fest.

blümerant

blümerant bedeutet 'flau, unwohl'. Das Wort sieht aus wie eine Ableitung von *Blume*. Ist's aber nicht. *blümerant* kommt im 17. Jahrhundert von französisch *bleumourant* 'mattblau', was wörtlich 'sterbendes Blau' bedeutet. Die Bedeutungsveränderung zu 'unwohl' stammt wahrscheinlich aus Wendungen wie *blümerant vor Augen* – wohl nach der visuellen Wahrnehmung bei Schwindelanfällen.

das Bockbier

Das *Bockbier* (gekürzt *Bock*, aufgestockt *Doppelbock*) ist ein gutes Beispiel dafür, wie eine volksetymologische Umdeutung weitere Auswirkungen auf die Realität hat.

Die Bezeichnung des Starkbiers, dessen Markenzeichen Ziegenböcke bzw. Ziegenbockköpfe sind und das zu dem Brauchtum der Bockbierfeste geführt hat, hat mit dem *Bock* (dem Tier) ursprünglich nichts tun. Der vermeintliche *Bock* rührt her von dem Namen der niedersächsischen Stadt *Einbeck*, früher *Eimbeck*, dem Heimatort des Bockbiers. Im 16. Jahrhundert hieß das Hopfenbier *Eimbeckisch*, *Einbekkisch Bier.* Seit Anfang des 17. Jahrhunderts wurde das bekannte Bier in Bayern nachgebraut und ist münchnerisch anno 1630 als *ampokhisch pier* bezeugt, später als *Aimbock* und *Oambock*. *Oambock* wurde volksetymologisch als 'ein Bock' verstanden, so daß im 19. Jahrhundert die maskuline Kurzform *Bock* aufkam, die auch als *un bock* 'ein Glas Bier' ins Französische entlehnt wurde. Der Ziegenbock als Markenzeichen ebenso wie das Brauchtum der Bockbierfeste mit ihrem entsprechenden bildlichen Schmuck haben ihren Ursprung erst in der volksetymologischen Umdeutung zur Tierbezeichnung *Bock*, wobei vielleicht andere Bierbezeichnungen wie *Schöps* und *Geiß* mitgewirkt haben.[1]

bombastisch

Wenn etwas als *bombastisch* bezeichnet wird, ist es 'übertrieben aufwendig, schwülstig, pompös'. Wer dabei allerdings an *Bombe* denkt (20 von 30 Befragungspersonen bei Olschansky, 1996, S. 162f.), denkt falsch. Zugrunde liegt einfaches *Bombast* 'Schwulst, Redeschwall'.

Bombast ist im 18. Jahrhundert aus englisch *bombast* entlehnt und geht über das Altfranzösische, Lateinische und Griechische wahrscheinlich auf mittelpersisch *pambak* 'Baumwolle' zurück. Das englische Wort bezeichnete zunächst ein Baumwollgewebe, mit dem Jacketts auswattiert wurden. Daß die Bezeichnung dann auf schwülstigen Stil übertragen wurde, rührt von der Vorstellung eines aufgebauschten Kleidungsstücks her.

1 Siehe Weisgerber (1950) S. 61.

Das Wort *Bombe* 'Sprengkörper' geht über das Französische und Italienische auf lateinisch *bombus* 'dumpfes Geräusch' zurück. Zugrunde liegt hier griechisch *bómbos* mit gleicher Bedeutung, das wohl eigentlich ein lautnachahmendes Wort ist.

der Braten und *die Bratwurst*

Im heutigen Sprachgefühl gehören das Substantiv *Braten* und das Verb *braten* zusammen. Beide haben aber etymologisch nichts miteinander zu tun.

Das Substantiv *Braten* ist im Mittelhochdeutschen *brāte*, im Althochdeutschen *brāto*. Das mittel- und althochdeutsche Wort hatte noch die Bedeutung 'schieres, eßbares Fleisch ohne Speck und Knochen'. Ebenso war die mittel- und althochdeutsche *brātwurst* einfach die 'Fleischwurst'. In beiden Wörtern steckt das germanische **brǣda-/ōn/-ō* 'Fleischstück'. Seit dem Mittelhochdeutschen wurde *Braten* (ebenso wie *Bratwurst*) dem unverwandten Verb *braten* wegen der zufälligen lautlichen Übereinstimmung in der Bedeutung angenähert, so ergab sich für *Braten* die heutige Bedeutung 'zum Braten bestimmtes oder gebratenes Fleisch' und für *Bratwurst* die Bedeutung 'zum Braten bestimmte oder gebratene Wurst'. Verwandt sind *Wildbret* 'Wildfleisch' und oberdeutsches *Brät* 'feingehacktes mageres Schweine- oder Kalbfleisch', in denen sich die alte Bedeutung noch erhalten hat.

Das Verb *braten*, mittelhochdeutsch *brāten*, althochdeutsch *brātan*, westgermanisch **brǣd-a-* 'braten', geht von 'erhitzen' aus und steht in einer Sippe, zu der neben anderem auch *brühen* und *brennen* gehören.

die Brosamen

Sind die *Brosamen*, die vom Tische des Herrn fallen, *Samen*? Und vielleicht sogar 'Brotsamen'? Beidesmal: eigentlich nein. *Brosamen* ist nicht verwandt mit *Samen* oder *Brot*.

die Brosamen ist Plural von *der Brosam(en)* bzw. *die Brosame*. Die Bedeutung des Wortes ist heute 'kleines Bröckchen, Brotkrümel'. Voraus geht mittelhochdeutsch *brosem(e)*, *brosme*, althochdeutsch *brōs(a)ma*. Als indogermanische Wurzel wird **bhreus-* 'zerbrechen' angenommen und als ursprüngliche Bedeutung 'abgebröckeltes Stückchen'. Schon seit dem Althochdeutschen wird das Wort allerdings zumeist im Plural gebraucht. Während *Brösel*, das eine alte Verkleinerungsbildung (mittelhochdeutsch *broseml̄in*) zu *Brosame* ist, und *bröseln* bzw. *zerbröseln* als Weiterbildungen zu *Brösel* noch die weitere Bedeutung aufweisen, hat *Brosamen* wohl mit volksetymologischer Anlehnung an *Brot* die Bedeutung 'Brotkrümel' entwickelt.

der Bückling

Der *Bückling* (der geräucherte Hering) *bückt* sich nicht, auch wenn er sich windet. Er ist auch keine Ableitung von *bücken*, sondern von *Bock*, also eigentlich ein 'Bockling', so benannt, weil er so stinkt wie ein Bock.

Das Wort lautete spätmittelhochdeutsch *bückinc*. Es kommt über das Mittelniederdeutsche vom mittelniederländischen *buckinc*, dort von *buc* 'Bock'. Erst jünger wurde es in der Endung an die Substantive auf *-ling* angeglichen.

dämlich

'Wer *nämlich* mit *h* schreibt, ist dämlich', und wer *dämlich* mit *Dame* in Verbindung bringt, ebenfalls; oder will er (auch sie?) nur wieder eine uralte Frotzelei aufwärmen? In einem ernsthaften Erklärungsversuch (eigene Befragung) wurde eine Verbindung von *dämlich* mit *Dame* auch einfach in frühere Zeiten verlegt und feinen Damen Unfähigkeit zu praktischer Arbeit zugeschrieben.

dämlich 'dumm, beschränkt' ist verwandt mit bairisch (früher ober- und mitteldeutsch) *damisch* und wird über germanisch *þēm-* auf die indogermanische Wurzel **tem-* 'geistig benommen, betäubt' zurückgeführt, die wahrscheinlich mit der Wurzel für 'dunkel' verwandt ist.

Dame kommt im 16. Jahrhundert aus dem Romanischen und geht zurück auf lateinisch *domina*, der weiblichen Form von *dominus* '(Haus-)Herr'. Dieses gehört zu lateinisch *domus* 'Bau, Haus', das auf ein indogermanisches **dem-* 'bauen, fügen' zurückgeführt wird.

deftig

Deftige 'kräftige, nahrhafte' Speisen (z. B. Braten, Schweinshachse, Gulasch) *duften* zumeist auch gut, zumindest empfindet man das so, ansonsten würde man sie nicht als *deftig* bezeichnen (das selbst noch bei *deftigen* 'derben' Späßen positiv empfunden wird), sondern vielleicht als fett oder kalorienreich. Die Wörter *deftig* und *Duft* sind aber nicht verwandt.

Das Adjektiv *deftig* kommt vom niederländischen *deftig* 'gewichtig; vornehm'. Im Deutschen bedeutet es zunächst 'stark, fest, ausgezeichnet'. Aus dem Norddeutschen hat sich das Wort im 19. Jahrhundert mit der heutigen Bedeutung im übrigen deutschen Sprachgebiet verbreitet. Die germanische Grundlage ist das Verb **dab-a-* 'passen, zutreffen'.

Das Substantiv *Duft* 'angenehmer Geruch' ist im Mittelhochdeutschen *tuft* mit der Bedeutung 'Reif, Nebel, Dunst', im Althochdeutschen *duft* 'Reif, Hitze'. Indogermanische Wurzel ist **dheu(ə)-* 'stieben'.

der Dienstag

Sonntags scheint die Sonne, am Montag scheint nachts der Mond, am Dienstag hat man Dienst, mittwochs ist Mitte der Woche, donnerstags donnert's, am Freitag hat man frei und samstags kommt das Sams und erfüllt einen Wunsch im Gegenzug für eine Sommersprosse. So erklärt eine Kindergeschichte die Wochentage. In der Realität geht's aber nicht so gemütlich zu. Da hat man jeden Arbeitstag Dienst und nicht nur am Dienstag. Und außerdem kommt der *Dienstag* auch nicht von *Dienst*, sondern ist eine Zusammensetzung mit einem Götternamen.

Trotzdem wurde das Wort schon früh auf *Dienst* bezogen, schon Berthold von Regensburg hat es im 13. Jahrhundert mit *dies servitii* übersetzt. Auch in der sogenannten Tagewählerei (wie z. B. die Regel, daß man Bohnen am Bonifatiustag setzen sollte) wurde es häufig mit *Dienst* ausgedeutet. Daraus ergab sich die Meinung, daß der Dienstag besonders geeignet zum Antritt eines Dienstes bzw. zur Aufnahme von Dienstboten sei. In Teilen Süddeutschlands dagegen galt der Dienstag z. T. als ganz ungeeignet zur Aufnahme von Diensten, was sich aus der dort geläufigen Bezeichnung *Ertag* erklärt.[1] *Ertag*, was auf griechisch *Areos hemera* 'Tag des *Ares*' zurückgeht, wurde nämlich mit *err* (*irr*) in Zusammenhang gebracht. Daraus entstand die aber-

1 Vgl. Weisgerber (1950) S. 60.

gläubische Meinung, daß die am Dienstag angenommenen Dienstboten *irrgehen* könnten. Auch das alemannische *Zinstag*, das eine Mischung aus *Zischtag* und *Dienstag* darstellt, wurde zum *Zins*-Zahlen in Beziehung gebracht, so daß im dortigen Gebiet der Dienstag der bevorzugte Tag der Abgaben war.[1]

Tatsächlich hat der *Dienstag* etymologisch nichts mit *Dienst* zu tun, sondern ist nach einem Götternamen benannt. In der Antike wurden die Wochentage – nach dem Vorbild des Orients – nach Planeten benannt. Die Planeten hießen nach Göttern. Die Germanen übernahmen diese römische Namengebung, setzten allerdings ihre einheimischen Götter ein. Der lateinische Dienstag war nach dem Gott Mars benannt, *Martis diēs*. Im Germanischen hat man dafür den Gott **Teiwa-* eingesetzt. Die Bedeutung dieses Namens ist 'göttlich'. Er ist verwandt mit dem griechischen *Zeus* und dem lateinischen *Juppiter* und geht wie diese auf den indogermanischen Namen des Himmelsgottes zurück. Dieser germanische **Teiwa-*, althochdeutsch *Ziu*, steckt in germanisch **tīwas-dagaz*, althochdeutsch *zīestag* 'Dienstag'. Am Niederrhein wurden statt dessen die Formen mittelniederdeutsch *dingesdach*, *dinstag*, mittelniederländisch *dinx*(*en*)*dach*, *dinsendach*, südmittelniederländisch *dīs*(*en*)-*dach* gebraucht, die in ihrem ersten Teil entweder auf den germanischen Götternamen (latinisiert) *Thingsus* (germanisch **þingsaz*) zurückgehen oder ebenfalls auf germanisch **tīwas-dagaz* basieren. Das heutige *Dienstag* geht von der niederrheinischen Form aus.

1 Siehe Weisgerber (1950) S. 60 f.

dufte

In Zeiten, als das Geile noch nicht *geil* hieß, hieß es *dufte*. Da nannte man etwa einen Urlaub dufte oder fand ein Mädchen dufte und dachte vielleicht daran, daß, wenn etwas dufte ist, es so gut ist, wie etwas gut riecht, wenn es duftet.

dufte hat aber nichts mit *Duft* zu tun, sondern kommt aus der Gaunersprache Rotwelsch. Es ist erst seit dem 19. Jahrhundert bezeugt und wurde über das Berlinische populär. Zugrunde liegt ein jiddisches Wort für 'gut', das in verschiedenen Varianten, *tauw*, *tow*, *toff*(*te*), bezeugt ist und auf hebräisch *ṭōw* 'gut' zurückgeht.

Das Substantiv *Duft* ist damit nicht verwandt. Es ist alteinheimisch deutsch und wird auf eine Wurzel für 'stieben, wirbeln' zurückgeführt.

das Ebenholz

Ebenholz ist ein sehr hartes, schwarzes Edelholz. Wahrscheinlich hat Andresen (1919) S. 281 immer noch recht, wenn er meint, man wisse »aus Erfahrung, daß Laien sich unwillkürlich auf das deutsche Adjektiv eben beziehen, indem sie dabei an die Glätte des feinen verarbeiteten Holzes, dessen roher Zustand ihnen unbekannt ist, erinnert werden«. In *Ebenholz* steckt aber nicht das Adjektiv *eben* 'glatt, flach', sondern die Bezeichnung ist eine verdeutlichende Zusammensetzung des Frühneuhochdeutschen zu mittel- und althochdeutsch *ebēnus* 'Ebenholz(baum)'. Dieses kommt von gleichbedeutend lateinisch (*h*)*ebenus*, das über griechisch *ébenos* auf die ägyptische Bezeichnung für 'Ebenholz', *hbnj*, zurückgeht.

die Eberesche

Die *Eberesche* (seit dem 15. Jahrhundert bezeugt) hat nichts mit dem *Eber* (dem Tier) zu tun, sondern der vermeintliche *Eber* ist hier mit *Eibe* verwandt und wird auf eine Wurzel 'dunkelrötlich, bräunlich' zurückgeführt. Beide Bäume sind also nach ihren roten Beeren benannt.

Die frühneuhochdeutsche Variante *Aberesche*, bei der lautgesetzlich *e* durch *a* in bestimmten Landschaften ersetzt wurde, konnte volksetymologisch als 'falsche Esche' (also *Aber-* wie in *Aberglaube*) aufgefaßt werden.

die Eberraute

Die Bezeichnung der Gewürz- und Heilpflanze *Eberraute*, auch *Aberraute*, ist im 14. Jahrhundert volksetymologisch umgebildet aus der lateinischen Bezeichnung der Pflanze *abrotanum*, (*h*)*abrotonum*, die selbst aus der griechischen Pflanzenbezeichnung *abrótonon* kommt.

der Efeu

In *Efeu*, das heute unmotiviert ist, steckt eine sprachgeschichtliche Volksetymologie. Im Althochdeutschen lautete das Wort zuerst *ebah* u. ä. Dies könnte eine Bildung mit dem Kollektivsuffix *-ach* sein. Über den ersten Teil ist man sich nicht im klaren. Man hält ihn für entlehnt. Schon im Althochdeutschen wurde das Wort an *Heu* (althochdeutsch *houwi*) angelehnt und zu *eb*(*i*)*houwi* umgeformt. Während im Mittelhochdeutschen die sekundäre Motiviertheit in *ephöu*, *ebehöu* noch erkennbar ist, ist sie im neuhochdeutschen *Efeu* (wo *ph* als ein Laut verstanden und durch *f* wiedergegeben wurde) nicht mehr deutlich und nur noch in mundartlichen Formen erhalten, so in der oberdeutschen Aussprache *Eb-heu* und *Ep-heu*.

eichen

Das Verb *eichen* 'amtlich auf richtiges Maß oder Gewicht prüfen' hat nichts mit der Baumbezeichnung *Eiche* zu tun. Das Verb ist erst spät als mittelhochdeutsch *īchen* bezeugt. Es wurde aber schon vor der sogenannten hochdeutschen Lautverschiebung, durch die das Althochdeutsche sich vom Germanischen unterscheidet, als Fachwort der Weinkultur aus lateinisch *aequāre* 'gleichmachen, ausgleichen' (von lateinisch *aequus* 'eben, gleich') entlehnt. (Voralthochdeutsch *k* – *aequāre* – ist in der hochdeutschen Lautverschiebung inlautend zu althochdeutsch *ch* – mittelhochdeutsch *īchen* – verschoben worden.)

das Eichhörnchen

In *Eichhörnchen* (mittelhochdeutsch *eich*(*h*)*orn*, althochdeutsch *eihhurn*(*o*), *eihhornǫ*) scheinen *Eiche* und *Hörnchen* zu stecken. Wahrscheinlich sind aber beide Wörter erst sekundär in die Bezeichnung hineingedeutet worden. Der zweite Teil der Tierbezeichnung ist im Althochdeutschen an *Horn* angeglichen. Ursprünglich ist es ein Wort, das mit Bezeichnungen aus dem Lateinischen, Russischen, Tschechischen und Litauischen für verschiedene kleine flinke Tiere verglichen wird, die letztlich auf ein indogermanisches **uer-* 'Eichhorn, Iltis, Marder' zurückgeführt werden. Im ersten Wortteil vermutet man eine indogermanische Volksetymologie, wobei die ursprüngliche Wurzel **aig-* 'sich heftig bewegen, schwingen' an die Bezeichnung der *Eiche* angeschlossen worden sei. Das Eichhörnchen wäre somit nach seiner Flinkheit benannt.

Nachdem im 17. Jahrhundert die Verkleinerungsform *Eichhörnchen* vorherrschend geworden war, wurde in der Mitte des 19. Jahrhunderts *Hörnchen* abgelöst und auf die gesamte Familie dieser Nager übertragen (*Baum-*, *Erd-*, *Flughörnchen*).

der Eigenbrötler oder *der Eigenbrödler*?

Heißt der Sonderling und Einzelgänger, der, der sein eigenes Süppchen kocht, sich seine Extrawurst brät, zu Hause vor sich hinbrödelt oder -brodelt und in seinem eigenen Saft schmort, nun *Eigenbrötler* oder *Eigenbrödler*? Wer gebildet sein will, schreibt orthographisch *Eigenbrötler*, weil dieser danach benannt ist, daß er seinen eigenen Haushalt führt, sein eigenes Brot backt (und nicht an einem gemeinsamen Haushalt partizipiert). Mittelhochdeutsch *eigen brōt* bezeichnete das ‘eigene Hauswesen’, frühneuhochdeutsch *einbrodig* meinte ‘sein eigenes Brot, seinen eigenen Herd habend’.

Brot und *brödeln* sind allerdings miteinander verwandt. Das *Brot* ist im Mittel- und Althochdeutschen *brōt*, im Germanischen **brauda-*. Das Wort wird zusammen etwa mit *brauen*, *brodeln* und *Brühe* auf die indogermanische Wurzel **bhrēu-*, **bhrū-* bzw. deren Grundlage **bher(ə)-* ‘aufwallen’ zurückgeführt.[1] *Brot* bezeichnete ursprünglich das mit Sauerteig hergestellte Brot, im Unterschied zum kulturgeschichtlich älteren *Laib*, was eigentlich das ungesäuerte Brot meinte.

brodeln ‘dampfend wallen’ mit dem abgeschwächten (deminuierten) *brödeln* ist allerdings eng mit *Brot* verwandt, es

1 Kluge/Seebold (1995) S. 137 nennt weitere Herleitungsmöglichkeiten.

ist von alt-, mittelhochdeutsch *brod* 'Brühe' abgeleitet, das auf die gleiche Wurzel wie *Brot* zurückgeht. Zu *brodeln* gehört auch das *Aschenbrödel*, das eigentlich den 'Küchenjungen (konkreter den, der die Asche aufwühlt)' bezeichnete.

das Eiland

Eiland ist ein veraltetes oder dichterisches Synonym für *Insel.* Heißt das Eiland *Eiland*, weil sich der Dotter im Eigelb mit einer Insel vergleichen läßt[1] oder weil das Ei im Vergleich mit anderen Dingen so klein ist wie eine Insel im Meer? Vielleicht denken manche auch an des Ei des Kolumbus. Letztendlich findet man schon einen Vergleich mit einem Ei für eine Insel.

Sprachgeschichtlich geht *Ei-* in *Eiland* über das Nordische auf germanisch **agwijō-* 'die zum Wasser gehörige' zurück.

Volksetymologische Interpretationen für *Eiland* nehmen am häufigsten Bezug auf *Ei*, daneben aber auch auf *ein(sam)*, *eigen* oder *Eis.*[2]

der Einfaltspinsel

Im *Einfaltspinsel* steckt nicht das Malerwerkzeug, sondern die Schusterahle, der Pfriem. Der *Pinsel* 'einfältiger Mensch' war ursprünglich wahrscheinlich eine Berufsschelte für den Schuster. Im 17. Jahrhundert war *Pinsel* der *pinsule* und bedeutete 'Knauser'. Das Wort ist eine Zusammensetzung aus *Pinne* 'Nagel' und *Säule* 'Ahle'.

Der *Pinsel* (das Malerwerkzeug) kommt im 13. Jahrhundert aus dem Französischen und geht auf mittellateinisch

1 Vgl. Andresen (1919) S. 300.
2 Siehe Olschansky (1996) S. 192.

penicellus 'Pinsel, Bürste', eigentlich 'Schwänzchen', zurück, das von lateinisch *pēnis* 'Schwanz' abgeleitet ist.

die Einöde

Eine Einöde ist eine einsame, verlassene Gegend – und daher öde. Kann man so sagen.

In *Einöde* scheint heute die *Öde* oder *öde* zu stecken. Ursprünglich aber hat die *Einöde* mit der *Öde* bzw. dem Adjektiv *öde* nichts zu tun. Die *Einöde* ist im Mittelhochdeutschen die *einœte*, *-œde*, *-ōte*, im Althochdeutschen *einōti*. Das Wort ist eine *-oti*-Ableitung vom althochdeutschen *ein* 'allein, einsam', das auch in unserem unbestimmten Artikel und im Zahlwort *eins* steckt. Das althochdeutsche Suffix *-oti* (mit dem auch *Armut*, *Heimat*, *Kleinod* und *Zierat* gebildet sind) ist im Mittelhochdeutschen, was die *Einöde* betrifft, volksetymologisch mit dem Substantiv *œde* (neuhochdeutsch *Öde*) identifiziert worden, wobei das Wort als Zusammensetzung gesehen und in Bedeutung und Genus angeglichen worden ist. Die alte Bedeutung 'allein liegend' steckt noch im bairischen *Einödhof*, dem allein stehenden Hof.

jemanden einseifen 'jemanden betrügen'

Man wird beim Friseur eingeseift (mit Seife eingeschmiert) oder etwas schmerzhafter auf dem Schulhof bei einer Schneeballschlacht (dann wird man mit Schnee eingerieben). In dieser Gesellschaft wird man auch bei einem Geschäft oder Handel eingeseift, was bedeutet, daß einen jemand hereinlegt, betrügt. *einseifen* im Sinne 'betrügen' ist keine metaphorische Verwendung von *einseifen* 'mit Seife einschmieren', sondern in der Bedeutung 'betrügen' ist das

Verb von rotwelsch *beseiwelen*, *beseibeln* (eigentlich 'bescheißen') beeinflußt. Darin steckt jiddisch *sewel* 'Mist, Kot, Dreck', dem das hebräische *zævæl* zugrunde liegt.

die Eintracht und *die Zwietracht*

Wenn in Eintracht gehandelt wird, trachten alle nach einem – und in Zwietracht kommt kein gemeinsames Handeln zustande. Wir stellen *Eintracht* und *Zwietracht* heute zu *trachten* und verbinden sie so mit dem Wort, das lautlich am nächsten steht und mit dem sich semantisch sinnvoll die vermeintliche Motiviertheit erklären läßt. Sprachgeschichtlich sieht die Sache anders aus. Da gehören *Eintracht* und *Zwietracht* zu *tragen* und nicht zu *trachten.*

Eintracht ist im 14. Jahrhundert aus niederdeutsch *eindraht* übernommen, das zu (*over*) *ēn trāgen* 'in eines tragen' (= 'übereinkommen, sich vertragen') gebildet ist. Auch das Gegenwort *Zwietracht* geht vom Niederdeutschen aus, wo mittelniederdeutsch *twēdrāgen* von *entwey drāgen* 'entzwei tragen' (= 'sich entzweien') kommt. *tragen* geht auf germanisch **drag-a-* 'schleppen' zurück.

trachten ist im 8. Jahrhundert entlehnt aus (urverwandtem) lateinisch *tractāre* 'behandeln', dann spezieller 'die Antwort auf eine Frage überlegen'.

der Eisvogel

In *Eisvogel* steckt ursprünglich nicht *Eis*, sondern der Vogel ist eigentlich als 'eiserner Vogel' benannt und im Althochdeutschen volksetymologisch umgedeutet worden. Die Bezeichnung des farbenprächtigen Vogels ist im Mittelhochdeutschen *īsvogel*, im Althochdeutschen *īsfogal.* Zuvor war der Vogel allerdings nach seinem metallisch glänzenden Gefieder althochdeutsch als *īsa(r)nfogal* 'eiserner Vogel' benannt. Dieses Wort wurde vermutlich mit Wegfall des *-fogal* zu 'Eis-Aar' umgedeutet und dann neu zu 'Eis-Vogel' zusammengesetzt.

das Elfenbein

Das *Elfenbein* hat genausowenig mit der *Elfe* zu tun wie der *Elefant* mit *helfen*, obwohl der Elefant im Althochdeutschen unter volksetymologischer Anlehnung an *helfan* 'helfen' auch *helfant* hieß.

Elfenbein ist eine sogenannte verdeutlichende Zusammensetzung des Althochdeutschen mit *Bein*. *Elfen-* ist hier ursprünglich eine einfache Bezeichnung für das Elfenbein sowie für den Elefanten. Beide wurden im Althochdeutschen mit dem gleichen Wort, nämlich *helfan(t)*, *helpfant*, bezeichnet, das über das Lateinische aus griechisch *eléphās* (ebenso schon doppelte Bezeichnung für 'Elefant' und 'Elfenbein') stammt. Die volksetymologischen Formen mit *h* im Anlaut wurden seit Luther aufgegeben.

ereignen

In *ereignen* steckt nicht *eignen* oder *eigen*. Das Verb lautete frühneuhochdeutsch *eräugnen*, im Mittelhochdeutschen *eröugen*, im Althochdeutschen *irougen*. Es ist zu althochdeutsch *ouga* 'Auge' gebildet. Im Frühneuhochdeutschen entwickelte sich *eräugen* 'sich vor Augen stellen; sich zeigen' zu *eräugnen*, das in der entrundeten Form *ereignen* volksetymologisch zu *eignen* (Wortfamilie um *eigen*) gestellt wurde. In dieser Form setzte es sich im 18. Jahrhundert überregional durch. Reflexiv gebraucht änderte es daraufhin seine Bedeutung zu heutigem 'sich begeben'.

Das Verb *eignen* gehört zu *eigen*, das auf ein germanisches **aih* 'besitzt' zurückgeht.

ergötzen

Wer *ergötzen* 'erheitern' mit *Götze*, dem Götzenbild, erklären will, sucht sich Begründungen wie, *ergötzen* erkläre sich durch »komisch lächeln wie ein Götzenbild«[1] oder 'wahrscheinlich macht man aus dem Objekt des Ergötzens einen Götzen'[2].

Geschichtlich hat *ergötzen* aber nichts mit *Götze* zu tun. Das Verb kommt von *vergessen*. Es bedeutet eigentlich – etymologisch – 'vergessen machen'. Im Mittelhochdeutschen lautete es *ergetzen*, im Althochdeutschen *irgezzen*. Es ist ein sogenanntes Veranlassungsverb zu althochdeutsch *irgezzan* 'vergessen'. Nur wer (Kummer und Sorgen) vergißt, kann heiter werden.

Götze dagegen ist eine Ableitung des 15. Jahrhunderts vom Substantiv *Gott*.

der Erlkönig

»Wer reitet so spät durch Nacht und Wind?« Der Vater mit seinem Kind in Goethes berühmter Ballade »Erlkönig«.

Der *Erlkönig* ist ursprünglich aber kein 'Erlenkönig', sondern ein 'Elfenkönig'. Der Name kommt von dem dänischen *ellekonge*, was aus *elve(r)konge* 'Elfenkönig' assimiliert ist. Von Herder wurde es 1778 falsch als *Erl(en)könig* lehnübersetzt in Anlehnung an norddeutsch *Eller* 'Erle'. Goethe hat das Wort 1782 in seiner gleichnamigen Ballade verwendet und es so bekannt gemacht.

1 Was Fill (1976) S. 11 berichtet.
2 Von Augst (1975) S. 220 aufgezeichnet.

der Erzengel

Sind die vier Erzengel besonders 'feste' Engel – wie aus Erz und heißen deshalb *Erzengel*?

Nein! *Erzengel* ist etymologisch der 'erste Engel'. Das Wort (mittelhochdeutsch *erz-engel*) geht über die Kirchensprache auf die entsprechende lateinische und griechische Zusammensetzung zurück – kirchenlateinisch *archangelus*, griechisch *arch-ángelos*. Dem Bestimmungswort *Erz-* liegt griechisch *archi-* 'der erste, oberste' zugrunde. Aus der Kirchensprache und dem höfischen Bereich sind mehrere dieser Zusammensetzungen mit *archi-* ins Deutsche gelangt. Althochdeutsch sind *Erzbischof*, *Erzpriester* und die Lehnübersetzung *Erzvater*, aus dem 14. Jahrhundert stammen *Erzkämmerer* und *Erzkanzler*, aus dem 15. Jahrhundert das lehnübersetzte *Erzherzog* (Titel österreichischer Fürsten). Verdunkelt steckt *archi-* auch in *Arzt*, althochdeutsch *arzāt*, einer Entlehnung über spätlateinisch *archiāter* aus griechisch *archíātros* 'Oberarzt', dem Titel antiker Hofärzte. Seit dem 16. Jahrhundert hat *Erz-* im Deutschen die Rolle eines meist negativ konnotierten Verstärkungspräfix übernommen – substantivisch etwa *Erzschelm*, *-feind*, *-gauner*, *-schurke*, adjektivisch etwa *erzfaul* und *-konservativ.*

Das Substantiv *Erz* 'Metall enthaltendes Mineral' (mittelhochdeutsch *erze*, althochdeutsch *aruz*, *aruzzi*) ist wahrscheinlich ein altes Lehnwort, dessen Grundlage sumerisch *urud*(*u*) 'Kupfer' ist.

der Falter

Der Falter (Schmetterling) heißt nicht etwa *Falter* nach dem 'Falten der Flügel'. *Falter* und *falten* 'zusammenlegen' sind nicht verwandt. Die neuhochdeutsche Form *Falter* ist vielmehr im 18. Jahrhundert von mittelhochdeutsch *vīvalter* abgelöst, das fälschlich als Zusammensetzung aus *vī-* und *valter* angesehen wurde, da der Teil *vī-* auch verschiedentlich volksetymologisch umgestaltet worden war, etwa zu *Zwiefalter*, *Zweifalter*, *Pfeiffalter*. Im Althochdeutschen lautete das Wort *fīfalt(a)ra*. Wie entsprechende Formen aus anderen germanischen Sprachen und das urverwandte lateinische *pāpilio* ist es eine reduplizierende Bildung (Verdopplung der Anlautsilbe, hier mit Veränderung des Vokals), die 'Flatterndes' bedeutet.

das Felleisen

Felleisen ist eine altertümliche Bezeichnung für den Rucksack. Ist das der 'Sack auf dem Rücken' – oder (bildlich) das 'Eisen (vielleicht ein Tornister?) auf dem Fell (Buckel)'? Weit gefehlt!

Neuhochdeutsch *Felleisen* ist im Mittelhochdeutschen *velīs* und als Plural *velīsen*. Das Wort ist im 14. Jahrhundert aus französisch *valise* 'Gepäckstück, Koffer' entlehnt, das auf mittellateinisch *valisia*, *valixia* 'Reisesack, (Sattel-) Tasche' zurückgeht. Vielleicht gehört es zu gallisch **val-* 'umgeben'. Spätestens im 16. Jahrhundert, als *-īsen* zu *-eisen* diphthongiert auftrat, möglicherweise aber auch schon bei der mittelhochdeutschen Pluralform wurde das Wort volksetymologisch an *Fell* (mittelhochdeutsch *vel*) und *Eisen* (mittelhochdeutsch *īsen*) angelehnt und als Singular und Neutrum (vorher war es Femininum) verstanden.

Fisimatenten machen

Wenn jemand *Fisimatenten* (Schwierigkeiten, Scherereien, Ausflüchte) macht, mag dahinter manchmal ein *fiese* Gesinnung stecken. Aber *Fisimatenten* und *fies* sind sprachgeschichtlich nicht verwandt.

Fisimatenten kommt wahrscheinlich von *visepatenten* ‘dummes Zeug, Nichtigkeiten’, das im 16. Jahrhundert bezeugt ist. Als Grundlage erwägt man ein mittellateinisches **visae patentes* (*litterae*) ‘ordnungsgemäß geprüfte Patente’ aus der Kanzleisprache. Der Wechsel von *-p-* zu *-m-* (*visepatenten – Fisimatenten*) kann durch volksetymologische Einwirkung von mittelhochdeutsch *visament*(*e*) ‘Gesicht, Aussehen, kunstgerechte Auszierung und Beschreibung eines Wappens’ bedingt sein. Die Bedeutungsverschlechterung ergibt sich aus der Art und Weise bürokratischen Handelns.

Das Adjektiv *fies* ‘unsympathisch, gemein; eklig’, seit dem 20. Jahrhundert im Hochdeutschen üblich, ist ursprünglich ein niederdeutsches Wort. Es gehört wahrscheinlich zum mittelhochdeutschen *vist* oder *vīst* ‘Furz’ und ist vielleicht aus einer Zusammensetzung wie *Fiesling* oder *Fieskerl* rückgebildet.

das Fleischpflanzl

Fleischpflanzl ist eine bairische Bezeichnung für die Köstlichkeit, die anderswo *Frikadelle* oder *Bulette* heißt und das ‘gebratene Fleischküchlein’ bezeichnet. Nur scheinbar steckt dabei in dem Grundwort *-pflanzl* die bairische Verkleinerungsform von *Pflanze*. Tatsächlich ist *Fleischpflanzl* erst sekundär (im 20. Jahrhundert) an *Pflanze* angeglichen. Zugrunde liegt *Fleischpfanzl*, das aus *Pfann-Zelte*(*n*) ‘in der Pfanne Gebackenes’ zusammengezogen ist.

Jo woll, Flötekies!

Die Redensart, die mundartlich und umgangssprachlich im Rheinland gebraucht wird, ist eine grob abschlägige Antwort auf irgendein Ansinnen hin und wird in ähnlichem Sinne gebraucht wie *jemandem etwas husten* oder *pfeifen. Flötekies* bedeutet wörtlich 'Flötenkäse' und ist eine alte Bezeichnung für den Magermilchkäse. Dies ist eine minderwertige Käsesorte, da sie in der Butterherstellung als Neben- oder Abfallprodukt anfällt. Im ersten Teil des Wortes steckt das Verb *flöten*, das mit *fließen* verwandt ist. Dieses heute ausgestorbene Verb *flöten* bedeutete ursprünglich 'die Milch wieder fließend machen, den Rahm abschöpfen'. Die entrahmte Milch hieß *flötemelk*. Der Ausdruck *Flötekies* war allerdings nicht mehr durchschaubar, da *flöten* im Rheinland nicht mehr gebräuchlich war. So wurde *Flötekies* volksetymologisch mit dem nicht verwandten *flöten* 'pfeifen' ausgedeutet. Und den *Flötekäse* interpretierte man als Käse, durch dessen Verzehr man Flöten oder Pfeifen lernen kann. Die Redensart *Jo woll, Flötekies!* konnte dann in dem Sinne gebraucht werden, daß der, der mit Hilfe des Flötekäses gründlich flöten gelernt hat, dem anderen ordentlich was flöten kann.[1]

der Forscher

»Ein *Forscher* im Urwald darf es an *Forschheit* nicht fehlen lassen. Aber ein sprachlicher Zusammenhang besteht da nicht.«[2]

Forscher ist ein mittelhochdeutsches Substantiv zu *forschen* 'Erkenntnis suchen, erkunden' (mittelhochdeutsch

1 Siehe Röhrich (1991–92) I S. 464. – Ausführlicher zu dieser Redensart siehe Meisen (1954).
2 Thiel (1983) S. 117.

vorschen, althochdeutsch *forscōn* 'fragen nach'). Das Verb läßt sich mit lateinisch *pōscere* 'fordern, verlangen, forschen, fragen' vergleichen und geht auf eine indogermanische Wurzel **p(e)r(e)k'* 'fragen' zurück, wozu auch die deutsche *Frage* gehört.

Das Adjektiv *forsch* 'schneidig, frisch, draufgängerisch' kommt im 20. Jahrhundert aus dem Niederdeutschen und geht auf französisch *force* 'Kraft' zurück, das selbst von spätlateinisch *fortia* 'Kraft, Macht' kommt, einem Substantiv zu *fortis* 'stark'.

der Freitag

Wie am Dienstag früher oft ein Dienst angetreten wurde, galt der Freitag als guter Tag zum Freien, weil man den ersten Teil des Wortes mit *frei* in Verbindung brachte. Dabei ist das Wort (mittelhochdeutsch *vrītac*, im Althochdeutschen *frī(j)atag*) wie fast alle anderen Wochentagsbezeichnungen auch nach einem Götternamen benannt. In *Freitag* steckt die germanische Göttin *Freia*. Die Bezeichnung übersetzt das spätlateinische *Veneris diēs* 'Tag der Venus', das wiederum das griechischen *Aphrodítēs hēméra* nachbildet. Der Name der Göttin Freia, der etymologisch 'Geliebte' bedeutet, ist allerdings mit *frei* und *freien* verwandt.

Das Adjektiv *frei* (mittelhochdeutsch *vrī*, althochdeutsch *frī*, germanisch **frija-*) geht auf die indogermanische Wurzel **per(ə)i-* zurück, die 'nahe' oder 'bei' bedeutet. Da das, was bei einem ist, zumeist das Eigene ist, entwickelte der Begriff die Bedeutung 'eigen'. Im Germanischen wandelte sich die Bedeutung zum heutigen 'frei', was wahrscheinlich auf die Beziehung zu 'den eigenen Kindern' zurückgeht. Zu der gleichen Grundlage wie *frei* gehört auch *freien* 'heiraten, werben', das im Germanischen die Bedeutung 'freundlich behandeln' hatte; über die Bedeutung 'lieb' (das Eigene hat man lieb) führt es auf den 'eigen'-Begriff zurück.

der Friedhof

Der *Friedhof* wird im heutigen Sprachgefühl als 'Hof des Friedens' gedeutet, auf den die Verstorbenen zur letzten Ruhe geleitet werden und wo man ihnen wünscht (oder modusmäßig sogar befiehlt), in Frieden zu ruhen. Die Vorstellung des ewigen Friedens hat zwar etwas Tröstliches, ursprünglich ist *Friedhof* aber keine Zusammensetzung mit *Frieden*, sondern ein 'eingefriedeter (geschützter) Hof'.

Das Wort lautete im Mittelhochdeutschen *vrīthof* 'Vorhof eines Tempels, eingefriedeter Raum um eine Kirche, Kirchhof', im Althochdeutschen *frīthof* 'Vorhof, Vorplatz, Vorraum einer Kirche, Begräbnisstätte'. Es bedeutete ursprünglich 'Vorhof, eingefriedetes Grundstück' und gehört zum althochdeutschen *frīten* 'hegen', das in die Sippe um *frei* gehört. Der geweihte abgegrenzte Platz um eine Kirche wurde zumeist als Begräbnisstätte genutzt, so daß sich die Bedeutung des Wortes schließlich auf 'Begräbnisstätte' einengte. Da die kirchliche Stätte, wo die Toten begraben werden, als ein Ort der Ruhe und des Friedens gilt, wurde das Wort später auf *Friede* bezogen. Diese volksetymologische Form (mit kurzem *i*, heute gedehnt in offener Tonsilbe) setzte sich in der Folge literatursprachlich durch, wohingegen die lautgerecht diphthongierte Form *Freithof* (bei der langes *ī* zu *ei* geworden war) auf die Mundart, heute noch süd- und westmitteldeutsch, beschränkt wurde.

Der Emotionsterminus *Friede(n)* geht ebenfalls auf die Sippe um *frei* zurück, gehört jedoch mit dem ersten Teil von heutigem *Friedhof* auf einer viel früheren Sprachstufe zusammen, als die oben genannte Umdeutung stattgefunden hat, d. h. die beiden Wörter, die dann im heutigen *Friedhof* vermischt wurden, sind auf einer frühen Sprachstufe verwandt, haben sich dann zu zwei verschiedenen Wörtern entwickelt und wurden später volksetymologisch wieder miteinander identifiziert. Genauer ist *Friede(n)* (mittelhochdeutsch *vride*, althochdeutsch *fridu*, germanisch **friþu-*) ein Abstraktum zur Wurzel von *frei*, nämlich **pri-* mit der Bedeutung 'nahe, bei'. Ursprünglich geht *Friede* demnach von einem 'Beieinandersein' im Sinne einer 'Behandlung wie innerhalb der Sippe' aus. Diese frühe Bedeutung von 'Zustand der Schonung und des Wohlwollens', 'Waffenruhe', mittelhochdeutsch zumeist 'Waffenstillstand' hat sich nach dem Mittelalter zu 'dem Krieg entgegengesetzter Zustand' verändert, außerdem bezeichnet der Ausdruck dann auch generell den 'Gegensatz zu Streit und Zank' und die (vor allem religiöse) 'innere Ruhe'.

frohlocken

In *frohlocken* 'lebhafte Äußerungen der Freude bekunden' (seit dem 14. Jahrhundert bezeugt) steckt nicht *locken* 'anreizen', sondern mittelhochdeutsch *lecken*, das im Neuhochdeutschen *löcken* 'mit den Füßen ausschlagen, hüpfen' ist. Dieses Verb liegt noch vor in der Wendung *wider den Stachel löcken* 'sich widersetzen', was vom Ochsen ausgeht, der gegen den Stachelstock des Viehtreibers ausschlägt. *frohlocken* ist also eigentlich 'vor Freude hüpfen'. Im Spätmittelhochdeutschen wurde das Wort in seinem zweiten Teil nach *locken* umgebildet, als das einfache *lecken* 'hüpfen' unterging.

die Fuge 'Musikstück'

Obwohl man sich bei der *Fuge* als 'Musikstück' und der *Fuge* als 'Verbindungsstelle' vorstellen mag, daß die musikalische Fuge als etwas (kunstvoll) Gefügtes oder Verbundenes bezeichnet wurde,[1] hat *Fuge* 'Musikstück' wortgeschichtlich nichts mit *Fuge* 'Verbindungsstelle' und *fügen* 'passend zusammensetzen' zu tun.

Der musikalische Fachausdruck *Fuge* 'Musikstück, das ein Thema nacheinander in verschiedenen Stimmen durchführt' kommt im 17. Jahrhundert aus dem Italienischen und geht auf lateinisch *fuga* zurück, was eigentlich 'Flucht' bedeutet. Die Bezeichnung des Musikstücks rührt also von der Vorstellung her, daß die aufeinanderfolgend einsetzenden Stimmen voreinander davonlaufen.

Fuge als 'Verbindungsstelle' dagegen ist im Althochdeutschen von *fügen* abgeleitet, das mit *Fach* auf eine indogermanische Wurzel der Bedeutung 'festmachen' zurückgeht.

die Gabel

Der Hebel ist ein Gerät, mit dem man etwas hebt, der Schlegel ein Gerät zum Schlagen, der Flügel zum Fliegen, der Schlüssel zum Schließen, der Gürtel zum Gurten. Und die Gabel – ein Gerät zum Geben (in den Mund etwa)? Falsch geschlossen. *Gabel* und *geben* gehören sprachgeschichtlich nicht zusammen.

Das Benennungsmotiv der Gabel (mittelhochdeutsch *gabel(e)*, althochdeutsch *gabala*) liegt in dem Aspekt des Gespreizten, der Gabelung. Es wird eine indogermanische Wurzel **ghabh(o)lo-* 'Astgabel, Gabelung, Gabel' ange-

1 Siehe Seebold (1981) S. 32.

setzt. In der Frühzeit war die Gabel einfach ein starker gegabelter Ast, mit dem in der Landwirtschaft gearbeitet wurde. Die eiserne Gabel lernten die Germanen erst durch die Römer kennen, von denen sie mit der Sache das Wort, lateinisch *furca*, unsere *Forke*, übernahmen. Als Tischgerät begegnet die Gabel erst seit dem Mittelalter, zuerst nur zum Vorlegen des Fleisches, dann auch als Teil des Eßbestecks, in dieser Funktion wird sie aber erst im 17. Jahrhundert geläufig.

Das Verb *geben* wird auf eine indogermanische Wurzel **ghabh-* 'fassen, nehmen' zurückgeführt.

der Galimathias

Galimathias 'verworrenes Gerede, Unsinn' kommt im 20. Jahrhundert aus französisch *galimatias* und geht auf gleichbedeutend neulateinisch *gallimathia* (wörtlich 'Galimathier Art zu sprechen') zurück. Es ist zu dem fiktiven Ortsnamen *Galimathie* in der »Satire Ménippée« von Nicolas Rapin (1539–1608) u. a. gebildet. In der Pariser Studentensprache diente das Wort dann auch zur Bezeichnung von Streithähnen, da es mit lateinisch *gallus* 'Hahn', übertragen auch 'Disputant bei den Doktordissertationen der Pariser Universität', und griechisch *máthesis* 'Wissenschaft' zusammengebracht wurde.

Im Deutschen dagegen wird das Wort volksetymologisch mit dem Vornamen *Matthias* in Verbindung gebracht. Bei Karl Kraus tritt ein *Germanimathias* auf, was eine Ausdeutung des Wortes mit *Gallier* voraussetzt.

der Gastronom und *die Gastronomie*

Die *Gastronomie* ist das Gastgewerbe und der *Gastronom* der Gastwirt. *Gastronom/Gastronomie* und *Gast* sind aber ganz unterschiedlicher Herkunft.

Gastronom und *Gastronomie* liegt etymologisch griechisch *gastér* 'Magen' zugrunde, ebenso wie der *Gastritis*, der Magenschleimhautentzündung bzw. dem Magenkatarrh, oder der *Gastroenteritis*, der Magen-Darm-Infektion. *-nom* und *-nomie* sind die gleichen Kompositionsglieder wie etwa in *Astronom/ie*, *Ökonom/ie*, *Agronom/ie* oder neuer *Ergonom/ie* 'Arbeitswissenschaft/ler'. Sie gehen zurück auf griechisch *-nómos* 'verwaltend; Verwalter', das als Kompositionsglied in mehreren Zusammensetzungen den 'Träger eines (öffentlichen) Amtes', den 'einer Sache Kundigen' bezeichnete (z. B. *agronómos* 'Aufseher über die Stadtländereien', *oikonómos* 'Hausverwalter'). Davon ist griechisch *-nomía* 'Sachkunde, Verwaltung' abgeleitet, das Abstrakta bildet. Demnach ist die *Gastronomie*, die im 20. Jahrhundert aus französisch *gastronomie* entlehnt ist und auf griechisch *gastronomía* zurückgeht, eigentlich die 'Magenkunde'. Das griechische Wort ist der Titel des Werks 'Lehre von der Pflege des Bauches' von dem griechischen Schriftsteller Archestratos. Der *Gastronom*, der entsprechend aus französisch *gastronome* stammt, bedeutete zuerst 'Feinschmecker', dann 'Kochkünstler'. Durch Anklang an das unverwandte *Gast* hat sich die Bedeutung aber auf das Gaststättenwesen festgelegt, so daß der *Gastronom* heute der 'Gastwirt mit besonderen Kenntnissen auf dem Gebiet der Kochkunst und des Gaststättenwesens' und die *Gastronomie* 1. das 'Gaststättengewerbe' und 2. die 'feine Kochkunst' ist.

Gast ist damit nicht verwandt. Das Wort geht mit verwandten Wörtern aus anderen Sprachen (u. a. dem russischen *gost'*, dem schwedischen *gäst* und dem englischen *guest*) auf eine indogermanische Wurzel **ghostis* 'Fremdling' zurück. Bezeichnend ist der Gegensatz von den verwandten lateinischen Wörtern *hostis* 'Fremder', besonders 'Feind, Gegner', und *hospes* 'Gastfreund'. »Die Einstellung zum Fremdling, die freundlich aufnehmende wie die feindlich abweisende, spiegelt sich in den Bedeutungsverhältnissen dieser Wortgruppe wider. Auch im *germanischen* Sprachbereich wurde 'Gast' in den älteren Sprachzuständen nicht nur im Sinne von 'Fremdling', sondern auch im Sinne von 'Feind, feindlicher Krieger' verwendet. Erst seit dem ausgehenden Mittelalter, als das Bürgertum bewußt Gastfreundschaft zu üben begann, erhielt das Wort im *Deutschen* seinen ehrenden Sinn.«[1]

das Geländer

In *Geländer* steckt nicht *Land*, sondern mittelhochdeutsch *lander* 'Stangenzaun', zu dem es eine Kollektivbildung des 15. Jahrhunderts ist. Wahrscheinlich gehört *lander* zu *Linde* und bedeutet eigentlich 'Stange aus Lindenholz'.

das Gelichter

Gelichter 'Gesindel' kann an *Licht* erinnern, vor allem wenn man an lichtscheues Gesindel denkt. In der früheren Forschung glaubte man, *Gelichter* komme von mittelhochdeutsch *gelīch* 'gleich'. Das *Gelichter* sollten demnach Personen gleicher Art sein. Die heutige Forschung führt das Wort auf althochdeutsch *lehtar* 'Gebärmutter' zurück und

1 DUDEN Etymologie (1989) S. 218.

nimmt als ursprüngliche Bedeutung 'Geschwister' an. Diese ursprünglich neutrale Bedeutung des Worts hat sich wie etwa auch bei Gesindel und Sippschaft verschlechtert.[1]

der Gemahl und *vermählen*

Falsch liegt, wer bei *Vermählung* an das reichhaltige Mahl denkt, das Hochzeitsfeiern begleitet, und bei *Gemahl* vielleicht an die Redewendung, daß Liebe durch den Magen geht. *Gemahl* und *vermählen* sind von *Mahl* 'Essen' unabhängig.

Gemahl ('Ehemann' bzw. in höheren Schichten 'Gatte') ist im Althochdeutschen noch in die zwei Genera maskulin *gimahalo* 'Bräutigam, Gatte' und feminin *gimahala* 'Braut, Gattin' unterschieden. Das Wort gehört zum althochdeutschen Verb *gimahalen* '(zusammen)sprechen, (durch Vertrag) sich eine Frau zur Braut/Ehefrau nehmen, verloben'. Heute ist dieses Verb durch *vermählen* (mit einem anderen Präfix) ersetzt. Der Sippe liegt das germanische **maþla-* 'Verhandlung, Versammlung' zugrunde, das von einer indogermanischen Wurzel 'begegnen, zusammenkommen' kommt. Ursprünglich war das Verloben eine Art Vertrag zweier Sippen, der vor der Volksversammlung abgeschlossen wurde. *Gemahl* ist anfangs der 'Bräutigam' bzw. die 'Braut', etymologisch der oder die 'Versprochene', 'wer die Zusage mit gegeben hat'. Schon im Althochdeutschen bezeichnete das Wort allerdings auch den 'Gatten', die 'Gattin'.

Mahl ist ganz anderer Herkunft. Es bezeichnet heute (in gehobener Sprache – aber wer spricht die noch? -) ein feines Essen oder dessen Einnahme. Das mittelhochdeutsche *māl* bedeutete 'Gastmahl, Mahlzeit', zuvor 'Zeitpunkt'. Im Mittelhochdeutschen hat sich die Bedeutung des Worts von

1 Siehe Sommer (1959) S. 824.

'Zeitpunkt' zu 'Zeit(punkt) des Essens bzw. zu festgesetzter Zeit aufgetragenes Essen' und davon einfach zu 'Essen, Speise' geändert. *Mahl* 'Essen' ist somit aus dem heutigen *Mal* 'Zeitpunkt' entwickelt, das auch in *ein anderes Mal*, *manches Mal*, *mehrere Male* ebenso wie in *einmal*, *manchmal*, *niemals* und ähnlichen Wörtern sowie in dem multiplikatorischen *malnehmen* steckt. Im 17. Jahrhundert wurde *Mahl* mit der Bedeutung 'Essen' von *Mal*, das die zeitliche Bedeutung behält, schriftlich geschieden. Zugrunde liegt die indogermanische Wurzel **mē-* 'messen', die sich auf Räumliches bezieht, wobei sich aus der räumlichen Dimension die zeitliche entwickelt hat.

gerade

Es gibt gerade Zahlen, und es gibt eine gerade Richtung, auch eine gerade Gesinnung. Das mathematische *gerade* und das räumliche *gerade* sind zwei verschiedene Wörter, die sprachgeschichtlich nicht identisch sind und nur volksetymologisch miteinander identifiziert werden.

Das mathematische *gerade* bedeutet 'ohne Rest durch zwei teilbar'. Von Anfang an steht das Wort für lateinisch *pār* 'gleichkommend, gleich'. Es ist verwandt mit gotisch *raþjō* 'Zahl' und *garaþjan* 'zählen' und gehört zur Wortgruppe von *Rede*, das ursprünglich 'Rechenschaft' bedeutete. Seit dem Ende des 15. Jahrhunderts wird es als mathematischer Terminus gebraucht. Außerdem steckt es in der Wendung *fünfe gerade sein lassen* 'es nicht so genau nehmen'. Im Sprecherbewußtsein wird dieses *gerade* volksetymologisch an das unverwandte *gerade* räumlicher Bedeutung angeschlossen.

Das räumliche *gerade* bedeutet 'nicht krumm' und übertragen seit dem 16. Jahrhundert 'aufrichtig, offen'. Im

Mittel- und Althochdeutschen bedeutete das Wort ‘schnell, gewandt’. Es gehört zu der Sippe von *Rad* und geht auf indogermanisch **ret(h)-* ‘laufen, rollen’ zurück. Die Bedeutung hat sich von ‘schnell, gewandt’ über das frühneuhochdeutsche äußerliche ‘lang aufgewachsen’ zu heutigem ‘nicht krumm’ entwickelt.

geruhen

Wenn jemand geruht, etwas zu tun, mag man an die herablassende Ruhe seines Handelns denken. Die Verben *geruhen* und *ruhen* haben aber nichts miteinander zu tun.

Das Verb *geruhen* bedeutet ‘sich gnädig herablassen; belieben, etwas zu tun’. Mittelhochdeutsch *geruochen* hatte noch die weitere Bedeutung ‘seinen Sinn auf etwas richten, Rücksicht nehmen, belieben, gewähren, wünschen, begehren’. Im Althochdeutschen bedeutete *(gi)ruohhen* ‘Rücksicht nehmen, besorgt, bedacht sein’. Das Verb ist verwandt mit *ruchlos* und *verrucht* (die noch das *ch* aufweisen) und kann auf eine indogermanische Wurzel **reĝ-* ‘aufrichten, recken’ zurückgeführt werden. Die Bedeutung hätte sich dann von ‘aufrichten’ über ‘helfen’ zur heutigen Bedeutung entwickelt. Erst im Frühneuhochdeutschen wird *geruochen* lautlich an das unverwandte *ruhen* angeschlossen. Daraus resultiert die Form mit *h* – *geruhen*.

Das Verb *ruhen* – mittelhochdeutsch *ruo(we)n*, althochdeutsch *ruowēn* – ist eine Ableitung vom Substantiv *Ruhe* (mittelhochdeutsch *ruo(we)*, althochdeutsch *rōa*, *ruowa*, germanisch **rōwō*). Die indogermanische Wurzel ist hier **erə-*, **rē-* ‘ruhen’.

das Geschlecht

In einer Gesellschaft, in der Geschlechtliches tabuisiert ist, mag man bei *Geschlecht* leicht *schlecht* assoziieren. *Geschlecht* ist aber eine sogenannte Kollektivbildung (Gemeinschaftsbildung zur Bezeichnung einer Vielzahl als Einheit) zu althochdeutsch *slahta* 'Generation, Art, Ursprung'. Es gehört zu *schlagen* in der Bedeutung 'sich in einer bestimmten Richtung entwickeln, nach jemandem geraten, nacharten', das in den Wendungen *nach jemandem schlagen* und *aus der Art schlagen* steckt. Anfangs bezeichnete *Geschlecht* 'die (patrizische) Familie, Abstammung', auch 'das Volk und das menschliche Geschlecht' (lateinisch *genus humanum*), seit dem Spätmittelhochdeutschen dann 'das natürliche (männliche oder weibliche) Geschlecht' (lateinisch *sexus*), seit ca. 1400 auch 'das grammatische Geschlecht' (lateinisch *genus*).

Das unbequeme Wörtchen *schlecht* bedeutete im germanischen **slihta-* noch 'eben, geglättet'. Es ist mit *schlicht* verwandt und gehört zu indogermanisch **(s)leiĝ-* 'schleimig, gleiten, glätten'. Seit dem 15. Jahrhundert entwickelte *schlecht* über 'einfach' die Bedeutung 'gering-, minderwertig' (im Gegensatz zu 'kostbar, ausgezeichnet'). Dafür übernahm *schlicht* die Bedeutung 'einfach'. Die ursprüngliche Bedeutung von *schlecht* scheint noch in *schlecht und recht* 'einfach und richtig' durch.

der Gleisner oder *der Gleißner?*

Der schon veraltete *Gleisner*, der 'Heuchler', wurde und wird oft auf *gleißen* 'glitzern, funkeln' bezogen und als 'Blender' verstanden. Deshalb schrieb man früher auch *Gleißner* (auch heute noch öfter als Fehlschreibung). Das Wort geht jedoch nicht von *gleißen* aus, sondern von *gleich*.

Gleisner (mittelhochdeutsch *gelīchsenære*, *glīsenære*) ist abgeleitet vom Verb mittelhochdeutsch *gelīchsenen* 'heucheln', *gelīchesen*, *gelīhsen*, althochdeutsch *gilīhhisōn* 'es jemandem gleichtun, sich verstellen, heucheln'; eigentlich 'sich einem anderen gleichstellen'. Dies ist eine Ableitung von mittelhochdeutsch *g(e)līch*, althochdeutsch *gilīh* 'gleich'.

Das unverwandte *gleißen* (mittelhochdeutsch *glīzen*, im Althochdeutschen *glīzan*) gehört mit anderen 'Glanz'-Wörtern wie *glimmen* und *glitzern* zu einer indogermanischen Wurzel **ĝhel(ə)*- 'glänzen, schimmern', die auch dem Farbwort *gelb* zugrunde liegt.

die Götterdämmerung

Die Götterdämmerung, die Sage vom Untergang der Götter, die Richard Wagner im Deutschen bekannt gemacht hat, ist ein altes Motiv der nordischen Mythologie. Das Wort *Götterdämmerung* allerdings beruht auf einem Mißverständnis, eigentlich kommt es im 18. Jahrhundert von altnordisch *ragnarǫk*, das 'Götterschicksal' bedeutet. Dieses *ragnarǫk* wurde fälschlich mit altnordisch *røkkr* 'Dunkelheit' in Verbindung gebracht und danach neu als 'Verfinsterung der Götter' – eben 'Götterdämmerung' – interpretiert.

die Grasmücke

Die Grasmücke ist ein kleiner Singvogel, der in Gebüsch und Hecken lebt. Ursprünglich steckt in *Grasmücke* allerdings nicht die *Mücke*, sondern das Wort bedeutet eigentlich 'Gras-Schmiegerin'. Im Althochdeutschen wurde **grassmukka* zu *grasmugga* umgedeutet. Der zweite Teil des Vogelnamens wird als eine ursprüngliche Bildung zu *schmiegen* angesehen. Dieser Teil muß das anlautende *s*-

früh verloren haben. Daß in den althochdeutschen Textzeugnissen von Anfang an Formen auf *-mucca* neben solchen auf *-mugga* stehen, zeigt, daß man das Wort schon früh zu *Mücke* (althochdeutsch *mugga* mit der Variante *mucca*) gezogen hat.

der Griffel

Der *Griffel* ist ursprünglich nicht danach benannt, daß man ihn *greift*, sondern eine Ableitung mit dem Gerätesuffix *-il* von althochdeutsch *graf* 'Schreibgerät'. Dieses Wort geht auf lateinisch *graphium* zurück, das im Griechischen von *gráphein* 'schreiben' kommt. Im Althochdeutschen entstand durch volksetymologische Angleichung an *grīfan* 'greifen' die Form *griffil.*

der Grünspan

In *Grünspan* (dem grünlichen Überzug auf Kupfer und Messing, der durch die Einwirkung von Essigsäure und Luft entsteht) steckt nicht der *Span*, sondern das Wort ist eine Lehnübersetzung des 15. Jahrhunderts von mittellateinisch *viride hispanicum*, das 'spanisches Grün' bedeutet. Im Mittelalter wurde aus Spanien nämlich ein aus essigsaurem Kupferoxyd hergestellter Farbstoff nach Deutschland eingeführt. Schon sehr früh wurde das Wort auch als *Grünspat* neuinterpretiert, das an *Spat* 'blättrig brechende Gesteinsart' (wohl mit *Span* verwandt) angelehnt ist.

die Grütze

Wer was im Kopf hat, ist klug – auch wenn's Grütze ist (aber keine rote oder grüne). Ist hier mit *Grütze* die Gehirnmasse gemeint? Die *Grütze* im Kopf und die *Grütze* auf dem Teller sind zwei ganz verschiedene Wörter.

Grütze im Sinne 'Verstand' kommt vor allem umgangssprachlich und mundartlich in der Wendung (*nicht viel*) *Grütze im Kopf haben* vor. *Grütze* ist hier wahrscheinlich aus frühneuhochdeutsch *kritz* 'Verstand, Scharfsinn', eigentlich 'Kitzel', umgebildet (die frühneuhochdeutsche Wendung *kritz in der Nase haben* bedeutet 'naseweis sein, sich klug dünken'). Dieses gehört zu frühneuhochdeutsch *kritzeln* als 'kratzen, kitzeln', das heute noch landschaftlich gebräuchlich ist.

Grütze in der Bedeutung 'Getreideschrot, Körnerbrei' (mittelhochdeutsch *grütze*, althochdeutsch *gruzzi*, westgermanisch **grutjō* 'Grütze') bedeutet ursprünglich 'Grobgemahlenes' und gehört wie *Grieß* zu einer Wurzel 'zerreiben'.

der Gundermann

Der *Gundermann* (die kleine Pflanze mit den charakteristischen Wurzelausläufern am Boden) ist eine andere Bezeichnung für die *Gundelrebe*. Im Althochdeutschen lautete das Wort *gunda-*, *guntreba*. Dem geht wahrscheinlich vordeutsch **gruntreba* 'Grundrebe' voraus. Im 12. Jahrhundert wurde die Bezeichnung an den Männernamen *Gunderam* (etymologisch 'Kampf' und 'Rabe') angelehnt und zum Maskulinum *gunderam* umgeformt. In einer zweiten volksetymologischen Umbildung entstand daraus im 17. Jahrhundert *Gundermann*.

meine Güte!

In dem Ausruf (*ach du*) *meine/liebe Güte*, der Erschrecken oder Verwunderung ausdrückt, steckt eigentlich nicht die *Güte* (von *gut*), sondern *Güte* steht hier verhüllend für *Gott*.[1] Religiöse Wörter sind häufig in Wendungen oder Ausrufen verundeutlicht oder verhüllt, so etwa *Potz* (statt *Gotts*) *Blitz/Donnerwetter*, *igitt!* statt *o Gott*, *ei der Daus* ('Teufel'), *Sapperment* und *Schlapperment* statt *Sakrament*.

das Haberfeldtreiben

Man hofft, daß nächtliche Rügegerichte ein Relikt aus unzivilisierter Vergangenheit sind mit ihren ungleichwertigen sozialen Beziehungen und dem Recht des Stärkeren.

Eine Sitte, die früher in Bayern und Tirol geübt wurde, war, daß Vergehen, die nicht von einem Gericht geahndet werden konnten, in Eigenjustiz durch ein nächtliches Rügegericht abgestraft wurden. Vor allem für sexuelle Ausschweifungen und Verstöße gegen das Brauchtum hat man die Beschuldigten in ein Hemd, ursprünglich ein Ziegenfell, gesteckt und herumgetrieben. In *Haberfeldtreiben*, was seit dem 18. Jahrhundert bezeugt ist, steckt somit im Ursprung wahrscheinlich nicht *Haberfeld* 'Haferfeld', sondern *Haberfell* 'Bocksfell' (das gleiche *Haber* auch in *Habergeiß*). Später hat man das Wort so erklärt, daß gefallene Mädchen durch ein Haferfeld getrieben worden seien, was dann wohl aber mit der volksetymologischen Neudeutung des Worts zusammenhängt.

1 Siehe DUDEN Universalwörterbuch (1989) S. 645 und Andresen (1919) S. 429.

der Hagestolz

Was die alte Jungfer auf der einen Seite, ist der Hagestolz auf der anderen Seite – heute gehören die hoffentlich alle zu den Grauen Panthern und müssen sich nichts mehr gefallen lassen.

Hagestolz ist eine (heute veraltete) Bezeichnung für den alten und älteren Junggesellen. Man mag sich darunter einen verhärmten hageren und verschlossenen, eigensinnigen (stolzen) älteren Mann vorstellen (»der's zu keiner gebracht hat«). Im Mittelhochdeutschen lautete das Wort noch *hagestalt*, im Althochdeutschen *hagustalt* und bezeichnete einfach den Unverheirateten, den Junggesellen. Germanisch geht **hagu-stalda-* voraus. Im ersten Teil steckt *Hag*, **stalda-* läßt sich mit gotisch *staldan* 'besitzen' vergleichen. Die ursprüngliche Bedeutung ist 'Hagbesitzer'. Anders als der Besitzer des Hofes hatte der Hagbesitzer – der jüngere Bruder – oft nur ein (umfriedetes) Nebengut zur Verfügung. Darauf war schlecht ein Hausstand zu gründen. Der Hagbesitzer blieb deshalb oft unverheiratet. Dieses Merkmal wurde in der Bedeutung von *Hagestolz* überwertig, und das Wort änderte sich zu einer Bezeichnung für einen Mann, der über das Heiratsalter hinaus ledig geblieben war. Von der Wortform her wurde *-stalt*, das isoliert worden war, im 13. Jahrhundert volksetymologisch zu *-stolz* umgebildet, so erschien der *Hagestolz* als Junggeselle, der zu stolz zum Heiraten sei.

die Halle

In einer Halle hallt es in der Regel auch, aber deswegen heißt sie nicht *Halle*.

Das Substantiv (mittelhochdeutsch *halle*, althochdeutsch *halla*) gehört wie auch *verhehlen* 'verbergen, verheimlichen', *Helm* (eigentlich 'der Schützer') und *hüllen* zu einer indogermanischen Wurzel **k̂el-* 'bergen, verhüllen'.

Das Verb *hallen* gehört zum Substantiv *Hall*. Dessen Basis ist mittelhochdeutsch *hellen*, althochdeutsch *hellan* 'schallen, ertönen'. Dieses Verb ist heute untergegangen bzw. von *hallen* verdrängt. *hellan* ist verwandt mit *hell* und wird auf eine indogermanische Schallwurzel **kel*(ə)- 'rufen, schreien, lärmen' zurückgeführt.

Hals- und Beinbruch!

... ist ein abergläubischer Wunsch, der genau das nennt, was nicht eintreten soll. Die Formel *Hals- und Beinbruch!* bedeutet 'Viel Glück!' und geht vom Theater aus. Von dort ist sie in die allgemeine Umgangssprache gelangt. Trotz der volkstümlichen Praxis, das Gute zu wünschen, indem man explizit das Böse ausdrückt, ist die Etymologie der Redewendung eine andere. Die Zwillingsformel stammt volksetymologisch aus dem Jiddischen und geht auf das Hebräische zurück. Dort hieß es ursprünglich *hazlóche un bróche*. *haṣlaḥā* bedeutet 'Glück' und *b^{e}racha* 'Segen'. Die Juden gebrauchen diese Formel hebräisch und jiddisch auch in der Gegenwart noch.[1]

die Handhabe

Die Wortfamilie der *Hand* ist im deutschen Lexikon stark vertreten. Zwischen allerhand Handfestigkeiten und Handgreiflichkeiten sind allerdings mit *Handhabe* und *hantieren* (s. u.) zwei Wörter in diese Familie hineingerutscht, die ursprünglich nicht dazugehörten. Wie gute Pflegekinder

1 Siehe Röhrich (1991–92) I S. 633.

haben sie sich aber durch Anpassung Heimatrecht in dieser Sippe erworben und können heute als Mitglieder ohne Kuckucksei-Charakter gelten.

Die *Handhabe* ist im Althochdeutschen *anthaba*. Dieses Wort setzt sich zusammen aus dem Präfix *ant-* 'gegen' und dem Substantiv *haba* 'Henkel, Griff', das zu *heben* gehört. Es bedeutet also eigentlich 'Gegengriff' und bezeichnete wie einfaches *haba* den Henkel, den Griff. Schon im Althochdeutschen wurde das Wort in seinem ersten Teil aber an *Hand* (althochdeutsch *hant*) angelehnt und zu althochdeutsch *hanthaba* umgedeutet. Ein leicht zu verstehender Neuanschluß, da es ja die Hand ist, mit der gegriffen wird. Dieser Neuanschluß bewirkte in der Folge dann eine Bedeutungsveränderung des Worts, das heute in erster Linie 'das, was man gegen jemanden in der Hand hat (zur Einleitung gerichtlicher Schritte)' meint. Auch das abgeleitete Verb *handhaben*, das als mittelhochdeutsch *hanthaben* noch 'fest fassen, halten, schützen' bedeutete, hat seine Bedeutung geändert in Richtung auf ein handmäßiges 'sachgerechtes Umgehen mit etwas' (und übertragen auf ein generelleres 'Praktizieren').

Das Präfix althochdeutsch *ant-* 'gegen', das noch in *Antwort* 'Gegenwort' und *Antlitz* 'das Entgegenblickende' steckt, setzt germanisch **and*(*a*)- 'entgegen' voraus und wird auf ein indogermanisches **ant-* 'Vorderseite, Stirn' zurückgeführt. In Verben erscheint dieses *ant-* als althochdeutsch *int-*, mittelhochdeutsch *en*(*t*)-, neuhochdeutsch *ent-* (z. B. *entsagen*), wobei sich hier die Bedeutung allerdings stark aufgefächert hat.

Das Substantiv *Hand* (mittel-, althochdeutsch *hant*, germanisch **handu-*) dagegen ist wahrscheinlich als 'die Greifende, Fangende' benannt.

die Handschelle

Die *Handschelle* ist nicht die klirrende *Schelle* (die Geräusche von sich gibt), auch wenn sie den gefangenen Verbrecher rasselnd ins Kittchen begleitet.

Handschelle 'ringförmige Metallfessel' ist seit dem 18. Jahrhundert bezeugt. Das Wort ist zusammengesetzt mit dem einfachen *Schelle*, das das gleiche bedeutete, im 17. Jahrhundert aufkam, heute aber ausgestorben ist. Möglicherweise knüpft dieses *Schelle* an althochdeutsches *fuozscal* 'Riegel' an. *-scal* kann dabei als 'abgespaltener Pfahl, Pflock' auf die indogermanische Wurzel **(s)kel-* 'schneiden' zurückgeführt werden.

Die *Schelle* als 'Glöckchen, Klingel' (mittelhochdeutsch *schelle*, althochdeutsch *skella*) ist abgeleitet von dem heute ausgestorbenen Verb mittelhochdeutsch *schellen*, althochdeutsch *skellan* 'tönen, lärmen, schallen, klingen', das im 17. Jahrhundert untergegangen ist oder von *schallen* absorbiert wurde (das heutige *schellen* 'klingeln, läuten' ist im 17. Jahrhundert wieder von *Schelle* abgeleitet). Grundlage ist indogermanisch **skel-*, Variante zu **kel(ə)-* 'rufen, schreien, lärmen'.

hantieren

Man kann mit allem hantieren, was man mit den Händen anfassen kann. Hantieren ist vor allem ein handgreifliches Geschäftigsein, das Herumwirtschaften mit etwas. Ursprünglich aber hat *hantieren* gar nicht die Bedeutung des Handgreiflichen gehabt, erst durch den lautlichen Anklang an das unverwandte *Hand* hat sich diese Bedeutung im Neuhochdeutschen entwickelt. Im Mittelhochdeutschen noch bedeutete *hantieren* vor allem 'Handel treiben, einem Geschäft nachgehen', auch 'etwas tun, verrichten'. Das Verb ist über das Niederdeutsche und Niederländische aus französisch *hanter* 'hin- und herziehen; umgehen mit, oft besuchen' entlehnt. Pfeifer (1995) S. 508 führt altfranzösisch *hanter* mit Vorbehalt auf altnordisch *heimta* 'heimholen, (ein)fordern' zurück, wonach es mit *Heim* verwandt wäre. Im Mittelhochdeutschen wurde *hantieren* im Bereich von Handel und Gewerbe gebraucht. Hier wurde es später durch *handeln* abgelöst. Durch volksetymologische Anlehnung an *Hand* hat *hantieren* dann die heutige Bedeutung eines direkt handgreifliches Tuns entwickelt.

Das unverwandte Substantiv *Hand* ist alteinheimisch deutsch. Germanischer Vorläufer ist **handu-*, das Bezeichnungsmotiv wahrscheinlich 'Greiferin'.

der Haudegen

Daß der *Haudegen*, der alte Krieger und Draufgänger, seine Kämpfe mit dem *Degen* (der Waffe) bestand und von daher seinen Namen hat, scheint so logisch, daß man das Wort gleich abhaken möchte. Doch Vorsicht! Der mittelalterliche *Degen* als Held und Krieger und der *Degen* als Waffe sind zwei ganz verschiedene Wörter. Der erste ist in seinem Ursprung eigentlich 'das männliche Kind', der zweite ein 'Dolch'.

Der *Degen* 'Krieger' ist eigentlich ein Wort des Mittelalters – mittelhochdeutsch *degen* hatte die weite Bedeutung 'Knappe, Gefolgsmann, Anhänger, Krieger, Held'. Über den althochdeutschen *thegan* führt das Wort auf germanisch **þegna-* 'Knabe, Diener, Krieger' zurück. Zusammen mit griechisch *téknon* 'Kind' gehört es zu der indogermanischen Verbalwurzel **tek-* 'zeugen, gebären'. Als frühe Bedeutung des Wortes wird 'männliches Kind' angesetzt. Am Ende des Mittelalters kam das Wort mit der Person außer Gebrauch und wurde erst im 18. Jahrhundert von den Dichtern neu belebt.

Der *Degen* als Hieb- und Stichwaffe, spätmittelhochdeutsch *degen*, ist im 14. Jahrhundert aus ostfranzösisch *degue* (französisch *dague*) 'Dolch' entlehnt, das vielleicht von altprovenzalisch *daga* kommt (dessen Ursprung ist nicht bekannt). Zuerst war es eine Bezeichnung für den Dolch, seit dem 16. Jahrhundert dann für eine längere Waffe der gleichen Art, wie man sie heute als Sportdegen kennt.

Zu dieser Waffenbezeichnung *Degen* wurde im 17. Jahrhundert die Zusammensetzung *Haudegen* als Bezeichnung für eine degenartige Hiebwaffe (im Gegensatz zum *Stoßdegen*) gebildet. Nachdem das unverwandte *Degen* 'Krieger' im 18. Jahrhundert neu belebt wurde, las man in die eigentliche Waffenbezeichnung *Haudegen* diesen unverwandten *Degen* 'Krieger' hinein. Erst durch die Vermischung der beiden *Degen* in der Zusammensetzung ergab sich dessen heutige Bedeutung 'alter Krieger, Draufgänger'.

es zieht wie Hechtsuppe

Während der Hecht im Karpfenteich (Redensart, die sich zuerst auf Napoleon III. bezog) metaphorisch auf den tatsächlichen Hecht zurückgeht, der unter den trägen Karpfen der Unruhestifter ist, ist er in der redensartlichen *Hechtsuppe*, die starken Luftzug meint, wahrscheinlich eine Umdeutung aus dem Rotwelschen. Der Gaunersprache Rotwelsch entstammen einige deutsche Redewendungen, in denen bewußt jiddische Wörter mit deutschen, die ähnlich oder gleich lauteten, identifiziert wurden. Das Gemeinte sollte so für die Außenwelt (die Nicht-Gauner) verundeutlicht werden.[1] Die *Hechtsuppe* in *es zieht wie Hechtsup-*

1 Vgl. Landmann (1962) S. 414–450.

pe (seit dem 19. Jahrhundert bekannte Redensart) geht so wahrscheinlich auf jiddisch *hech* 'wie' und jiddisch *supha* 'Windsbraut, Orkan, Sturm' zurück.[1]

das Heft in der Hand haben/halten

Das sprichwörtliche Heft, das jemand in der Hand hat und hält, solange man es ihm noch nicht aus derselben genommen hat, ist nicht das Schreibheft, welches von *heften* kommt. Es gehört vielmehr als 'Griff (einer Waffe, eines Werkzeugs)', im eigentlichen Sinne 'Halter', zum Verb *heben* in dessen ursprünglicher Bedeutung 'fassen, packen'. Wer das Heft, den Griff einer Waffe in der Hand hat, ist kampffähig. Das Wort wurde so zum Symbol der Gewaltausübung.

die Hoffart

Das archaische *Hoffart* 'anmaßender Stolz, überheblicher Hochmut, Dünkel' ist nicht die 'Hof-Art', sondern in dem Wort steckt die 'hohe Fahrt', die vornehme Art zu leben. Das Wort ist zuerst im 12. Jahrhundert als *hōchvart* belegt. Der heutige Ausdruck entwickelte sich durch frühneuhochdeutsche Kürzung des langen *o* vor *ch* und anschließende konsonantische Assimilation. Die Bedeutung des Wortes geht aus von 'vornehme Lebensart' und hat sich dann über 'edler Stolz' zu 'Hochmut, Dünkel' verschlechtert.

1 Vgl. Röhrich (1991–92) II S. 686.

irritieren

Man irrt nicht, wenn man das Verb *irritieren* heute mit *irr(en)*, *verwirren* zusammenbringt. Ursprünglich aber besteht da kein Zusammenhang.

irritieren ist im 16. Jahrhundert aus lateinisch *irrītāre* 'erregen, reizen, provozieren' entlehnt, das das lateinische *rītāre* 'aufregen' steigert. Im Deutschen wurde das Verb zunächst in der Bedeutung von lateinisch *irrītāre* verwendet, im 19. Jahrhundert dann allerdings semantisch an *irren*, *irr* angeschlossen, so daß es die Bedeutung 'irre, unsicher machen, ablenken, verwirren, stören' annahm.

Das Adjektiv *irr(e)* und das abgeleitete Verb *irren* dagegen sind alteinheimisch deutsch. *irr* und *irre* (das auch semantisch etwas abgeschwächt wie in *irre geil* vorkommt) bedeuten 'verwirrt, geistesgestört', im Mittelhochdeutschen (*irre*, *erre*) noch umfassender 'vom rechten Wege abgekommen, verirrt, erzürnt, uneinig', althochdeutsch *irri* meinte 'umherschweifend, verirrt, unwissend, zügellos'. Das Wort ist mit der Sippe von lateinisch *errāre* 'irren' verwandt und kann mit *rasen* auf die indogermanische Wurzel **er(ə)s-* 'laufen, sich heftig bewegen, erregt sein' zurückgeführt werden.

Das schon althochdeutsche Verb *verwirren* wird sprachgeschichtlich weder mit *irritieren* noch mit *irr(en)* verbunden. Es ist Präfixverb zu *wirren*, dessen Herkunft nicht geklärt ist. Möglicherweise knüpft es an die indogermanische Wurzel **wer-* 'drehen' an.

der Isegrimm

Der Übername des Wolfes in der Tierfabel kommt vom Personennamen althochdeutsch *Isangrīm*, was etymologisch 'Eisenhelm' bedeutet. Der zweite Teil entspricht altenglisch *grīma* und altnordisch *gríma* 'Maske, Helm'. Das mittelhochdeutsche *Isengrīn* wurde dann schon als Übername des Wolfs gebraucht. Durch volksetymologische Anlehnung an *grimm* entstand der heutige Ausdruck, der seit dem 18. Jahrhundert auch einen mürrischen, trotzigen Menschen bezeichnet.

das Jubeljahr

Das *Jubeljahr*, das in der Redewendung *alle Jubeljahre einmal* 'selten' steckt, ist nicht zusammengesetzt mit dem *Jubel*, der das 'Freudengeschrei' meint.

Jubeljahr (auch *Jobeljahr*) ist eine spätmittelhochdeutsche Lehnübersetzung aus *annus iubilaeus*, wobei *iubilaeus* auf hebräisch *jōvēl* 'Widderhorn' zurückgeht.

»Nach dem mosaischen Gesetz war jedes 50. Jahr ein Erlaßjahr, das mit dem Widderhorn (hebräisch *jōvēl*) eingeblasen wurde. Der Papst Bonifatius VIII. führt 1300 ein christliches Jubeljahr ein, das alle hundert Jahre wiederkehren soll und Kirchenstrafen erläßt. Von späteren Päpsten wird der Zeitraum auf 50 Jahre, dann auf 33 und schließlich auf 25 verkürzt.«[1] An dieses *Jubel-* schließen sich die *Jubelfeier* und der *Jubelgreis*, ferner die *Jubelhochzeit* und das *Jubelpaar* an. Alle diese Komposita verbindet das Sprachgefühl allerdings mit dem unverwandten freudenschreienden *Jubel*.

Der *Jubel* (die Freudensbekundung) geht aber über das Altfranzösische auf lateinisch *iūbilum* 'Freudengeschrei der Hirten und Jäger' zurück. Dies wird auf eine alte Interjektion **jū-* zurückgeführt, die auch in *jauchzen*, *juchzen* (eigentlich 'juch (juhu) rufen') und den Freudenrufen *juchhe!*, *juchhei!* und *juchheirassa!* steckt.

1 Kluge/Seebold (1995) S. 412.

die Kaffeebohne

Die Kaffeebohne ist eine Bohne, weil sie so klein und rund ist wie eine Bohne, also scheinbar eine Metapher.

In der Zusammensetzung *Kaffeebohne*, die seit dem 18. Jahrhundert bezeugt ist, steckt aber eigentlich nicht die *Bohne* (Gemüsepflanze), sondern *-bohne* schließt hier volksetymologisch an arabisch *bunn* 'Frucht des Kaffeestrauchs' an. Der gleiche volksetymologische Anschluß liegt auch in englisch *coffee bean* vor. Dagegen ist im Französischen *baie de café* und im Italienischen *seme del café* die Kaffeebohne (die faktisch eine Kirsche ist) nicht als '-bohne', sondern als '-beere' benannt[1].

jemanden durch den Kakao ziehen

»... nie dürft ihr so tief sinken, von dem Kakao, durch den man euch zieht, auch noch zu trinken« (Erich Kästner).

Der redensartliche *Kakao*, durch den man gezogen wird, ist wahrscheinlich ein verhüllender Ausdruck für *Kacke*. Die eigentliche Bedeutung der Wendung ist also 'jemanden durch die Kacke (den Schmutz) ziehen'.[2]

der Kalauer

Die seit 1858 bezeugte Bezeichnung *Kalauer* 'wenig geistreicher Witz' ist umgeformt aus französisch *calembour* 'Wortspiel' (dessen Herkunft nicht bekannt ist) und an *Kalau* (die niederlausitzische Stadt) angelehnt. Das Motiv der Umformung ist möglicherweise, daß der Redakteur Dohm, der bei der Zeitschrift »Kladderadatsch« arbeitete, von Auf-

1 Vgl. auch Osman (1982) S. 36.
2 Siehe DUDEN Redewendungen (1992) S. 368.

enthalten in Kalau Witze an seine Zeitschrift in Berlin geschickt haben soll und diese Witze aus Kalau den Anstoß zur Umbildung gegeben haben.

die ollen Kamellen

Die *ollen Kamellen* 'die alten Geschichten, das Altbekannte', die es erst seit dem 20. Jahrhundert gibt, sind nicht mit den *Kamellen* (Karamelbonbons) identisch. In der Fügung steckt vielmehr die niederdeutsche *Kamelle*, die im Hochdeutschen die *Kamille* ist. Die *alten Kamellen* sind ursprünglich Kamillenblüten, die zu lange gelagert worden sind und ihre Heilwirkung verloren haben, alte Geschichten haben einen vergleichbar geringen Neuigkeitswert. Fritz Reuter hat die Fügung durch seine Erzählungen »Olle Kamellen« bekannt gemacht.

Dagegen sind die *Kamellen*, die man nascht, zusammengezogen aus dem ursprünglich niederrheinischen *Karamellen* 'Karamelbonbons'.

das Kammertuch

Das fachsprachliche *Kammertuch*, das 'feine Leinwand' bezeichnet, hat nichts mit der *Kammer* zu tun. Es ist ursprünglich das 'Tuch aus Cambrai' und als niederländisch *kamerijksdoek* eine Übersetzung aus französisch *toile de Cambrai*. Das niederländische Wort wurde in der Kürzung *kamerdoek* im 16. Jahrhundert ins Deutsche übertragen.

unter aller Kanone

In der Redewendung *unter aller Kanone* steckt eigentlich nicht die *Kanone*, sondern der *Kanon.* Aus dem Lateinunterricht stammt die scherzhafte Übersetzung der lateinischen Wendung *sub omni canone* 'unter aller Richtschnur'.

Kanon und *Kanone* sind allerdings verwandt. Beide gehen auf griechisch *kánna* 'Rohr' zurück. Die *Kanone* geht als 'Schußrohr' vom Bezeichnungsmotiv 'Rohr' aus. Bei *Kanon* geht die Bedeutungsentwicklung wohl von 'Rohr' zu 'Stange', dann zu 'Richtscheit' und davon zu 'Regel'.

der Karfunkel

Der feurig rot leuchtende Edelstein *Karfunkel* ist erst sekundär – im Mittelhochdeutschen – der Wortfamilie um *Funke, funkeln* zugeordnet worden. Zuvor war es mittelhochdeutsch *karbunkel*, das von lateinisch *carbunculus* 'kleine Kohle' kommt, einer Verkleinerungsbildung zu lateinisch *carbo* (*-ōnis*) 'Kohle'. Die volksetymologische Umbildung zu mittelhochdeutsch *karfunkel* greift das Leuchten, Funkeln des Edelsteins auf.

Der *Funke* dagegen ist alteinheimisch deutsch (mittelhochdeutsch *vunke*, spätalthochdeutsch *funko*) und geht auf die gleiche Wurzel wie *Feuer* zurück.

kassieren 'für ungültig erklären'

Wenn *ein Urteil kassiert* wird, hat das nichts mit dem monetären, pekuniären *kassieren* zu tun, wobei Geld in die Kasse kommt.

kassieren 'für ungültig erklären' ist eine Entlehnung des 14. Jahrhunderts. Es gehört zu gleichbedeutend spätlateinisch *cassāre*, einer Ableitung von *cassus* 'nichtig, leer'.

Es ist nicht verwandt mit *kassieren* 'Geld einnehmen', das mit *Kasse* im 16. Jahrhundert aus dem Italienischen entlehnt ist und auf lateinisch *capsa* 'Behältnis, Kapsel', einer Ableitung von *capere* 'greifen, fassen', zurückgeht.

einen Kater haben

Der *Kater*, der nach einem Rausch selten sanft angemaunzt kommt, hat nichts mit dem *Kater* (dem männlichen Katzentier) zu tun. Der alkoholbedingte *Kater* ist eine scherzhafte Umbildung aus *Katarrh*, das schon in ähnlicher Bedeutung gebraucht wurde. Die Umbildung ist im 19. Jahrhundert in Leipziger Studentenkreisen entstanden. Durch die Beziehung zu *Katzenjammer*, das schon 'Unwohlsein nach Alkoholgenuß' bedeutete, konnte sich das Wort durchsetzen.

kehren 'fegen'

Da Kehren (Fegen) »nicht ohne Wendungen des Besens oder eines andern Werkzeugs, mit dem gekehrt wird, stattfindet, so liegt es ziemlich nahe vorauszusetzen, daß das Wort eins sei mit *kehren* im Sinne von 'wenden'; dies ist aber nicht der Fall«.[1] Beide Wörter sind sprachgeschichtlich nicht verwandt.

kehren 'fegen' ist seit dem 8. Jahrhundert bezeugt und lautete im Mittelhochdeutschen *ker(e)n*, im Althochdeutschen *kerien*.

kehren 'wenden' dagegen ist mittel- und althochdeutsch *kēren* und seit dem 9. Jahrhundert belegt.

1 Andresen (1919) S. 391.

der Kellerhals

Die Bezeichnung *Kellerhals* (Seidelbast, deutscher Pfeffer) gibt es seit dem 15. Jahrhundert. Der erste Teil der Zusammensetzung kommt von mittelhochdeutsch *queln*, *kellen* 'quälen, schmerzen', weil die Pflanze als Abführmittel eingenommen wurde und ihre Beeren im *Hals* brannten. Der Anklang an *Keller*, das auf lateinisch *cella* zurückgeht, ist volksetymologisch.

die Kette 'Schar'

Wenn eine Schar Wildgänse im Formationsflug über uns hinwegfegt oder eine Entenmutter mit ihren Küken den Gang zum Teich antritt, kann man auf den Gedanken kommen, daß da eine Tierschar ihrer Beschäftigung nachgeht, wobei das Leittier die anderen wie eine *Kette* hinter sich herzieht. *Kette* in der Bedeutung 'Schar' und *Kette* in der Bedeutung 'Metallband' sind aber zwei Wörter, die sprachgeschichtlich verschieden sind und sich erst im Neuhochdeutschen lautlich getroffen haben.

Die *Kette* als 'Schar' (was oft von Rebhühnern gesagt wird) hieß im Mittelhochdeutschen noch *kütte*, im Althochdeutschen *kutti*. Woher das Wort weiter stammt, ist nicht klar. Im Neuhochdeutschen wurde das Wort mit der unverwandten *Kette* 'Metallband' identifiziert und lautlich daran angeglichen – vielleicht weil sich manche Scharen (z. B. die geschwaderartigen Wildgänse) gut mit der gegliederten Kettenform vergleichen lassen.

Die *Kette* als 'Schmuckstück' oder 'Metallband' ist im Mittelhochdeutschen *keten(e)* und althochdeutsch *ketin(n)a*. Dieses Wort stammt aus dem lateinischen *catēna*, das das gleiche bezeichnet.

die Kichererbse

Die *Kichererbse* hat nichts mit *kichern* zu tun. Das Wort ist eine sogenannte verdeutlichende Zusammensetzung. Sie ist zuerst im 17. Jahrhundert belegt und gehört zum gleichbedeutenden Simplex mittelhochdeutsch *kicher*, althochdeutsch *kihhira*, *kihhura*. Dies ist früh aus dem lateinischen Erbsenwort *cicer* entlehnt.

Das Verb *kichern* dagegen ist seit dem 16. Jahrhundert bezeugt und ahmt lautmalend (onomatopoetisch) das Kichern nach. Ähnliche Bezeichnungen sind im Neuniederländischen *giechelen*, althochdeutsch *kahhezzen* und *kahhizzōn*, mittelhochdeutsch *kachezen*, altenglisch *ceahhettan*. Der *k*-Anlaut steht sicherlich für den Verschlußlaut, der im Kehlkopf beim Lachen hervorgerufen wird.

der Kiebitz 'Zuschauer'

Wer beim Karten- oder Brettspiel zuschaut und 'gute' Ratschläge erteilt, wird *Kiebitz* genannt. Das Wort erinnert an die Vogelbezeichnung *Kiebitz*, der es aber erst sekundär angeglichen ist. Tatsächlich ist das Substantiv vom Verb *kiebitzen* abgeleitet, mit dem es im 20. Jahrhundert von rotwelsch *kibitschen*, *kiewischen* 'visitieren, beobachten' kommt.

Die Vogelbezeichnung *Kiebitz* (ein Regenpfeifer) dagegen ist eine lautnachahmende Bildung des 14. Jahrhunderts nach dem Lock- und Warnruf – etwa *kibit*, *kiwit*, *giwit* – des Vogels.

das Kirchspiel

Kirchspiel bezeichnet (veraltend) einen Pfarreibezirk, einen Kirchsprengel. In diesen areligiöser werdenden Zeiten ist das Wort erklärungsbedürftig.

In *Kirchspiel* steckt 1. die *Kirche* (selbst ziemlich kompliziert), aber 2. nicht das *Spiel*, sondern mittelhochdeutsch *spel* 'Erzählung, Sage, Gerede'. Das Kirchspiel ist somit der Bezirk, in dem ein Pfarrer predigen darf, der Bereich der Kirchenpredigt. Nachdem mittelhochdeutsch *spel* im Wortschatz vereinzelt geworden war, d. h. keine Wortfamilie mehr hatte, wurde es volksetymologisch an mittelhochdeutsch *spil* 'Spiel' angeglichen. Dieser Neuanschluß war (wie bei *Beispiel*) allerdings nur lautlicher Art, eine semantische Verbindung erfolgte nicht. (Das Substantiv *Spiel* wird im Artikel *Beispiel* behandelt.)

die Kloake

Die Kloake ist der 'Abzugskanal für Abwässer', auch die 'Senkgrube'. Da die Kloake und das Klo in der Realität etwas miteinander zu tun haben, ist man versucht, auch einen sprachlichen Zusammenhang herzustellen. Aber da geht man fehl.

Die *Kloake* ist im 16. Jahrhundert aus lateinisch *cloāca*, *cluāca* 'unterirdischer Abwasserkanal' entlehnt, was vom Verb *cluēre* 'reinigen' kommt. Damit ist das deutsche *lauter* 'rein, aufrichtig' urverwandt, das auf eine Wurzel **k̑leu-* bzw. **k̑lō(u)-* 'spülen, rein machen' zurückgeführt wird. Die *Kloake* bezeichnet etymologisch also den 'reinigenden Kanal'. Da dort Schmutz weggeschafft wird, nahm das Wort auch die Bedeutung 'unsauberer Ort' an. Als zoologischer Terminus bezeichnet das Wort seit dem 19. Jahrhundert dann auch den gemeinsamen Ausgang für Darm, Harnblase und Geschlechtsorgane bei Lurchen, Kriechtieren, Vögeln und Kloakentieren.

Klo ist gekürzt aus *Klosett* 'Toilette', das wiederum aus *Wasserklosett* (abgekürzt *WC*) abgetrennt ist. Dies ist im

19. Jahrhundert aus neuenglisch *watercloset* entlehnt, das das gleiche bedeutet, wörtlich aber 'abgeschlossener Raum mit Wasser' meint. Daß *Klosett* dann auf der zweiten Silbe betont wurde und nicht wie das englische Wort auf der ersten Silbe, kommt von einer Anlehnung an die französische Aussprache. Englisch *closet* geht über das Französische auf lateinisch *clausum* 'Verschluß' (von lateinisch *claudere* '(ab-, ver)schließen') zurück.

die Kluft 'Gewand'

Wer sich eine Kluft anzieht, wirft sich in Schale. Es mag sich (wenn man etwa an die übergroße XXL-Mode denkt) eine Assoziation zur Gebirgskluft aufdrängen, in die man hineinfällt. Die Kleidungs*kluft* und die Gebirgs*kluft* sind aber zwei ganz verschiedene Wörter.

Das umgangssprachliche *Kluft* im Sinne '(uniformartige, gruppenkennzeichnende) Kleidung' kommt im 18. Jahrhundert über die Studentensprache aus dem Rotwelschen. Dort ist *Kluft*, *Klifft* 'Anzug' seit dem 17. Jahrhundert bezeugt. Die weitere Herleitung des Worts führt über das Westjiddische auf hebräisch *q*^{e}*līppā*(*h*) 'Schale'. Der kleidungssprachlichen *Kluft* entspricht auch die rotwelsche und umgangssprachliche *Schale* 'Anzug', in die man sich wirft.

Die *Kluft* als 'enger Gebirgseinschnitt, Schlucht, Fels- und Gletscherspalte' ist mittelhochdeutsch *kluft* 'Spalte, Felsenhöhle, Gruft, abgespaltenes Stück' und althochdeutsch *kluft* 'Zange, (Licht-)Schere'. Das Wort ist eine Substantivbildung zum Verb *klieben* 'spalten'.

kniff(e)lig

Knifflige 'verzwickte' Probleme werden manchmal mit einem *Kniff* (Trick) gelöst. Das heutige Sprachgefühl stellt *kniff(e)lig* zu *Kniff* (von *kneifen*). Tatsächlich ist es älter *knüfflich* (1859) und gehört zu einem nur mundartlichen Verb *kniffeln*, *knüffeln* 'mühselige Kleinarbeit verrichten'.

Kohl reden

Wer Kohl redet, redet Unsinn. Warum? Weil der Kohl als Speise so wenig geschätzt wird wie dummes Geschwätz oder sogar weil ein Kanzler im regierten Lande einen schlechten Ruf genoß? Erklärungen, die *Kohl* 'Unsinn' mit der Bezeichnung des Gemüses oder gar mit dem Namen des Kanzlers verbinden wollen, gehen fehl.

Kohl im Sinne 'Unsinn, Geschwätz' ist seit dem 18. Jahrhundert bezeugt und stammt aus der Gaunersprache Rotwelsch. Die weitere Herkunft ist nicht sicher. Erwogen werden als Grundlage 1. jiddisch *chaulem*, *cholem* 'unnützes, wertloses, sinnloses Zeug' von hebräisch *ḥ^{a}lōm* 'Traum' oder 2. hebräisch *qōl* 'Stimme' oder 3. das zigeunerische *kálo* 'schwarz', übertragen 'Lüge'. Zu diesem Substantiv *Kohl* gehören das familiäre *kohlen* und das umgangssprachliche *verkohlen*.

Die Gemüse-Bezeichnung *Kohl* (mittel-, althochdeutsch *kōl*) ist schon im Germanischen aus lateinisch *caulis* entlehnt, das ursprünglich 'Stengel', später aber auch 'Kohl' bedeutete. Die Germanen haben hier wie bei mehreren Gemüsen (so dem Kürbis, dem Rettich, der Zwiebel) von den Römern mit der Pflanze das Wort übernommen.

Kohldampf schieben

Kohldampf schieben bedeutet ‘Hunger haben’. Warum heißt hier der Kohldampf *Kohldampf* und warum wird er geschoben und nicht etwa gehalten oder ausgesessen? Bei *Kohldampf* mag man an dampfenden Kohl denken, bei *schieben* bleibt man am Verb *schieben* hängen und assoziiert vielleicht (wenn man sich dabei überhaupt etwas denkt) die hin- und hergeschobenen Schüsseln. Beidesmal sprachgeschichtlich falsch.

Kohldampf stammt aus der Gaunersprache Rotwelsch. Es ist zuerst 1835 als *Kolldampf* belegt. Wahrscheinlich ist es eine Zusammensetzung aus rotwelsch *Kohler* ‘Hunger’und neuhochdeutschem *Dampf*, das im Rotwelschen ‘Hunger’ bedeutet. Das rotwelsche Wort *Kohler* kommt eventuell vom zigeunerischen *kālo* ‘schwarz, arm, ohne Geld’ und daher ‘hungrig’ oder hängt mit *Koller* ‘Wut’, von spätlateinisch *cholera* ‘Gallenbrechruhr’, zusammen. Das Kompositum wäre so tautologisch, »doppelt gemoppelt«. Bei *schieben* in der Redewendung vermutet man, daß es für rotwelsch *schefften* ‘sein, sitzen, liegen, machen, tun, arbeiten, gehen’ eingetreten sei. Dies kommt vielleicht von jiddisch *jaschwenen* ‘setzen’ (hebräisch *jāšav* ‘sitzen, bleiben’), ist in seiner Bedeutungsvielfalt aber wohl von hochdeutsch *schaffen* beeinflußt.

die Kohlmeise und *der Kohlrabe*

In *Kohlmeise* (Meise mit schwarzem Kopf und Hals), das seit dem 17. Jahrhundert bezeugt ist, ebenso wie im seit dem 18. Jahrhundert bezeugten *Kohlrabe* (tiefschwarzer Rabe) steckt nicht der *Kohl* (das Gemüse), sondern die *Kohle* – wegen der (teilweise) schwarzen Farbe der Vögel.

kostspielig

Bei einer kostspieligen Angelegenheit kommen Kosten ins Spiel. In dem Adjektiv *kostspielig* steckt aber wahrscheinlich nicht *Spiel*, sondern *-spielig* ist hier vielmehr aus mittelhochdeutsch *spildec* 'verschwenderisch' umgebildet, das zu althochdeutsch *irspilden* 'verschwenden, vertun' gehört.

der Kreisel

Der Kreisel, das Kinderspielzeug, zieht zwar Kreise bzw. ist so rund wie ein Kreis. Sprachgeschichtlich aber sind *Kreisel* und *Kreis* nur volksetymologisch zueinandergekommen.

Der *Kreisel* lautete älter *Kräusel*. Das Wort gehört entweder zu *kraus* oder zu mittelhochdeutsch *krūse* 'Topf'. Im 17. Jahrhundert entwickelte sich daraus durch volksetymologische Anlehnung an *Kreis*, *kreisen* das heutige *Kreisel*.

Das Substantiv *Kreis* (mittel-, althochdeutsch *kreis* 'Umkreis, Bezirk') ist damit nicht verwandt. Es gehört zu *kratzen* und *kritzeln* und bezeichnete ursprünglich wahrscheinlich den auf dem Boden eingeritzten Platz (etwa als Kampfplatz).

kritteln

Hängt *kritteln* mit *Kritik* zusammen? Ursprünglich nicht.

Das Verb *kritteln* ist erst im 18. Jahrhundert sekundär an die Wortfamilie um *Kritik* angelehnt. Es ist aus einem älteren *grittel(e)n* 'zanken, unzufrieden sein, mäkeln' umgebildet, das aus dem 17. Jahrhundert stammt und in seiner Herkunft nicht geklärt ist. Durch die volksetymologische Neuzuordnung nuancierte sich die Bedeutung des Worts zum heutigen 'herumkritisieren, kleinlich Kritik üben, tadeln, nörgeln', die Komponente 'zanken' ging verloren.

Das Substantiv *Kritik* 'Beurteilung, Bewertung, Besprechung' dagegen ist eine Entlehnung des 17. Jahrhunderts aus französisch *critique*. Zuerst war es ein Ausdruck des ästhetischen Kunstrichtertums, dessen Ursprünge in Frankreich liegen. Das französische Wort kommt von griechisch *kritikḗ* (*téchnē*) 'Beurteilungskunst'. Dessen Basis ist das Adjektiv *kritikós* 'entscheidend', das zum Verb *krī́nein* 'scheiden, trennen, entscheiden' gehört.

der Krug 'Schenke'

Vor noch nicht allzulanger Zeit fuhren die Vergnügungssuchenden in Bayern mit dem Rad in die Ausflugslokale, tranken ihr Radlermaß (das nach diesen Radlern benannt ist) und fuhren nur leicht 'angeschickert' wieder nach Hause. Heute bleiben die meisten gleich zu Hause und beschränken sich auf televisionäre Ausflüge in den 'Krug zum grünen Kranze'.

Im *Krug* als 'Schenke' sieht das Sprachgefühl eine Metapher von *Krug* als 'Gefäß'. Denn es erscheint leicht eingängig, daß der Ort, wo Krüge den wesentlichsten Bestandteil des Inventars ausmachen, nach diesen benannt worden sei. Eine sprachliche Täuschung! Der *Krug* (die Schenke) und der *Krug* (das Gefäß) sind nicht verwandt.

Krug 'Schenke' ist aus dem Niederdeutschen entlehnt. Dort ist es der *krōch* oder *krūch*. Man vermutet, daß das Wort mit *Kragen* (eigentlich 'der Hals, die Kehle') verwandt ist, so daß das Wirtshaus *Krug* als 'Ort, wo viel geschluckt wird' oder als 'dunkles Loch', also 'Ort, wo man versumpft', gedeutet werden kann.

Für den *Krug* als 'Gefäß' liegen zwei Anknüpfungspunkte vor. Einmal vermutet man, daß das westgermanische

Wort nach der Machart der alten Krüge, die geflochten und mit Ton bestrichen waren, zusammen etwa mit *krumm* auf die indogermanische Wurzel **ger-* 'drehen, flechten' zurückgehen könnte. Andererseits wird ein altes Wanderwort angesetzt, das mit griechisch *krōssós* '(Misch-)Krug, Salbgefäß' verwandt ist. Mit dem Gefäß *Krug* ist wahrscheinlich auch die *Kruke* 'irdenes Gefäß, Tonflasche' verwandt.

die Küchenschelle

Die Frühjahrsblume *Küchenschelle* (eine Anemonenart) ist giftig und hat deswegen nichts in der Küche zu suchen. Das Wort (das seit dem 16. Jahrhundert bezeugt ist) ist auch erst sekundär an *Küche* angelehnt. Ursprünglich war es in seinem ersten Teil vermutlich das mundartliche *Gucke*, *Kucke* 'halbe Eierschale', so genannt nach der Blütenform. Als dieses Wort nicht mehr verstanden wurde, wurde es an *Küche* oder andere lautähnliche Wörter wie *Kühchen* und *Kuckuck* angelehnt. Der zweite Bestandteil *Schelle* bezieht sich wohl ebenfalls auf die glockenförmige Blüte (die im Wind hin und her schaukelt).

das Kümmelblättchen

Was ist ein Kümmelblättchen? *Kümmelblättchen* ist ein Wort seit dem 19. Jahrhundert und bezeichnet ein Kartenspiel (Dreiblatt), früher auch einen Gaunertrick, der mit drei Karten ausgeführt wurde. In dem Wort steckt eigentlich nicht der *Kümmel* (das Gewürz), sondern der erste Bestandteil ist umgedeutet aus hebräisch *gimel*, dem dritten Buchstaben des hebräischen Alphabets, der als Zahlzeichen für 'drei' dient.

die Lambertsnuß

Die *Lambertsnuß* (eine große Haselnußart) hat nichts mit einem *Lambert* (männlicher Vorname) zu tun, sondern ist eigentlich die 'Lombardische Nuß', 1691 noch *Lambertische Nuß*. Mittelhochdeutsch *lampartisch* bedeutete 'lombardisch'. Die Haselnußart stammt aus Südosteuropa.

der Meister Lampe

Meister Lampe ist seit dem 15. Jahrhundert der Name des Hasen in der Tierfabel. Der Name hat nichts mit der *Lampe* 'Leuchte' zu tun. *Lampe* ist hier Kurzform des Personennamens *Lamprecht*, althochdeutsch *Lantberaht*, der aus *lant* 'Land' und *beraht* 'glänzend, berühmt' besteht.

Die *Lampe* 'Leuchte' dagegen ist im 13. Jahrhundert aus französisch *lampe* entlehnt, das über spätlateinisch *lampada* 'Leuchte(r), Fackel' auf griechisch *lampás* 'Fackel' zum Verb *lámpein* 'leuchten, strahlen' zurückgeht.

das Laster

Wer einem Laster (z. B. Alkohol, Nikotin oder härteren Drogen) frönt, belastet sich damit (z. B. gesundheitlich, auch finanziell) oder ist anderen eine Last, zumindest lastet er ihnen oft schwer auf der Seele. Sprachgeschichtlich ist das *Laster* 'schlechte Gewohnheit' – anders als der *Laster* (Lastkraftwagen) – aber von *Last* (Ladung) ganz unabhängig.

Das *Laster*, mittelhochdeutsch *laster*, althochdeutsch *lastar*, wird über vordeutsch **lastra-* 'Laster, Fehler, Schmähung' auf westgermanisch **lahstra-* zurückgeführt. Die Ausgangsbedeutung ist 'Schmähung, Lästerung'. Seit dem 16. Jahrhundert wurde sie durch 'Sünde', zuerst 'einzelne

Sünde', dann 'gewohnheitsmäßige Sünde', verdrängt. Daraus hat sich die heutige Bedeutung 'schändliche Gewohnheit' entwickelt. Eine Ableitung dazu ist das Verb *lästern* 'schmähen, beschimpfen', in dem sich die alte Bedeutung 'Schmähung' erhalten hat.

Das Substantiv *Last* 'etwas Schweres, Beschwerendes', mittelhochdeutsch *last*, althochdeutsch *(h)last*, ist schon im Westgermanischen bezeugt und ein Abstraktum zu *laden* 'eine Last auf ein Transportmittel bringen; eine Feuerwaffe mit Munition versehen'. Das Verb *laden* kann über germanisch **hlaþ-a-* auf eine indogermanische Wurzel **klā-* 'hinlegen, ausbreiten' zurückgeführt werden.

für lau 'unentgeltlich'

Etwas *für lau* zu tun, heißt, etwas unentgeltlich zu tun. Vielleicht drängt sich eine Verbindung zu *lau* 'nicht warm und nicht kalt' auf. *lau* geht in dieser Redewendung aber auf jiddisches *lau* zurück, das Negation ('nicht; kein; ohne') ausdrückt. Die Wendung bedeutet also 'für nichts'.

Das deutsche Adjektiv *lau*, das einen Wärmebereich zwischen 'warm' und 'kalt' bezeichnet, ist seit dem 9. Jahrhundert belegt und geht wahrscheinlich wie auch das lateinische *calēre* 'warm sein' auf die indogermanische Wurzel **k̂el-* 'warm' zurück.

die Laute

Die Laute (das Zupfinstrument) heißt nicht *Laute*, weil sie Laute von sich gibt.

Laute ist eine mittelhochdeutsche Entlehnung aus dem Französischen oder Italienischen. Von dort geht das Wort über das Spanische auf arabisch *al-'ūd* 'die Laute' (mit Artikel) zurück. Arabisch *ʿūd* bedeutet eigentlich 'Holz' bzw. übertragen 'Musikinstrument aus Holz'.

Der *Laut* 'Ton, Geräusch' ist ein Substantiv des 10. Jahrhunderts zum Adjektiv *laut* 'geräuschvoll'. Dieses westgermanische Adjektiv (mittelhochdeutsch *lūt*, althochdeutsch *(h)lūt*, westgermanisch **hlūda-* 'laut') bedeutet eigentlich 'gehört' und kommt von der indogermanischen Wurzel **k̂leu-* 'hören'.

das Leghorn

Das weiße Italienerhuhn Leghorn, das in Amerika auf Leistung gezüchtet wurde, ist nach dem italienischen Ausfuhrhafen Livorno in der englischen Form des Namens, *Leghorn*, benannt. Im Deutschen hat das Sprachgefühl die Bezeichnung mit 'Eier legen' verknüpft.

leiden, das Leid und *leider Gottes*

Während manche leiden oder Leid empfinden, geht es anderen leidlich, und anderen wieder ist alles verleidet. Die einen sind leidenschaftlich, die anderen beleidigt. Manche erleiden ihr Leben, manchen ist es eine leidige Sache, und alle werden, auch wenn man sie nicht leiden konnte, mit herzlichem Beileid verabschiedet, aber dann oft leider viel zu schnell vergessen.

Im Leiden haben sich zwei Wortfamilien getroffen, die geschichtlich gar nichts miteinander zu tun haben. Einmal die Wortfamilie um das Verb *leiden* – dazu gehören *erleiden*, das substantivierte *Leiden* (z. B. *beim Leiden Christi*), das Adjektiv *leidlich* und mit anderer Bedeutungsentwicklung die *Leidenschaft*. Auf der anderen Seite steht die Wortfamilie um *leid* und *Leid* – sie wartet auf mit der Entschuldigung *es tut mir leid* und der Klage *es ist mir leid*, weiter mit der *Beleidigung*, dem *Beileid*, dem Adjektiv *leidig*, dem Adverb *leider* und mit *verleiden*.

Das Verb *leiden* 'Schmerz ertragen, dulden' (mittelhochdeutsch *līden*, althochdeutsch *līdan*), womit *leiten* verwandt ist, hatte im germanischen **līþan* noch eine ganz andere Bedeutung, nämlich 'weggehen'. Wer die Welt *erlitt*, 'durchschritt' sie. Im Althochdeutschen setzte für *leiden* und *erleiden* ein Bedeutungswandel ein. Durch Einfluß von unverwandtem *Leid* (althochdeutsch *leid*) änderte sich deren Bedeutung zum heutigen '(er)leiden'.

Das Adjektiv *leid* 'schmerzlich, widerwärtig' und das im Germanischen davon abgeleitete Substantiv *Leid* 'großer Kummer, seelischer Schmerz' lassen sich bis zum germanischen **laiþa-* zurückführen, das auch schon 'schmerzlich, widerwärtig' bedeutete. Eine weitere Herleitung bleibt unsicher.

Das Adverb *leider*, mit dem Bedauern ausgedrückt wird, ist althochdeutsch *leidōr* und Komparativ zum althochdeutschen Adverb *leido*, das eine Ableitung vom Adjektiv *leid* ist. In der Fügung *leider Gottes* ist es allerdings wohl aus der Beteuerung (*beim*) *Leiden Gottes* umgebildet, worin das unverwandte *leiden* steckt.

die Leinwand

Die Leinwand ist keine Wand, sondern ein Tuch, auf das der Maler seine Bilder malt und das im Kino als Projektionsfläche – allerdings an der Wand aufgespannt – dient.

In *Leinwand* steckt eigentlich auch nicht *Wand*. Das Wort lautet vielmehr älter *Leinwat* (bis ins 17. Jahrhundert), im Mittelhochdeutschen *līnwāt*. Darin steckt alt- und mittelhochdeutsch *wāt* 'Kleidung, Kleidungsstück, Gewandstoff'. Im Frühneuhochdeutschen wurde das Wort nach *Gewand* umgebildet, so daß vereinzelt *līngewand* und bei Luther *Linwand* auftritt. Diese umgebildete Form setzte sich in der Folge durch. Heute wird im zweiten Teil von *Leinwand* das Wort *Wand* gesehen, so daß *Leinwand* auch für 'Bildwand' stehen kann.

Das Wort *Gewand* (mittelhochdeutsch *gewant*, althochdeutsch *giwant*) ist eine Bildung zu *wenden* und bedeutet ursprünglich 'das Gewendete'. Das Wort bezeichnete früh auch 'das gefaltete, in Rollen oder Barren aufbewahrte Tuch'. Im 14. und 15. Jahrhundert hat es in der Handelssprache die Bedeutung 'Tuch, gewebter Stoff, Zeug' angenommen, in der Sprache der Dichtung dagegen die Bedeutung 'Kleid, Rüstung'. *wenden* ist ein sogenanntes Veranlassungsverb zu *winden* und bedeutet eigentlich 'winden machen'.

Urverwandt damit ist *Wand* (mittel-, althochdeutsch *want*), das eine Bildung zu *winden* ist und ursprünglich 'das Gewundene, Geflochtene' bedeutet. Die alten Wände waren nämlich geflochten und mit Lehm bestrichen (die Mauern dagegen aus Steinen aufgebaut).

die Leiter 'Steigegerät'

Ist die *Leiter* diejenige, die einen nach oben oder nach unten *leitet*? Nein, der Eindruck beruht auf einer homonymischen Täuschung.

Die *Leiter* kommt nicht von *leiten*, sondern von *lehnen*, sie ist also 'die Angelehnte'. Die Bezeichnung ist schon westgermanisch und eine Instrumentalbildung zu indogermanisch **k̂lei-* 'lehnen'.

leiten 'führen, an der Spitze stehen' dagegen kommt von *leiden* (eigentlich '(weg)gehen'). *Leiten* ist im Germanischen als Veranlassungsverb (Kausativum) zu **leiþ-a-* '(weg)gehen' gebildet und bedeutet also ursprünglich 'weggehen machen'.

der Leumund

Denken Sie in schlimmen Stunden, Ihr Ruf sei ruiniert? Sie seien im ganzen Viertel unmöglich? 1. Sie sind nicht der einzige Mensch, dem das so geht. 2. Ihr Leumund ist nicht das, was aus der Leute Mund kommt (aber das macht die Verleumdungen wahrscheinlich auch nicht besser).

Der *Leumund* 'Ruf, in dem einer steht' (im Mittelhochdeutschen *liumunt*, althochdeutsch (*h*)*liumunt*) ist verwandt mit *verleumden* und *laut*. Das Wort gehört zu germanisch **hleumōn* 'Gehör, zu Hörendes' und geht auf eine indogermanische Wurzel der Bedeutung 'hören' zurück, die auch *laut* zugrunde liegt.

Leumund hat etymologisch nichts mit der Körperteilbezeichnung *Mund* zu tun. Volksetymologisch wird es allerdings mit *Mund* und in der Anfangslautfolge mit *Leute* (gedeutet als 'der Leute Mund') – oder auch mit *Löwe*, *loben* oder (mit einer Bedeutungsänderung von *Leumund*) mit *lügen*[1] – in Zusammenhang gebracht.

der Liebstöckel

Liebstöckel bezeichnet das Doldengewächs, das als Würz- und Arzneipflanze im Garten gezogen wird und volkstümlich auch *Maggikraut* heißt. Die Pflanzenbezeichnung ist ursprünglich aber keine Zusammensetzung aus *Liebe* und *Stöckel*, sondern im Althochdeutschen volksetymologisch

1 Siehe jeweils Olschansky (1996) S. 193.

eingedeutscht aus der lateinischen Bezeichnung *ligusticum*, was 'aus Ligurien stammende Pflanze' bedeutet. Schon im Lateinischen ist die Bezeichnung vielfach umgebildet worden, so zu mittellateinisch *levisticum*, *livisticum*, *lubisticum*. Daraus stammen althochdeutsche Formen, die volksetymologisch an *Liebe* (althochdeutsch *luba*) und *Stock* (althochdeutsch *stoc*) bzw. *Stecken* (althochdeutsch *stecko*, *stehho*) und auch *Stachel* (althochdeutsch *stihhil*) angelehnt sind – so althochdeutsch *lubistecko*, *lubisteck*, *-stic*, *-stoc*, *lubisteckal*, *-stehhal*, *-stickil*, *-steckil*, *-stuchel*. Im 15. Jahrhundert entstehen dann aus Formen wie mittelhochdeutsch *lübestecke(l)*, nachdem *ü* zu *i* entrundet worden war, mit Anlehnung an *lieb* Formen wie *Liebstück*, *Liebstickel*, *Liebstöckel*, das heute bestimmend geworden ist.

die Löffel 'Hasenohren'

Die *Löffel* beim Hasen lassen sich vielleicht mit dem gleichnamigen Eßgerät vergleichen. Vermutlich aber sind die *Löffel* als 'Hasenohren' nicht von den *Löffeln*, mit denen man sich Suppe und Eis einverleibt, übertragen, sondern gehören als Bildung des 13. Jahrhunderts, mittelhochdeutsch *leffel*, zu *laff* 'schlaff', mittelhochdeutsch *erlaffen* 'erschlaffen', sind mit dem *Lappen* (eigentlich 'der Schlaffe, Hängende') verwandt und eigentlich als 'die Herabhängenden' benannt.

Der Besteck-*Löffel* dagegen ist seit dem 9. Jahrhundert bezeugt und gehört zu einem althochdeutschen Verb *laffan* 'lecken', womit auch *labbern* verwandt ist. Er ist als 'Gerät zum Lecken, Schlürfen' bezeichnet.

eine Ladung löschen

Wer eine Ladung löscht, lädt Frachtgüter aus. *löschen* ist hier ein seemannssprachlicher Ausdruck, der im 18. Jahrhundert aus dem niederdeutschen, niederländischen *lossen* 'los, leer machen' kommt und zu *los* gehört.

löschen im Sinne 'erlöschen (machen)' dagegen ist schon althochdeutsch und gehört vielleicht zu *liegen*, so daß sich die ursprüngliche Bedeutung 'sich legen' ergibt.

der Lungenbraten

Der österreichische *Lungenbraten* 'Lendenbraten' hat nichts mit der *Lunge* (eigentlich 'die Leichte') zu tun, sondern die vermeintliche *Lunge* ist hier im Neuhochdeutschen aus *Lummel* entstellt, das zu lateinisch *lumbus* 'Lende' gehört.

die Macht

Um Macht zu erlangen, muß man in der Regel etwas gemacht (geleistet) haben, zumindest auf die Macht hingearbeitet haben. Umgekehrt ermöglicht eine Machtposition oft auch erst, daß etwas gemacht (bewirkt) wird. Etymologisch haben *Macht* und *machen* aber nichts miteinander zu tun.

Macht (mittel-, althochdeutsch *maht*) gehört etymologisch zu *mögen/vermögen* und wurde im Germanischen als Abstraktum zu germanisch **mag* 'kann, vermag' gebildet.

Das Verb *machen* (mittelhochdeutsch *machen*, althochdeutsch *mahhōn*, westgermanisch **mak-ō-*) wird auf die indogermanische Wurzel **maĝ-* 'kneten, streichen' zurückgeführt. Für das Germanische setzt man einen speziellen Bezug zum Lehmbau an. Im Althochdeutschen wird das Verb im Sinne von 'zusammenfügen, -bringen', dann auch 'verfertigen', gebraucht. Über 'bewirken, zuwege bringen' entwickelte sich die heutige weite Bedeutung von *machen*.

mäkeln

Wer mäkelt, kritisiert die tatsächlichen oder eingebildeten Makel oder Fehler seiner Mitmenschen. Sprachgeschichtlich gehören *mäkeln* und *Makel* nicht zusammen.

Das Verb *mäkeln* 'herumnörgeln' gehört zu *Makler* 'Vermittler, Unterhändler' und ist eigentlich eine Nebenform zu *makeln* 'Maklergeschäfte betreiben'. Dieses stammt im 17. Jahrhundert aus niederländisch *makelen*, das eine Wiederholungsbildung zu *maken* 'machen' ist. Die Bedeutungsentwicklung von *mäkeln* geht aus von 'Geschäfte machen'. Da beim Makeln kritisiert wird, um den Preis zu drücken, entwickelte sich die Bedeutung 'tadeln, nörgeln', mit der das Verb ins Hochdeutsche aufgenommen wurde.

Der *Makel* 'Fehler', mittelhochdeutsch *makel*, dagegen ist im 14. Jahrhundert aus lateinisch *macula* 'Fleck, Fehler' entlehnt.

die Mangel

Gemangelte Wäsche ist keine Wäsche, die Falten ermangelt. Die *Mangel* 'Glättrolle', mundartlich auch *Mange*, hat nichts mit dem *Mangel* 'Fehler, Fehlen' zu tun.

Die *Mangel* ist seit mittelhochdeutscher Zeit als *mange* bezeugt. Das Wort bezeichnete ursprünglich eine Steinschleuder als Kriegsmaschine. Es ist aus mittellateinisch *manga(na)* u. ä. 'Werkzeug, Wurfmaschine' entlehnt, das von griechisch *mánganon* 'Wurfmaschine u. a.' kommt. Die

Wäschemangel hat ihre Bezeichnung von der Kriegsmaschine übernommen, da beide Geräte durch die Schwerkraft von Steinkästen angetrieben wurden. *Mange* wandelte sich zu *Mangel* in Analogie zu anderen Gerätebezeichnungen auf *-el* (z. B. *Meißel*, *Schlegel*).

Der *Mangel* dagegen ist im Althochdeutschen aus dem Verb *mangeln*, althochdeutsch *mangolōn*, rückgebildet, das auf lateinisch *mancāre* 'verstümmeln, mangeln, fehlen' zurückgeht. Dessen Grundlage ist lateinisch *mancus* (ursprünglich 'verstümmelt, verkrüppelt').

die (dicke) Marie 'Geld'

Wer 'ne Marie oder sogar 'ne dicke Marie hat, hat Geld. Die umgangssprachliche *dicke Marie* leitet sich aber nicht von irgendwelchen beziehungsmäßigen Abhängigkeitsverhältnissen her, sondern *Marie* im Sinne 'Geld' geht wahrscheinlich im 20. Jahrhundert über das Rotwelsche auf zigeunerisch *Maro* 'Brot, Geld' zurück.

das Marzipan

Das deutsche *Marzipan* ist im 16. Jahrhundert aus italienisch *marzapane* entlehnt, dessen weitere Herkunft nicht sicher geklärt ist. Im Deutschen wurde das Wort, weil es aus Venedig kam, gelehrt etymologisch latinisierend als **Marci panis* 'Markusbrot' gedeutet und mit *i* geschrieben. Italienisch *marzapane* geht möglicherweise auf ein arabisches *mauṭabān* 'sitzender König' zurück, wie eine Münze mit dem thronenden Christus hieß, die zur Zeit der Kreuzzüge in Umlauf war. Um 1200 wurde diese Münze in Venedig kopiert und *mat(t)apàn* genannt. Dieses Wort bezeichnete dann auch eine zehnprozentige Steuer und eine kleine

Schachtel mit einem Rauminhalt von 1/10 Scheffel. Da in solchen Schachteln das Marzipan von Venedig exportiert wurde, hat die Süßigkeit ihre Bezeichnung von der Schachtel übernommen.

das Massaker

Massaker bezeichnet das Hinmorden einer großen Anzahl von Menschen, die Massenvernichtung. Man denkt an eine *Masse* von Menschen. Dennoch sind *Massaker* und *Masse* voneinander unabhängig.

Massaker ist im 17. Jahrhundert aus französisch *massacre* entlehnt, das das gleiche bedeutet, älter bezeichnet es 'Schlächterei'. Dessen weitere Herkunft wird unterschiedlich beurteilt.

Masse kommt im 9. Jahrhundert von lateinisch *măssa* 'Teig, Klumpen', das auf griechisch *măza* 'Brotteig u. a.' zurückgeht. Dessen Grundlage ist das griechische Verb *mássein* 'kneten, drücken, streichen'. Die Anwendung auf eine 'Menge (von Sachen oder Menschen)' ist schon im (Spät-) Lateinischen vorhanden, in der zweiten Hälfte des 18. Jahrhunderts aber hat französisch *masse*, das gleichfalls aus dem Lateinischen kommt, als Bezeichnung für das revolutionäre Volk die heutige Bedeutung von *Masse* stark geprägt.

der Mastdarm

Der Mastdarm war nicht immer der *Mastdarm* (der den Körper quasi mästet). Im Alt- und Mittelhochdeutschen war es der *arsdarm* 'Arschdarm', da der Mastdarm der unterste Teil des Darms ist, der am After endet. Im 15. Jahrhundert wurde *arsdarm* dann durch *masdarm* 'Speisedarm' (in Anlehnung an mittelhochdeutsch *maz* 'Speise') ersetzt.

Daraus entwickelte sich im Frühneuhochdeutschen der *mastdarm*, der sich – anklingend an *Mast* 'Fütterung' – im 17. Jahrhundert durchsetzte.

die Matte

Denk' ich an *Matte*, denk' ich an *matt* und daß die Matte so flach daliegt, als wär' sie matt. Solche manchmal ziemlich konstruierten Verbindungen von Wörtern, die sich allein lautlich ähnlich sind, nehmen wahrscheinlich viele Köpfe vor. Da im Deutschen wie in vielen anderen Sprachen Wortfamilien (z. B. ist die Gruppe um *fahren* mit *Fahrzeug*, *Gefährt(e)*, *führen*, *Furt* usw. eine Wortfamilie) den Wortschatz dominieren, gehen viele Sprecher davon aus, daß lautlich Ähnliches auch semantisch und etymologisch zusammenhängen muß. Oft wird dieses Prinzip dann auch auf Fälle angewandt, wo das ausnahmsweise nicht stimmt. Und hier kommt es zu manchmal recht sonderlichen Bedeutungsverbindungen (wie etwa auch bei *Schmetterling*, *Meineid* oder *mausern*).

Die *Matte* als Bodenbelag ('kleiner Teppich, Vorleger, Unterlage') ist im althochdeutschen *matta* aus lateinisch *matta* 'Matte; Decke aus Binsen- oder Strohgeflecht' entlehnt. Das lateinische Wort ist wiederum ein semitisches Lehnwort (das mit hebräisch *miṭṭhā(h)* 'Lager, Bett' verwandt ist).

Das Adjektiv *matt* 'schwach, kraftlos, glanzlos' ist wahrscheinlich in seinem Ursprung (wie auch noch das heutige *schachmatt*) ein Terminus des Schachspiels und stammt wie jenes aus dem Orient. In diesem Fall ist das Etymon des Wortes arabisch *māt* 'gestorben, tot'. Der Ausdruck ist zuerst um 1200 in der Formel *schāch unde mat* bezeugt, einer Entlehnung über französisch *éche et mat* aus spanisch *jaque y mate*. Die Grundlage ist arabisch *aš-šāh māt* 'der König ist gestorben', was sich auf die König-Figur des Schachspiels bezieht, die besiegt worden ist. Im 13. Jahrhundert hat das mittelhochdeutsche Adjektiv *mat* dann auch die Bedeutung 'schwach, kraftlos, erschöpft' angenommen, was sich als Übertragung aus dem Schachspiel erklärt.

Mit beiden nicht verwandt ist das Wort *Matte*, das die Bergwiese bezeichnet und aus dem Alemannischen in die dichterische Sprache gedrungen ist. Diese *Matte* ist im Westgermanischen von *mähen* abgeleitet und bedeutet eigentlich 'Wiese, die gemäht wird' (im Unterschied zur Weide, die nur abgeweidet wird).

Maulaffen feilhalten

Was sind Maulaffen eigentlich für Affen? Gar keine! Wer Maulaffen feilhält, verkauft keine Affen, sondern gafft. Im Frühneuhochdeutschen bezeichnete *Maulaffe* einen Gaffer, und zwar 'einen, der mit *offenem* Mund dasteht'. Der Maulaffe ist also eigentlich ein 'Mauloffen'. Möglicherweise bezeichnete das Wort ursprünglich einen tönernen Kienspanhalter, der als menschlicher Kopf geformt war und in dessen offenem Mund der Kienspan steckte.

die Maulbeeren

In *Maulbeeren* (Früchte des Maulbeerbaums, der Brombeere ähnlich) steckt nicht *Maul*. Der erste Teil von *Maulbeere* (althochdeutsch *mūrberi/mūlberi*, mittelhochdeutsch *mōrber/mūlber*, wobei die Formen mit *l* aus denen mit *r* dissimiliert sind) ist aus lateinisch *mōrum* 'Maulbeere, Brombeere' entlehnt, das aus griechisch *móron* stammt.

Maul ‘Mundöffnung verschiedener Tiere’ hingegen wird zurückgeführt auf eine indogermanische Schallwurzel **mū-* für die Lautgebärde, die mit geschlossenen Lippen hervorgebracht wird.

der Maulesel und *das Maultier*

Maulesel und *Maultier* können als Zusammensetzungen mit *Maul* ‘Mundöffnung’ erscheinen. Sie sind aber im Frühneuhochdeutschen verdeutlichend zusammengesetzt (wie etwa auch *Walfisch* zu *Wal* oder *Rentier* zu *Ren*) zum Simplex *Maul* ‘Maultier’, mittel- und althochdeutsch *mūl.* Dieses kommt von lateinisch *mūlus* ‘Maultier’ und hat nichts mit der Mundbezeichnung *Maul* (siehe bei *Maulbeeren*) zu tun. Die zoologische Fachsprache unterscheidet zwischen dem *Maultier* (lateinisch *mūlus*), in dem der männliche Esel und das weibliche Pferd gekreuzt sind, und dem *Maulesel* (lateinisch *hinnus*), das eine Kreuzung aus dem männlichen Pferd und der Eselin ist.

der Maulwurf

Die Tierbezeichnung *Maulwurf* ist ein ganz bekanntes Beispiel von Volksetymologie. Das Wort hat in seiner Geschichte zwei volksetymologische Umdeutungen erfahren. Im Althochdeutschen lautete es *mūwerf*, *-wurf*, eigentlich der ‘Haufenwerfer’. Die Konstituente *mū-* entspricht altenglisch *mūga*, *mūha*, *mūwa* ‘(Korn-)Haufen’. Als *mū* als freies Wort nicht mehr vorkam, wurde die Zusammensetzung im Spätalthochdeutschen an althochdeutsch *molta* – mittelhochdeutsch *molt(e)* – ‘Erde, Staub’ angelehnt und volksetymologisch umgebildet zu *multwurf*, mittelhochdeutsch *moltwerf*, mit der neuen Motivierung ‘Erdwerfer’.

Als wiederum der Bestandteil *molt-* nicht mehr klar war, wurde *moltwerf* ca. im 13. Jahrhundert volksetymologisch zum *mūlwerf*, *-wurf* (> *Maulwurf*), wobei man sich auf mittelhochdeutsch *mūle* 'Maul' bezog. Nach 'Haufenwerfer' und 'Erdwerfer' entstand so die neue Motivation 'Maulwerfer', 'Tier, das die Erde mit dem Maul wirft', die bis heute besteht. Faktisch ist diese Motivation falsch, eine volksetymologische Täuschung, da der Maulwurf die Erde nicht mit dem Maul aufwirft, sondern mit seinen schaufelartigen Vorderpfoten.

Mäuse und *Moos* 'Geld'

Die vielfältigen Bezeichnungen für Finanzielles im Deutschen belegen, welche wichtige Rolle das Geld im Bewußtsein (natürlich nicht nur) der deutschsprachigen Gemeinschaft einnimmt. Da gibt es den *Kies*, die *Mäuse* und das *Moos*, die *Piepen* (aus *Piepmatz* für den Adler auf den Münzen?), die *Mücken*, die *Kröten* (nach dem Bildnis der Schildkröte auf altgriechischen Münzen oder metaphorisch für das Kleine und Unbedeutende?), die *Moneten* (entlehnt aus lateinisch *monētae* 'Münzen', von der Münzprägungsstätte im Tempel der *Iūno Monēta* in Rom), den *Mammon* (letztlich von aramäisch *māmōnā* 'Vermögen, Besitz'), den *Zaster* (über die Gaunersprache aus zigeunerisch *saster* 'Eisen'), die *Penunze* (entlehnt aus einem polnischen Geldwort), das *Flüssige*, die *Barschaft* (von *bar* 'unbedeckt, nackt, bloß' als 'Geld, das offen daliegt' im Gegensatz zu den schriftlichen Zahlungsanweisungen) und einiges andere, im Neudeutschen wird neckisch abgekürzt der *Hunni* (der Hundertmarkschein) und der *Fuffi* (der Fünfzigmarkschein). Die einzelnen Geld-Bezeichnungen sind ein interessantes Kapitel. Hier stehen *die Mäuse* und *das Moos* im Mittelpunkt.

Man mag sich vorstellen, daß die Geldmünzen oder auch -scheine so schnell wie Mäuse in die Geldbörse hinein- und aus ihr herausschlüpfen (Wie gewonnen, so zerronnen!). Und das Moos mag an das Heu erinnern, dessen Quantität man sich auch beim Gelde wünscht. *Moos* und *Mäuse* als umgangssprachliche Bezeichnungen für Geld sind jedoch nicht aus den alteinheimisch deutschen Wörtern übertragen, sondern ganz anderer Herkunft. Beide stammen wahrscheinlich aus der Gaunersprache Rotwelsch und gehen über das Jiddische auf hebräisch *māʿōt* ‘kleine Münzen, Pfennige’ zurück.

Die *Maus* (das Tier) ist alteinheimisch deutsch und im Germanischen wie schon im Indogermanischen **mūs-* ‘Maus’. Basis der Benennung ist indogermanisch **mus-* ‘stehlen’ oder (vielleicht verwandtes) indogermanisch **meu(ə)-* ‘(fort)schieben, bewegen’ erwogen.

Das *Moos* (die Sporenpflanze) ist mit *Moder* verwandt und geht auf eine indogermanische Wurzel **meu-* ‘feucht (sein), schimmelig (sein)’ zurück.

mausern, *die Mauser* und *sich mausig machen*

Alles was nicht *Maus* ist, darf sich mausig machen. Sonst verwirrt's uns.

Machen Vögel in der Mauser den Eindruck, als wären sie von Mäusen benagt worden?[1] Vielleicht! *sich mausern* ‘die Federn wechseln’, im Althochdeutschen *mūzōn*, und das im Mittelhochdeutschen abgeleitete *Mauser* ‘Federwechsel der Vögel’ sind aber nicht nach der *Maus* (dem Nagetier) benannt. Althochdeutsch *mūzōn* ist vielmehr aus lateinisch *mūtāre* ‘(ver)ändern’ entlehnt. Das gleiche gilt für *mausig* in der Redewendung *sich mausig machen* ‘sich wichtig ma-

1 So eine Befragungsaussage bei Olschansky (1996) S. 197.

chen, übermütig sein', das ursprünglich wahrscheinlich aus der Falknerei kommt, wo *mausig* den Jagdvogel charakterisierte, der nach der Mauser kräftig und angriffslustig war.

Die Nagetierbezeichnung *Maus* dagegen wird auf indogermanisch **mūs-* 'Maus' zurückgeführt. Grundlage der Bezeichnung ist indogermanisch **mus-* 'stehlen' oder (vielleicht verwandtes) indogermanisch **meu(ə)-* '(fort)schieben, bewegen'.

mausetot

Das umgangssprachliche Adjektiv *mausetot* 'ganz und gar tot' gehört in seinem ersten Teil ursprünglich nicht zu *Maus*. Es ist im 17. Jahrhundert aus dem Niederdeutschen übernommen worden, wo es ursprünglich *mursdot* war, eine Zusammensetzung mit niederdeutsch *murs*, *mors* 'gänzlich'. Schon im Niederdeutschen wurde der erste Teil aber volksetymologisch an niederdeutsch *mūs* 'Maus' angeschlossen und die Zusammensetzung zu *mūsdōd* umgebildet. Diese volksetymologische Form wurde dann ins Hochdeutsche übernommen und in volksetymologischer Interpretation als 'so tot wie eine Maus, die nicht mehr zuckt' aufgefaßt.

daß dich das Mäuslein beiß'

Dich soll das Mäuslein beißen! wird als scherzhafte Drohung gebraucht. *Ich glaub', daß dich das Mäuschen beißt* meint verweigernd 'das kommt gar nicht in Frage'. Die Redewendung findet wohl vom Namentabu her eine gar nicht lustige Erklärung. *Mäuslein* meint hier nämlich ursprünglich die Pest und ist volksetymologisch aus **meisel* entstellt.

Die Grundlage ist mittelhochdeutsch *misel* 'Aussatz'. Wahrscheinlich ist diese Umdeutung mit Absicht geschehen, um tabuisierend die Pest zu verundeutlichen.[1]

der Mehltau

Ist eine Pflanze vom Mehltau befallen, sieht sie aus, als wäre sie mit Mehl bestäubt. Die Pflanzenkrankheit hat wahrscheinlich aber eigentlich gar nichts mit *Mehl* zu tun, sondern ist ursprünglich als 'Honigtau' benannt. Das Wort lautete im Mittelhochdeutschen *miltou*, im Althochdeutschen *militou*. Es ist zusammengesetzt aus *Tau* und einem Wort, das auf indogermanisch **melit* 'Honig' zurückgeführt wird. Ursprünglich war das Wort wohl eine Bezeichnung für süß schmeckenden Pflanzenbefall (wie den Blattlaushonig). Später wurde die Bezeichnung auch auf andere Arten der Pflanzenkrankheit ausgeweitet. Da auch weißer Pflanzenbelag vorkommt, wurde das Wort seit dem 15. Jahrhundert volksetymologisch auf *Mehl* (mittelhochdeutsch *mel*) bezogen und zu *Meltau*, *Mehltau* umgeformt. In jüngerer Zeit versucht man, weißen *Mehltau* und süßen *Meltau* (Honigtau) orthographisch zu unterscheiden.

Das Wort *Mehl* dagegen, mittelhochdeutsch *mel*, im Althochdeutschen *mel(o)*, bedeutet eigentlich 'das Gemahlene'. Es ist als germanisch **melwa-* eine Ableitung zur indogermanischen Wurzel **mel(ə)-* 'zerreiben, mahlen'.

1 Siehe Mackensen (1926a) S. 121.

der Meineid

Ein *Meineid*, ein wissentlicher Falscheid, mag oft ein »*gemeiner* Eid«[1] sein oder ein Eid »für *meinen* Vorteil«, auch kann er als »eigene Auffassung einer 'Wahrheit'« interpretiert werden oder als Eid, bei dem »im Moment der Aussage der Aussagende, und nur er, weiß, die Aussage ist falsch«[2]. In *Meineid* steckt aber nicht das Possessivpronomen *mein*, sondern *Mein-* setzt hier germanisch **maina-* 'falsch' fort. *gemein* ist damit urverwandt.

der Mesner

Mesner bezeichnet den 'Küster, Kirchendiener'. Der Gedanke an *Messe* 'katholischer Gottesdienst mit Feier der Eucharistie' liegt nahe. *Mesner* und *Messe* sind aber nicht verwandt.

Der *Mesner* (mittelhochdeutsch *mesnære*, althochdeutsch *mesināri*) ist aus mittellateinisch *mansionarius* 'Aufseher des Gotteshauses' entlehnt. Dies gehört zum spätlateinischen Adjektiv *mānsiōnārius* 'zur Herberge gehörig' von lateinisch *mānsio* 'das Bleiben, Nachtlager, Wohnung'. Die Grundlage ist lateinisch *manēre* 'bleiben'.

Die *Messe* dagegen stammt im 9. Jahrhundert aus lateinisch *missa*, das auf lateinisch *mittere* 'schicken, senden, entlassen' zurückgeht.

Mesner schloß sich allerdings im Mittelhochdeutschen an *Messe* (mittelhochdeutsch *messe*, *misse*) an und entwickelte die Variante *messenære*, *messener*, die bereits im Mittelhochdeutschen vorherrschend wurde und im Neuhochdeutschen als *Meßner* bis ins 19. Jahrhundert geläufig war.

1 Interpretation in einem wissenschaftlichen Seminar; siehe Schuch (1990) S. 153.
2 Jeweils Befragung Olschansky (1996) S. 195.

Reimann (1964) S. 199 meint: »Wer ›Meßner‹ schreibt, hat Verstand; wer ›Mesner‹ schreibt, hat Bildung.«

das Messingsch

Das *Messingsch* (ein Wort der älteren Sprachwissenschaft, das seit dem 18. Jahrhundert im Hochdeutschen belegt ist) bezeichnet eine Mischsprache aus Niederdeutsch und Hochdeutsch. Das Wort ist ursprünglich eine niederdeutsche Bezeichnung für die hochdeutsche Schriftsprache. Es stammt wahrscheinlich aus niederdeutsch *misench* 'meißnisch' und wurde volksetymologisch an *Messing* (das gemischte Metall) angelehnt.

mündig, mundtot und *der Vormund*

Wer *mündig* ist, hat endlich was zu sagen und darf auch ruhigen Gewissens seine Füße unter Vaters Tisch hervorziehen, um seine eigenen (auch verbalen) Wege zu gehen.

Wenn jemand *mundtot* gemacht wird, wird er mit aller Perfidie, der der sogenannte sozialisierte Mensch fähig ist, zum Schweigen gebracht.

Der *Vormund* ist der 'Fürsprecher', der für sein *Mündel* spricht, das in gesellschaftlicher Hinsicht (noch) nichts (oder nichts mehr) zu sagen hat.

So denkt man. – Alles sprachgeschichtlich falsch!

In allen diesen Bezeichnungen steckt nicht der *Mund* 'Gesichtsöffnung', sondern ein heute nicht mehr gebräuchliches Wort neuhochdeutsch *Mund*, mittel- und althochdeutsch *munt*, das 'Hand, Schutz' bedeutet und mit lateinisch *manus* 'Hand' verwandt ist. Die indogermanische Ausgangsbedeutung ist 'Hand', die sich dann zu 'Schutz' verändert hat durch die Beziehung, wenn einer sich 'in der

Hand von jemandem befindet', ist er dessen Macht, dessen Schutz unterworfen.

Im einzelnen: *mündig* 'volljährig, rechtsfähig' ist eine mittelhochdeutsche Ableitung von dem besprochenen *munt* 'Schutz'. Es bedeutet eigentlich 'fähig, sich selbst zu schützen und rechtlich zu vertreten'. *mundtot* ist seit dem 17. Jahrhundert bezeugt und seit dem 19. Jahrhundert in der Wendung *mundtot machen* geläufig. Ursprünglich war es ein Rechtsausdruck mit der Bedeutung 'unfähig, Rechtshandlungen auszuführen'. Durch volksetymologische Anknüpfung an unverwandtes *Mund* 'Gesichtsöffnung' änderte sich seine Bedeutung zum heutigen 'zum Schweigen gebracht'. Die älteste Bildung zu *munt*, die es schon im Althochdeutschen gab, ist der *Vormund* 'Rechtsvertreter Minderjähriger oder Entmündigter'. Das war ursprünglich 'der, der seine Hand schützend über jemanden hält', dann 'der, der Schutzpflicht und Rechtsvertretung ausübt', woraus sich im Frühneuhochdeutschen die heutige Bedeutung entwickelte. Im 18. Jahrhundert stand dafür auch *Fürmund*. Das *Mündel* 'minderjährige oder entmündigte Person' ist erst seit dem Mittelhochdeutschen bezeugt.

Mund als 'Gesichtsöffnung' (mittelhochdeutsch *munt*, althochdeutsch *mund*) ist in seiner Herkunft nicht sicher geklärt. Entweder ist das Wort unter anderem mit lateinisch *mentum* 'Kinn' verwandt und bedeutete ursprünglich 'Kinn(lade)', oder es gehört zu der indogermanischen Wurzel **menth-* 'kauen' und ist ursprünglich der 'Kauer'.

das Murmeltier

Ob das Murmeltier murmelnde Laute von sich gibt? Eine volksetymologische Frage! Das Murmeltier gibt ein schrilles Pfeifen von sich und ist nach einem ganz anderen Motiv benannt.

Die heutige Form der Tierbezeichnung *Murmeltier* (mittelhochdeutsch *murmelti(e)r*) ist erst sekundär an *murmeln* angelehnt worden. Das Wort ist eigentlich eine Verkleinerungsbildung – im Mittelhochdeutschen *mürmendīn*, *murmedīn*, im Althochdeutschen *murmuntīn* – zu althochdeutsch *murmunto*. Dieses ist (über das Romanische) aus mittellateinisch *mūrem montis* entlehnt, einem Akkusativ zu lateinisch *mūs montānus* 'Bergmaus'. Das Murmeltier ist also eigentlich die 'Bergmaus', und die pfeift schrill und murmelt nicht.

Das unverwandte Verb *murmeln* ist seit dem Althochdeutschen bezeugt und hat lautnachahmenden Charakter, d. h. es versucht, das entsprechende außersprachliche Geräusch durch seine Lautfolge nachzuahmen.

Sowohl von *Murmeltier* wie auch von *murmeln* unabhängig ist das Wort *Murmel* (mittelhochdeutsch *marmel*, althochdeutsch *marmul*, *murmul*). Es bezeichnet die ursprünglich marmorne Spielkugel der Kinder und ist aus lateinisch *marmor* entlehnt.

der Mutterkrebs

Das fachsprachliche *Mutterkrebs*, das seit dem 18. Jahrhundert belegt ist, bezeichnet einen 'schalenlosen Krebs'. Im ersten Glied steckt nicht die *Mutter*, sondern ursprünglich das niederdeutsche *muter* 'Mauser'.

der Nacken und *das Genick*

Mit dem Nacken nickt man. Natürlich hält man *Nacken* für eine Ableitung von *nicken*, eine volksetymologische Täuschung.

Nacken (mittelhochdeutsch *nac*, *nacke*, althochdeutsch (*h*)*nac*, (*h*)*nacko*) bezeichnet ebenso wie die mittelhochdeutsche Kollektivbildung *Genick*, die vom mittelniederdeutschen *necke* 'Nacken' ausgeht, den 'hinteren Teil des Halses'. Die Ausgangsbedeutung ist wahrscheinlich 'etwas Zusammengeballtes, eine Erhöhung (auf dem Rücken der Tiere)'. Pfeifer (1995) S. 907 erschließt eine indogermanische Wurzel 'zusammendrücken, Zusammengedrücktes'.

Das Verb *nicken* 'den Kopf auf- und abbewegen' ist nur westgermanisch bezeugt und von *neigen* abgeleitet. Es bedeutet eigentlich 'niedersinken machen, zur Verneigung bringen'.

der Nassauer

Der *Nassauer*, derjenige 'der ständig auf Kosten anderer etwas macht', hat ursprünglich nichts mit der Stadt Nassau bzw. dessen Einwohnern zu tun. Die Bezeichnung, die seit dem 19. Jahrhundert bezeugt ist, ist vielmehr scherzhaft aus berlinisch *for nass* o. ä. 'umsonst' an den Städtenamen *Nassau* angelehnt. Der berlinischen Wendung liegt rotwelsch *nassenen* 'schenken' bzw. *nass* 'ohne Geld' zugrunde, was selbst aus dem Westjiddischen kommt.

die Niete **'Fehllos'**

Die *Niete* als 'Fehllos' kann in ihrem Wert mit der kleinen, unbedeutenden *Niete* (dem kleinen Metallbolzen) verglichen werden. Die eine *Niete* ist mit der anderen *Niete* aber nicht verwandt.

Niete 'Fehllos' ist als Terminus des Lotteriespiels am Anfang des 18. Jahrhunderts aus den Niederlanden entlehnt. Niederländisches *niet* bedeutet eigentlich 'das Nichts, die

Null'; zugrunde liegt die Verneinungspartikel *niet* 'nichts'. Gegenwort dazu ist vereinzelt bezeugtes *Wat* 'Gewinnummer' (eigentlich 'Etwas'), das sich aber nicht durchsetzen konnte und durch *Treffer* ersetzt wurde. Seit dem 19. Jahrhundert wird dieses *Niete* auch übertragen für 'Versager' gebraucht.

Niete als 'Metallbolzen' (fachsprachlich *Niet*) dagegen ist älter deutsch. Mittelhochdeutsches *niet*(*e*) ist eine späte Ableitung zum althochdeutschen Verb *bi*(*h*)*niotan* 'schlagen, befestigen'. Man erwägt, daß es auf die indogermanische Wurzel **ken*(ə)- 'kratzen, schaben, reiben' zurückgeht.

über den großen Onkel latschen

Der *Onkel* hat im deutschen Wörterbuch keine große Familie. Neben dem geläufigen *Onkel* als Bruder oder Schwager des Vaters oder der Mutter (früher unterschieden *Oheim* 'Mutterbruder' und *Vetter* 'Vaterbruder') gibt es den *Onkel Doktor* und in der Kindersprache den freundlichen Onkel, aber auch den scheinfreundlichen Onkel, mit dem man nicht mitgehen soll. Die *Onkelehe* stammt aus der Nachkriegszeit, in der eine Witwe unverheiratet mit einem Mann zusammenlebte, um ihre Witwenrente zu behalten.

Der *große* oder auch *dicke Onkel* als Bezeichnung für die große Zehe und die Redewendung *über den großen Onkel latschen* oder *gehen* 'über den Innenfuß gehen, die Fußspitzen beim Gehen einwärts setzen' gehören aber eigentlich nicht in die Wortfamilie um die Verwandtschaftsbezeichnung. Hier ist *Onkel* aus französisch *ongle* entlehnt, das 'Finger-, Zehennagel' bedeutet. Die Bezeichnung kam im 19. Jahrhundert in Berlin auf.

Die Verwandtschaftsbezeichnung *Onkel*, die seit dem 18. Jahrhundert bezeugt ist, geht dagegen über französisch *oncle* 'Onkel' auf lateinisch *avunculus* 'Mutterbruder', mittellateinisch auch 'Vaterbruder', zurück. Zugrunde liegt hier lateinisch *avus* 'Großvater'.

die Osterluzei

Osterluzei (die Bezeichnung einer Heilpflanze; mittelhochdeutsch *ostirluzie*, althochdeutsch *astriz(a)*, *astrenza*) ist mit volksetymologischer Anlehnung an *Ostern* (mittelhochdeutsch *ōster(e)(n)*, althochdeutsch *ōst(a)ra*) aus der lateinischen Bezeichnung *aristolochia* eingedeutscht. Diese kommt von griechisch *aristolochía*, eigentlich 'bestes Gebären' – die Pflanze sollte beim Abgang der Nachgeburt helfen. Mundartlich ist die volksetymologische Eindeutschung noch weiter gegangen, so ist *Osterzeit* aus Feuchtwangen belegt, *Österliche Zeit* aus Mittelfranken, *Osterlaub* aus Machtilshausen in Unterfranken. Tatsächlich steht die Pflanze kaum in Beziehung zu Ostern, da sie erst einige Wochen danach blüht.[1]

jemanden zu Paaren treiben

Die veraltende Wendung *jemanden zu Paaren treiben* bedeutet 'jemanden in die Enge treiben; besiegen'. Sie geht wahrscheinlich volksetymologisch auf frühneuhochdeutsch *zum bar(e)n bringen* zurück. Darin steckt möglicherweise mittelhochdeutsch *bēr(e)* 'sackförmiges Fischernetz', das von lateinisch *pēra* 'Beutel' kommt. Die eigentliche Bedeutung wäre somit 'ins Netz treiben'. Als *barn* nicht mehr deutlich war, wurde es volksetymologisch zu *Paaren* umge-

1 Siehe Marzell (1951) S. 30.

deutet. Als Sinn kann dabei vorgeschwebt haben, daß ein besiegter Gegner sich gehorsam in Reih und Glied stellen muß.[1]

die Palatschinke

Die Palatschinke ist ein dünner Eierkuchen, der mit Marmelade oder ähnlichem gefüllt ist. Man verwendet bei Palatschinken weder Schinken als Füllung, noch vergleicht sich dieser Pfannkuchen ursprünglich mit einer Schinkenscheibe. Mit *Schinken* hat das Wort, das vor allem in Österreich gebräuchlich ist, nichts zu tun. Es ist eine Entlehnung des 20. Jahrhunderts über das Tschechische und Slowakische aus ungarisch *palacsinta* 'Eierkuchen', das selbst über das Rumänische von lateinisch *placenta* 'flacher Kuchen' kommt (dazu auch der medizinische Terminus *Plazenta* 'Mutterkuchen'). Das lateinische Wort stammt wohl aus dem Griechischen, wo als Stammwort ein Substantiv für 'Fläche, Platte' vorliegt.

die Pappe

Die *Pappe* erscheint als dickes *Papier* (es gibt auch das *Papp-Papier*). Sprachgeschichtlich haben die beiden Wörter nichts miteinander zu tun.

Die Bezeichnung *Pappe* gibt es seit dem 18. Jahrhundert. Sie knüpft an *Papp* 'Kinderbrei, Kleister' an und bezieht sich auf den Kleister, mit dem verschiedene Papierbögen früher zu Pappe zusammengeklebt wurden. *Papp* ist eigentlich ein Lallwort aus der Kindersprache, daß den Eßvorgang nachahmt.

1 Siehe DUDEN Redewendungen (1992) S. 533.

Papier ist im 15. Jahrhundert aus lateinisch *papȳrum*, *papȳrus* entlehnt, dem das griechische *pápȳros* 'Papyrusstaude' bzw. 'Beschreibstoff aus dessen Stengelmark' zugrunde liegt.

keinen Pappenstiel wert sein

Wenn etwas keinen Pappenstiel wert ist, ist es nichts wert. Ein Pappenstiel ist also nichts oder kaum etwas wert. Warum eigentlich? Weil ein Stiel aus Pappe (z. B. der eines abgegessenen Eises) kaum zu gebrauchen ist oder in der Herstellung fast nichts kostet? Die ganze Spekulation ist müßig.

Pappenstiel ist kein 'Stiel aus Pappe', sondern ein 'Pfaffenstiel'. Das Wort ist seit dem 16. Jahrhundert bezeugt, zuerst als *Pappelstiel* (wohl selbst eine Volksetymologie mit Anlehnung an *Pappel* im Sinne 'Malve'), *Pappenstiel*. Wahrscheinlich ist es eine Verkürzung von **Pappenblumenstiel*. *Pappenblume* ist ursprünglich eine niederdeutsche Bezeichnung für den Löwenzahn, im Hochdeutschen entsprechen *Pfaffenstiel*, *-platte*, *-röhrlein*. Die Bezeichnung rührt daher, daß man den abgeblasenen Löwenzahnkopf mit der Tonsur eines Geistlichen (Pfaffen) verglichen hat. Weil der Samen des Löwenzahns so leicht verweht, galt er lange als Bild der Vergänglichkeit. Der abgeblasene Stiel wurde zum Symbol der Wertlosigkeit.

In einem Versuch sogenannter gelehrter Etymologie versuchten Botaniker um 1600 auch, die Bezeichnung mit lateinisch *pappus*, griechisch *páppos* 'wollige Samenkrone, Federkrone' zu verbinden.

die Penne

Penne als schülersprachliche Bezeichnung für die Schule kommt eigentlich nicht von *pennen*, sondern von *Pennal* 'Federbüchse'. Dieses kommt im 15. Jahrhundert vom gleichbedeutenden mittellateinischen *pennale*, einer Bildung der Lateinschule. Dessen Grundlage ist lateinisch *penna* 'Feder', später auch 'Schreibfeder'. Im Deutschen bezeichnete *Pennal* dann auch scherzhaft den jungen Studenten, der noch alles mitschreibt und deshalb stets seine Stifte bei sich hat, später dann auch den Gymnasiasten sowie das Gymnasium selbst. Die Kürzung zu *Penne* für 'höhere Schule' knüpft wohl scherzhaft an *Penne* 'Herberge' bzw. *pennen* 'schlafen' an.

pennen 'schlafen' ist seit dem 19. Jahrhundert bezeugt. Es stammt aus der Gaunersprache Rotwelsch und geht möglicherweise auf das jiddische *pannai* 'müßig' (hebräisch p^{e}*naj* 'Zeit zur Muße') zurück oder ist abgeleitet von (bzw. hat selbst beeinflußt) *Penne* 'Herberge', dem vielleicht ein jiddisches Wort für 'Gebäude' zugrunde liegt.

pesen

Das umgangssprachliche *pesen* 'rennen' taucht im ersten Drittel des 20. Jahrhunderts als Schülerwort auf. Es ist aus englisch *to pace* 'im Paßschritt gehen' entlehnt, was sich auf die Gangart des Pferdes bezieht. Daß das Verb dann auch auf den Menschen übertragen wurde, hängt wahrscheinlich mit einer schülersprachlichen Anlehnung an lateinisch *pēs* 'Fuß' zusammen.

das Petschaft

Das *Petschaft* ist der ‘Handstempel zum Versiegeln’. Das Wort ist seit dem 14. Jahrhundert volksetymologisch an das Suffix *-schaft* angeglichen aus mittelhochdeutsch *petschat.* Dieses ist aus einem slawischen Wort (alttschechisch *pečat’*, slovenisch *pečát*) entlehnt, das ‘Siegel’ bedeutet.

die Pickelhaube

Die Pickelhaube hat zwar einen Pickel als Spitze, ist ursprünglich aber nicht als *Pickelhaube* benannt, sondern als *Beckenhaube.* Im Mittelhochdeutschen lautete das Wort *beckenhūbe*, eine Zusammensetzung aus *Becken* und *Haube.* Im Frühneuhochdeutschen erscheint *Beckelhaube.* Die Bezeichnung meinte eine beckenartige Blechhaube, die unter dem eigentlichen Helm getragen wurde. Diese Blechhaube entwickelte sich dann zu einer eigenen Helmform, die oben spitz auslief. Mit dieser sachlichen Veränderung konnte das Wort leicht volksetymologisch an *Pickel* ‘Spitzhacke’ angelehnt werden. Im 16. Jahrhundert sind *Bickel-* und *Pickelhaube* belegt. Dieses Wort wurde dann volkstümlich auf den 1842 in Preußen eingeführten Helm, auf dem eine Metallspitze sitzt, übertragen.

der Pickelhering

Pickelhering bezeichnet einmal den ‘marinierten Hering’ und zum anderen die ‘komische Figur in den Stücken der englischen Komödianten’. Das Wort ist nicht mit *Pickel* ‘Pustel’ zusammengesetzt, sondern der erste Teil gehört (für den marinierten Hering) zum niederdeutschen *Pökel* bzw. (für den Possenreißer) zu englisch *pickle* ‘Salzbrühe, Pökel’, was sprachgeschichtlich daraus entlehnt ist. Das Wort ist seit dem 15. Jahrhundert mittelniederdeutsch als *pickel-, pekelherink* bezeugt. Im ersten Teil steckt entsprechend *Pökel* (im 17. Jahrhundert vom Niederdeutschen ins Hochdeutsche übernommen). Als Bezeichnung des Possenreißers brachten die englischen Komödianten das Wort am Anfang des 17. Jahrhunderts von England nach Deutschland mit. Zur weiteren Herkunft von *Pökel* sind sich die Etymologen nicht einig. Wahrscheinlich beruht es auf einer Grundlage 'stechen, stechend', die dann auch auf den Geschmack übertragen wurde.

Pickel 'Pustel' dagegen ist abgeleitet von *Pocke*, das wahrscheinlich nach der Schwellung benannt ist.

der Pleitegeier

Der sprichwörtliche *Pleitegeier*, der über Bankrotteuren kreist, geht wahrscheinlich vom westjiddischen *Pleite-geier* aus, der aber ein 'Pleitegeher' (ein betrügerischer Bankrotteur) ist. Jiddisch *-geier* bedeutet '-geher'. Im Deutschen las man in das Wort volksetymologisch den Raubvogel hinein, worauf es verschiedene Bedeutungen angenommen hat, die mit dem *Geier* verbunden werden: so bezeichnete es ursprünglich (scherzhaft) das Siegel des Gerichtsvollziehers mit dem Wappenadler, später steht es dann als Sinnbild für eine drohende Pleite in Wendungen wie *der Pleitegeier sitzt bei jemandem auf dem Dach*, wobei hier das Bild vom aasfressenden Geier im Vordergrund steht, der das Zugrundegegangene frißt.

der Polier

Polier und *polieren* sind nicht verwandt.

Der *Polier* (der Vorarbeiter der Maurer und Zimmerleute) ist im Mittelhochdeutschen als *parlier*(*er*) von mittelhochdeutsch *parlieren* 'sprechen' abgeleitet oder schon als Substantiv von altfranzösisch *parlier* 'Sprecher' übernommen. In jedem Fall liegt altfranzösisch *parler* 'sprechen' zugrunde, das aus spätlateinisch **paraulare* stammt und auf griechisch *parabolē* 'Gleichnis' zurückgeht. Das Wort bezeichnet also eigentlich den Wortführer auf dem Bau. Der Wechsel von *Parlier* zu *Polier* im 19. Jahrhundert ist durch den volksetymologischen Anschluß an *polieren* bedingt.

Das unverwandte Verb *polieren* 'glänzend machen u. a.' ist (über altfranzösisch *polir*) aus dem lateinischen *polīre* 'glätten' entlehnt.

die Poliklinik

Wer bei *Poliklinik* an eine riesige Klinik mit vielen Abteilungen denkt, denkt volksetymologisch. Auch die Fehlschreibung *Polyklinik* deutet auf volksetymologische Verknüpfung. In dem Wort steckt nicht *poly-* (von griechisch *polýs* 'viel') wie etwa in *Polygamie* 'Vielehe'. Der erste Teil des Wortes kommt vielmehr von griechisch *pólis* 'Stadt', wovon es in der gehobenen Verwaltungssprache des 19. Jahrhunderts abgeleitet wurde. Heute bedeutet das Wort 'Krankenhausabteilung für ambulante Krankenpflege'. Seine eigentliche Bedeutung ist 'Stadtkrankenhaus'. Der zweite Teil *Klinik* geht auf das griechische *klīnikḗ* (*téchnē*) 'Heilkunst für bettlägrige Kranke' zurück. Darin steckt griechisch *klī́nē* 'Lager, Bett', das vom Verb *klī́nein* '(sich) neigen, (an)lehnen' kommt.

einem ist etwas pomade

Wenn *einem etwas pomade ist*, ist es einem egal. Vielleicht assoziiert man die Redewendung, daß sich jemand etwas in die Haare schmieren kann oder soll, auf alle Fälle denkt man an die *Pomade*. In der ursprünglich ostdeutschen Redewendung steckt aber nicht das Haarfett, sondern ein älteres *pomale* 'langsam, gemächlich', das auf polnisch *po mału* 'allmählich' zurückgeht. Slawisch *po* drückt eine bestimmte Art und Weise aus, urslawisch **malo* bedeutet 'wenig'. Mit dem polnischen Ausdruck wurde ausgesagt, daß man sich wegen etwas nicht sonderlich beeilte, sich nicht aus der Ruhe bringen ließ. Im Deutschen bedeutete die Redewendung *das ist mir pomade* um 1780 dann 'das ist mir einerlei'. Semantisch war hier leicht ein volksetymologischer Bezug zum Haarfett *Pomade* herzustellen.

Tatsächlich geht die *Pomade* über französisch *pommade* auf italienische *pomata* zurück, einer Ableitung von italienisch *pomo* 'Apfel' (aus dem lateinischen *pōmum* 'Obstfrucht'). Die Pomade ist ursprünglich mit dem Fruchtfleisch von Äpfeln hergestellt worden.

postum oder *posthum*?

Wenn von einem Schriftsteller etwas erst nach seinem Tod veröffentlicht wird, spricht man von *postumer* Veröffentlichung – oder von *posthumer*?

postum ist ein bildungssprachliches Wort, das aus dem Lateinischen stammt. Das lateinische Adjektiv *postumus* ist der Superlativ zu *posterus* 'nachfolgend'. Seitdem das Wort im 18. Jahrhundert im Deutschen auftrat, war auch die umgedeutete Nebenform *posthumus* (woraus *posthum* gekürzt ist) geläufig, die griffig an lateinisch *humus* 'Erde' bzw. *humāre* 'beerdigen' angeschlossen ist. Heute ist die etymologisch korrekte Form *postum* orthographisch.

der Pottwal

In *Pottwal* steckt ursprünglich wahrscheinlich nicht das Wort *Pott* 'Topf', obwohl man seinen großen, kantigen Kopf mit einem Topf vergleichen könnte. Das Wort ist seit dem 18. Jahrhundert bezeugt und steht im Sprachenvergleich neben dem niederländischen *potswal*, in dessen Reihe auch *potvisch* und *potshoofd* '-haupt' gehören. Im Flämischen bezeichnet *potshoofd* entsprechend die Aalquappe, die altenglisch *ǣlepūta*, neuenglisch *eelpout* ist (womit sich neuniederländisch *puitaal* vergleicht). Ursprünglich muß *pot* nach diesem Befund ein Wort der Bedeutung 'groß, aufgeschwollen o. ä.' gewesen sein. Später kann es beim deutschen *Pottwal* volksetymologisch an *Pott* (mit kurzem Vokal) angeschlossen worden sein.

prägnant

Wenn etwas *prägnant* ist, ist es kurz und einprägsam. Das Wort kommt aber nicht von *prägen*, sondern ist im 17. Jahrhundert aus dem Französischen entlehnt. Es geht auf lateinisch *praegnāns* 'voll, strotzend, schwanger, tüchtig' zurück. Dies ist wahrscheinlich aus einer Wendung **prai gnātid* entwickelt und gehört zu lateinisch (*g*)*nāscī* 'geboren werden'. Damit ist auch lateinisch *genus* 'Geschlecht, Art' verwandt. Im Französischen bedeutete das Wort 'inhaltsvoll, gedankenschwer'. Die Nuancierung zu 'knapp, treffend, gehaltvoll' im Deutschen ist wohl durch das unverwandte Verb *prägen* beeinflußt.

prägen (mittelhochdeutsch *præch*(*en*), *bræchen*, althochdeutsch *brāhhen*) gehört wahrscheinlich zu *brechen*. Ursprünglich kann es 'brechen machen, gebrochene Arbeit hervorbringen' bedeutet haben.

preisgeben

In *preisgeben* 'ausliefern, aufgeben, verraten', das seit dem 16. Jahrhundert bezeugt ist, steckt nicht der *Preis* 'Kaufpreis, Gewinn'. Das Wort ist lehnübersetzt aus der französischen Wendung *donner (en) prise* und bedeutet eigentlich 'zur Beute geben'. Das französische Substantiv *prise* ist 'das (Weg-)Genommene, Ergriffene, die Beute, der Fang', ein Abstraktum zum Verb *prendre* 'nehmen, ergreifen', das von lateinisch *prehendere* '(an)fassen, (an-, er)greifen, nehmen' kommt. Dieses französische *prise* steckt auch in *Prise* 'kleine Menge einer pulverigen oder feinkörnigen Substanz'.

Dagegen ist *Preis* 'Kaufpreis, Gewinn, hohes Lob' (im Mittelhochdeutschen *prīs*) entlehnt aus französisch *prix*, das auf lateinisch *pretium* 'Wert, Kaufpreis, Lohn' zurückgeht.

das Quentchen

Das *Quentchen* erscheint als kleines *Quantum* und wird in der neuen Rechtschreibung deswegen auch *Quäntchen* geschrieben. Eigentlich ist das *Quentchen* aber ein älteres *Quintchen*, eine Verkleinerungsbildung zu *Quent*, *Quint* von mittelhochdeutsch *quintīn*. Letztlich geht das Wort auf lateinisch *quīntus* 'der fünfte' zurück. Seit dem Mittelhochdeutschen schon bezeichnet es den vierten Teil eines Lots, zuvor im mittellateinischen **quintinus*, **quentinus* allerdings seiner Ableitung entsprechend den 'fünften Teil'. In der *Quinta* 'die fünfte Klasse (von oben aus gezählt)' und im *Quintett* dagegen hat sich die Fünfzahl erhalten.

Das *Quantum* 'bestimmte Menge' kommt im 16. Jahrhundert von lateinisch *quantus* 'wie groß, wieviel', was auch die Basis von *Quantität* ist.

jemandem den Rang ablaufen

Wer einem anderen *den Rang abläuft*, verdrängt ihn von seinem Platz (*Rang*) (besonders schlimm, wenn's der erste ist) in einer Stufenfolge (und stellt sich selbst ins Rampenlicht). Vielleicht hat man auch noch die Laufbahnen eines Stadions vor Augen. Eine solche Erklärung geht am sprachgeschichtlichen Sachverhalt vorbei.

jemandem den Rang ablaufen bedeutet 'jemanden übertreffen, überflügeln'. Darin steckt aber eigentlich nicht der *Rang* (die Stellung innerhalb einer Ordnung – besonders in Beruf und Gesellschaft, die Reihenfolge und Stufe, auch der Theaterrang), sondern der *Rank* (Plural *Ränke*). Zuvor hieß es *jemandem den Rank ablaufen*. Eigentlich bedeutet diese Redewendung 'jemandem die Wegkrümmung abschneiden, um ihm zuvorzukommen'. Das Wort *Rank*, das heute nur noch mundartlich und schweizerisch in Gebrauch ist, bezeichnet eigentlich 'die Wegkrümmung, die Kurve'. Mittelhochdeutsch geht *ranc* voraus, was 'schnelle drehende Bewegung' bedeutete und mit *renken* und *wringen* verwandt ist. Aus der 'schnellen drehenden Bewegung' entwickelte sich die Bedeutung '(plötzliche, unvermutete) Wendung' und 'List', in der das Wort im Plural *Ränke* heute geläufig ist. Da der ursprüngliche Sinn von *Rank* nicht mehr klar war, konnte das Wort hier an *Rang*, das aus dem Französischen entlehnt ist, angeschlossen werden.

Das Substantiv *Rang* bezeichnet vor allem eine 'bestimmte Stufe oder Stellung, die jemand in einer (hierarchisch) gegliederten (Gesellschafts-)Ordnung einnimmt' bzw. den 'Stellenwert einer Person oder Sache'. Das Wort ist im 17. Jahrhundert (und später wiederholt) aus französisch *rang* entlehnt. Das bezeichnete ursprünglich den 'Kreis der zu Gericht Geladenen', dann die 'Zuschauerreihen bei Kampfspielen'. Französisch *rang* stammt selbst wieder aus dem Germanischen, und zwar vom Vorläufer zum heutigen *Ring*.

rasant

Es gibt ein rasantes Tempo, rasante Wagen und Fahrer (mit der Lizenz zum Rasen), eine rasante Bevölkerungszunahme, rasante Frauen (oder eher rassige?). Fast immer bezieht sich *rasant* auf hohe Geschwindigkeit, Schnelligkeit. Ursprünglich aber hat *rasant* nichts mit *rasen* 'schnell fahren' oder *rasend* zu tun und bezog sich auch nicht auf hohe Geschwindigkeit. Es ist vielmehr verwandt mit *rasieren* und stammt wie dieses aus dem Französischen.

rasant ist seit dem 18. Jahrhundert bezeugt und aus dem französischen *rasant* entlehnt, das 'streifend' bedeutet und Partizip des Verbs *raser* 'scheren, rasieren, streifen' ist. Zugrunde liegt lateinisch *rādere* (*rāsum*) 'kratzen, reinigen, abscheren', womit auch *radieren* verwandt ist. Die Bedeutung 'schnittig, schnell' im Deutschen hat sich im 20. Jahrhundert durch volksetymologische Verbindung mit *rasen* entwickelt. Dagegen bewahrt die Fachsprache der Ballistik noch die ältere Bedeutung 'flach, geradlinig verlaufend'.

Das Verb *rasen* (im Mittel- und Althochdeutschen *rāsen*) ist mit *rasant* nicht verwandt. Es geht im Deutschen von der Bedeutung 'toll sein, toben' aus und wird auf eine Wurzel **er(ạ)s-* 'laufen, sich heftig bewegen, erregt sein' zurückgeführt, die auch der Wortfamilie um *irr* (ursprünglich 'verirrt') zugrunde liegt.

Von *rasant* wie von *rasen* wohl unabhängig ist der *Rasen* (im Mittelhochdeutschen *rase*), der die 'gepflegte Grasfläche' bezeichnet.

ratzekahl

Wenn etwas *ratzekahl* leergegessen ist, ist nichts mehr da. Man assoziiert vielleicht die *Ratze* (Ratte), die alles kahl gefressen hat. Das Adjektiv ist seit dem 18. Jahrhundert bezeugt und bedeutet 'völlig, ganz und gar (kahl, leer)'. Es ist aus *radikal* umgedeutet, das vom französischen *radical* kommt und zu lateinisch *rādīx* 'Wurzel' gehört.

die Rauchware 'Pelze'

Die kostbare *Rauchware* ist nicht der Tabak (das sind *die Rauchwaren*, die es nur im Plural gibt). *Rauchware* bedeutet wie das noch edlere *Rauchwerk* 'Pelzware'. In dem Wort steckt nicht *Rauch*, auch wenn der Laie sich die Veredlung von Pelzen als Räuchern vorstellen mag. Der erste Teil ist vielmehr *rauh*.

Das Adjektiv *rauh* (mittelhochdeutsch *rūch*, althochdeutsch *rūh*) wird auf die indogermanische Wurzel **reu-* zurückgeführt, die 'reißen' bedeutet. Die Bezeichnung bezog sich ursprünglich auf das Ausreißen von Wollzotten und hat im Deutschen die gegensätzliche Bedeutung zu 'glatt' entwickelt. Zu *rauh* hat sich die Nebenform *rauch* mit der speziellen Bedeutung 'behaart, haarig' entwickelt. Dieses *rauch* steckt in den Zusammensetzungen *Rauchware* und *Rauchwerk*, die also vom Haarigen der Pelze ausgehen.

Das Substantiv *Rauch* dagegen (mittelhochdeutsch *rouch*, althochdeutsch *rouh*) kommt von dem Verb, das heute in *riechen* vorliegt (mittelhochdeutsch *riechen*, althochdeutsch *riohhan*). Ursprünglich bedeutete es 'rauchen, dampfen'. Als vereinzelte Nebenbedeutung kam im Germanischen 'einen Geruch absondern' dazu. Diese Bedeutung ist im Deutschen die Hauptbedeutung geworden und hat seit dem Mittelhochdeutschen dann auch das transitive 'einen Geruch empfinden' entwickelt.

die Räude

Räude ist eine Hautkrankheit, die in erster Linie Haustiere betrifft. Den *räudigen Hund* kennt man auch als Beschimpfung. Man mag an *rauhe* und *gerötete* Haut denken und sich das Wort durch *rauh* oder *Röte* zu erklären versuchen. Sprachlich besteht da allerdings kein Zusammenhang.

Räude (mittelhochdeutsch *riude*, *rūde*, althochdeutsch (*h*)*riuþi*, *rūda*) ist in seiner Herkunft nicht geklärt. Vermutet wird eine Grundlage 'rohes Fleich u. ä.' (indogermanisch **krewạ-*).

rauh dagegen (mittelhochdeutsch *rūch*, althochdeutsch *rūh*) gehört wohl zu einer Wurzel 'reißen' (indogermanisch **reu-*) und bezog sich ursprünglich auf das Ausreißen von Wollzotten.

Die Farbbezeichnung *rot* (mittel- und althochdeutsch *rōt*), die wahrscheinlich die älteste unter den Farbbezeichnungen ist, geht schon auf eine indogermanische Wurzel der Bedeutung 'rot' (**reudh-*) zurück.

das Rauhbein

Das sogenannte *Rauhbein* ist ein grober Mensch (mit weichem Kern). Die Zusammensetzung scheint klar, *rauh* und *Bein*. Doch man erwägt als anderen Ursprung, daß *Rauhbein* im 19. Jahrhundert aus dem Adjektiv *rauhbeinig* rückgebildet ist, das oft als volksetymologische Eindeutschung von englisch *rawboned* 'hager, knochig, fleischlos' angesehen wird. Nach Küpper (1982–84) VI S. 2281 war das Wort ursprünglich ein Spitzname der fahrenden Artilleristen seit dem Ersten Schlesischen Krieg (1740–42) und ist von da auf die Berliner Bürgergardisten wegen ihrer rauhen Gamaschen (1800–40) übergegangen, in zivilen Kreisen hat es die heutige Bedeutung entwickelt.

das Rebhuhn

Das *Rebhuhn* 'Feldhuhn mit dunkelbrauner Oberseite und braunem Fleck auf der grauen Brust' (althochdeutsch *rebahuon*, mittelhochdeutsch *rephuon*) hat ursprünglich nichts mit der *Rebe* zu tun.

Im ersten Teil von *Rebhuhn* steckt ein uraltes Farbwort, das als selbständiges Nomen in den germanischen Sprachen untergegangen ist. Im historischen Sprachenvergleich wird eine indogermanische Wurzel **erb(h)-*, **reb(h)-* 'dunkelrötlich, bräunlich' erschlossen. Das Rebhuhn ist demnach von der Farbe seines Gefieders her benannt. Schon früh ist das Wort im Deutschen allerdings volksetymologisch angeglichen worden, im Oberdeutschen an *Rebe*, im Niederdeutschen (mittelniederdeutsch *raphōn*) an mittelniederdeutsch *rap* 'schnell'.

Die *Rebe* (mittelhochdeutsch *rebe*, althochdeutsch *reba*) ist wahrscheinlich verwandt mit lateinisch *rēpere* 'kriechen, schleichen' und ursprünglich als 'Ranke' zu deuten.

der Recke, recken und *das Reck*

Der mittelalterliche *Recke* (der Krieger und Held – man stellt sich darunter auch einen hünenhaften Menschen vor) ist nicht danach benannt, daß er sich *reckt*. Das Wort gehört etymologisch zu *rächen* und bedeutete im Westgermanischen 'Verfolgter, Vertriebener'. Durch die Spezialisierung 'fremder Krieger, der zur Gefolgschaft eines Fürsten gehört' entwickelte sich die Bedeutung 'Krieger allgemein'. Der mittelhochdeutsche *re(c)ke* 'Held, Krieger' wurde im 18. Jahrhundert neu belebt, heute ist das Wort veraltet.

Das Verb *recken* (im Germanischen **rak-eja-* 'ausstrekken, ausdehnen') gehört zu *recht* und wird auf die indogermanische Wurzel **reĝ-* 'gerade, geraderichten, lenken, strecken' zurückgeführt.

Das *Reck* (das Turngerät) geht auf ein niederdeutsches Mundartwort *rick*, *reck* zurück, das eine Querstange für die aufgehängte Wäsche oder zum Sitzen für das Federvieh bezeichnete. »Turnvater« Jahn hat es 1816 als Terminus der Sportsprache im Hochdeutschen verankert.

der Reibach

Man mag bei *Reibach* an das hinterlistige *sich die Hände reiben* denken. *Reibach* und *reiben* haben aber nichts miteinander zu tun.

Reibach (auch *Rebbach*) bezeichnet den 'unverhältnismäßig großen Gewinn' und kommt heute vor allem in der Wendung *einen Reibach machen* vor. Das Wort ist im 19. Jahrhundert aus der Gaunersprache Rotwelsch übernommen und geht auf jiddisch *re(i)bach* u. ä. 'Zins' zurück. Dies wiederum kommt von hebräisch *rævaḥ* 'Verdienst, Gewinn'.

Das Verb *reiben* läßt sich über vordeutsch **wreib-a-* 'reiben' auf die indogermanische Wurzel **wer-* 'drehen' zurückführen.

das Rentier

Das *Rentier* 'Ren' wird öfter mit *rennen* in Beziehung gebracht, was die häufige Fehlschreibung *Renntier* dokumentiert. *Rentier* ist aber eine sogenannte verdeutlichende Zusammensetzung zum Simplex *Ren*, das die nordische Hirschart bezeichnet. Das Wort ist im 16. Jahrhundert aus schwedisch *ren* entlehnt, dessen Grundlage altnordisch *hreinn* ist. Dieses wird mit anderen Bezeichnungen für gehörnte Tiere (*Hirsch*, *Hornisse*, *Rind*) auf die indogermanische Wurzel **k̂er(ə)-* 'das Oberste am Körper, Kopf, Horn' zurückgeführt.

der Riemen 'Ruder'

sich in die Riemen legen bedeutet 'rudern' und – im übertragenen Sinne – 'sich anstrengen'.

Der *Riemen* als 'Ruder' und der *Riemen* als 'Lederstreifen, Band, Gürtel' haben nichts miteinander zu tun. Sie sind – wie es die klassische Sprachwissenschaft beschreibt – Homonyme, d. h. sie lauten gleich (und werden gleich geschrieben), sind jedoch sprachgeschichtlich nicht verwandt. Bei solchen Konstellationen pflegt das Sprachgefühl oft das weniger gebräuchliche Wort mit dem gleichlautenden bekannteren Wort zu assoziieren und von diesem her erklären zu wollen – ein Vorgang von Volksetymologie. So dachte ich mir lange Zeit, daß *Riemen* 'Ruder' sicherlich so heißt, weil seine Befestigung im Boot typischerweise aus *Riemen* 'Lederstreifen' besteht/bestand – eine selbstkonstruierte metonymische Beziehung.

Riemen 'Ruder' ist eine althochdeutsche Entlehnung aus lateinisch *rēmus* 'Ruder'.

Riemen 'Lederstreifen' dagegen ist ein alteinheimisch deutsches Wort, das bis zum Westgermanischen zurückgeführt wird und wahrscheinlich im Sinne 'abgerissener Hautstreifen' zu einer indogermanischen Wurzel der Bedeutung '(auf-, aus-)reißen, rupfen' gehört.

der Rosenmontag

Wenn am Rosenmontag die Faschingszüge Bonbons und allerlei Nippes ins Volk werfen, mögen mancherorts auch Rosen dabei sein. Der *Rosenmontag* hat aber eigentlich nichts mit *Rosen* zu tun, sondern ist ein 'rasender Montag'. Zugrunde liegt das rheinische *rose*(*n*) 'rasen, toben, tollen'. Noch im 18. Jahrhundert war es der *raesende*, *rasende Mon-*

tag. Weil man das Bestimmungswort *Rosen* als Blumenbezeichnung auffaßte, wurde mundartlich dazu auch ein *Veilchendienstag* weitergebildet.[1]

der Rosmarin

In *Rosmarin*, Bezeichnung für die immergrüne Strauchpflanze, steckt nicht *Rose*, sondern das Wort ist eine frühneuhochdeutsche Entlehnung aus der lateinischen Bezeichnung *rōs marīnus*, *rōsmarīnus* (wörtlich: 'Meertau'). Darin stecken lateinisch *rōs* (*-ōris*) 'Tau' und *marīnus* 'zum Meer gehörig' (von *mare* 'Meer').

Die Blumenbezeichnung *Rose* dagegen geht auf lateinisch *rosa* 'Rose' zurück, das über das Griechische aus einer iranischen Sprache kommt.

rösten 'Flachs oder Hanf durch Feuchtigkeit mürbe machen'

Das Verb *rösten*, älter *rößen* und *rötzen*, im Mittelhochdeutschen *rœtzen* 'faulen machen', ist ein Veranlassungsverb zu mittelhochdeutsch *rœzen* 'faulen', das mit *verrotten* verwandt ist. In seiner heutigen Lautform ist das Verb an unverwandtes *rösten* 'braten' angeglichen, das eine althochdeutsche Ableitung von *Rost* ist.

der Rotlauf 'Hautkrankheit'

Der *Rotlauf*, eine Hautinfektionskrankheit bei Schweinen (früher auch bei Menschen), ist im 15. Jahrhundert aus dem griechischen *erysípelas* (eigentlich 'das die Haut Rötende')

1 Siehe Knobloch (1968) S. 243 und Bebermeyer (1974) S. 170.

lehnübersetzt. Im Deutschen war die Bezeichnung zuerst neutrales *roit louff*, eine Verbindung von *rot* und einem Wort im Sinne von 'Haut', das im Mittel- und Althochdeutschen *louft* 'Schale, Rinde' war. Volksetymologisch wurde die Bezeichnung dann an *Lauf* angelehnt und als Maskulinum festgelegt.

ausrotten, verrotten und *die Rotte*

Denken Sie bei *ausrotten* etwa an die *Rotte*? Und wie erklären Sie sich *verrotten*? Vielleicht versuchen Sie, sich zuerst *zusammenrotten* klarzumachen, was 'sich zu einer Rotte zusammenschließen' bedeutet. Bei *ausrotten* könnte man dann an die Zerschlagung einer verbrecherischen *Rotte* denken (wenn man nicht die Vernichtung einer Völkergruppe vor Augen hat), an *verrotten* bleibt man wahrscheinlich hängen, wenn man die Assoziiererei nicht wild weiterspinnt und die ehemalige Rotte jetzt ausgerottet vereinzelt im Kerker vor sich hinvegetieren sieht.

Die Verben *ausrotten* und *verrotten* haben aber – anders als *zusammenrotten* – nichts mit der *Rotte* zu tun.

ausrotten ist mit *roden* verwandt und bedeutete ursprünglich 'ausreißen' (von Bäumen, Wurzeln), später dann 'vernichten', was seit dem 18. Jahrhundert die einzige Bedeutung des Verbs ist.

verrotten 'verfaulen' ist verwandt mit *rösten* 'Flachs oder Hanf durch Feuchtigkeit mürbe machen'. Das Verb geht auf ein niederländisches *rotten* 'faulen' zurück.

Rotte ist eine Entlehnung aus altfranzösisch *rote* 'Schar', das von mittellateinisch *rupta*, *rutta* 'Abteilung' kommt. Dieses ist im Sinne 'abgesprengte Schar' vom lateinischen Verb *rumpere* 'brechen' abgeleitet.

der Rübezahl

Der *Rübezahl* – der Berggeist der Riesengebirgssagen (seit dem 17. Jahrhundert) – hat nichts mit *Zahl* zu tun, er ist vielmehr ein 'Rübenzagel', d. h. ein 'Rübenschwanz'. In dem Kompositum steckt die aus *Zagel* kontrahierte Form *Zāl*, *Zahl*, die in mitteldeutschen Mundarten häufig auftritt.

der Rüde

Die Bezeichnung *Rüde* für einige männliche Tiere leitet sich nicht von dem Adjektiv *rüde* her.

Rüde ist seit dem 8. Jahrhundert bezeugt und bezeichnet heute das männliche Tier bei Hunden und anderen hundeartigen Tieren, außerdem in der Jägersprache den Hetzhund. Die weitere Herkunft des Wortes ist nicht geklärt. Möglicherweise gehört es zur Wortgruppe von *rot*, wonach der *Rüde* etymologisch als 'Hund mit rötlichbraunem Fell' benannt wäre. Eine andere Möglichkeit ist, daß *Rüde* als 'reißendes Tier' zu *roden* gehört und ursprünglich einer war, 'der auf-, ausreißt'. Bis ins 19. Jahrhundert bezeichnete das Wort einen großen Hund, der als Jagd-, Schäfer- und Kettenhund diente. Heute ist dieser Gebrauch nur noch mundartlich. Die heutige allgemeine Bedeutung 'männlicher Hund', anknüpfend auch 'Wolf' und 'Fuchs', stammt aus der Jägersprache.

Das Adjektiv *rüde* 'von grober Art, rücksichts-, gefühllos' ist im 17. Jahrhundert aus französisch *rude* entlehnt, das auf lateinisch *rudis* 'roh' zurückgeht.

ruhmredig 'sich selbst rühmend'

Was in der Alltagssprache *angeberisch* oder *prahlerisch* genannt wird, nennt man gebildet *ruhmredig*. Das Adjektiv der gehobenen Sprache (das wohl nur selten gebraucht wird) ist älter *rhumrettig*, *rumretig*. Es gehört zum mittelhochdeutschen Verb *ruom(e)reiten* 'sich Ruhm bereiten', worin *Ruhm* und *bereit* stecken. Nachdem man das zweite Glied des Adjektivs nicht mehr verstand, wurde es volksetymologisch an *reden* angeschlossen und zu *ruhmredig* umgebildet. So erscheint es als 'sich selbst Ruhm zusprechend' motiviert.

guten Rutsch!

Bei dem *guten Rutsch*, den wir uns zu Neujahr wünschen, denken wir sicher an ein erfolgreiches Hinüberrutschen in das neue Jahr. Das ist eine volksetymologische Interpretation. Sprachgeschichtlich geht der *gute Rutsch* auf das Jiddische bzw. Hebräische zurück. Im Hebräischen bedeutete *r'ōš* 'Anfang' bzw. 'Kopf'. Die deutschen Juden wünschten sich zu Neujahr einen *guten Rosch*, der volksetymologisch zum *Rutsch* wurde.[1]

das Salband

Das *Salband* bezeichnet die Webkante. Ursprünglich ist *Salband* allerdings kein 'Band', sondern im Frühneuhochdeutschen das *selbende*, das 'eigene Ende'. Der heute gültige Ausdruck ist im 16. Jahrhundert im Ostmitteldeutschen

1 Siehe Gutknecht (1995) S. 116.

entstanden. Er konnte volksetymologisch mit *Band* verknüpft werden, so daß auch ein *Sal-Leiste* nachgebildet wurde.

unter aller Sau

Die *Sau* beherrscht viele Wörter und Redensarten. Man wird zur Sau gemacht, was aber keine Sau interessiert. Viele lassen die Sau raus, andere fahren wie eine gesengte Sau. Manche sind saugut drauf, kaufen sauteure Klamotten, haben im allgemeinen ein Sauglück. Sie werden saumäßig beneidet. Unter aller Sau aber ist es, wenn die *Sau* sich in die Redensart *unter aller Sau* eingeschlichen hat. Die Redensart, die seit etwa 1900 bezeugt ist, ist in ihrer Herleitung unentschieden. Einmal erwägt man, die Redensart komme unter analogischem Einfluß von ‘unter aller Kritik’ oder ähnlichem von dem Schwein oder halt der Sau, die früher bei Wettbewerben als Trostpreis für den schlechtesten üblich war.[1] Eine andere Herleitung geht von Volksetymologie aus und führt die Phrase auf das Rotwelsche zurück, wo man das jiddische *seo* ‘Maßstab’ als Basis von *Sau* ansetzt.[2]

der Schachtelhalm

Obwohl die Unkraut-Pflanze Schachtelhalm ineinandergeschachtelte Stengelglieder hat, gehört das Wort nicht zu *Schachtel*, sondern zu *Schaft*. Im ersten Teil des Worts, das seit dem 18. Jahrhundert bezeugt ist, steckt die niederdeutsche Form von *Schaft* mit niederdeutsch *-cht* gegenüber hochdeutsch *-ft*. Im Oberdeutschen wird die Pflanze des-

1 Siehe DUDEN Universalwörterbuch (1989) S. 1294 und Küpper (1982–84) VII S. 2413.
2 Siehe etwa Pfeifer (1995) S. 1168 und Röhrich (1991–92) III S. 1285.

halb auch *Schafthalm* und *Schaftheu* genannt. Der *Schachtelhalm* ist also eigentlich der 'Schafthalm', wohl so benannt, weil sein Stiel wie ein Schaft in einer Tülle steckend erscheint.

das Schadchen 'Kuppler(in)'

Schadchen ist eine gaunersprachliche Bezeichnung für den 'Heiratsvermittler, Kuppler' und das weibliche Wesen dieser Gattung. Das Wort ist seit dem 19. Jahrhundert bezeugt und geht wohl über das Jiddische auf aramäisch *šadḵạn* zurück, was auch schon 'Heiratsvermittler' bedeutete. Im Deutschen ist es dann an die Verkleinerungsbildungen auf *-chen* angeglichen worden.

die Schalmei

Die *Schalmei* (die Hirtenpfeife) erzeugt Schall, Hall, Töne. In seiner Herkunft ist das Wort aber von *Schall* ganz unabhängig. Das Wort ist im Mittelhochdeutschen *schalmīe* und geht über das Französische und Lateinische auf griechisch *kálamos* 'Halm, Rohr(pfeife)' zurück. Die Grundlage ist indogermanisch **k̂oləmos* 'Halm, Rohr'.

Der *Schall* 'Klang, Ton, Geräusch' geht zusammen mit der *Schelle* 'Glocke' auf ein Verb mittelhochdeutsch *schellen*, althochdeutsch *skellan* 'tönen, lärmen, schallen, klingen' zurück, das heute untergegangen oder von *schallen* absorbiert ist (das heutige *schellen* ist wieder vom Substantiv *Schelle* abgeleitet). Als indogermanische Grundlage wird **skel-* genannt, eine Variante zu **kel(ə)-* 'rufen, schreien, lärmen'.

etwas in die Schanze schlagen und *zuschanzen*

Die Redensart *etwas in die Schanze schlagen* bedeutet 'etwas aufs Spiel setzen, etwas wagen', wenn's hochkommt, sein Glück oder sein Leben. Man denkt unwillkürlich an die *Schanze* als 'Wehrbau' oder 'Sprungschanze'. Die vermeintliche *Schanze* ist in dieser Redensart aber eigentlich die *Chance*, der 'Glückswurf'. Das Wort ist im Mittelhochdeutschen aus dem gleichbedeutenden altfranzösischen *cheance* 'Glückswurf, Fall der Würfel beim Spiel' entlehnt. Dies kommt von vulgärlateinisch **cadentia*, dem lateinisch *cadere* 'fallen' zugrunde liegt. Ursprünglich bezog sich das Wort nur auf das Fallen der Würfel beim Spiel. Da hier die Entscheidung über Gewinnen oder Verlieren fällt, wurde es metaphorisch auf die Möglichkeiten im Leben übertragen und kommt seit dem 15. Jahrhundert in der Bedeutung 'Glücksfall, günstige Gelegenheit' vor. Die Form *Schanze* ist nur bis ins 18. Jahrhundert bewahrt, im 19. Jahrhundert wurde der Ausdruck neu als *Chance* entlehnt. Die alte Form bewahrt nur noch die oben genannte Redewendung, das seit dem 16. Jahrhundert bezeugte Präfixverb *zuschanzen*, das wohl ebenfalls auf die homonyme *Schanze* bezogen wird, und die Zusammensetzung *Mummenschanz*, die im 16. Jahrhundert gebildet wurde.

der Scharlach

Die Bezeichnung für das intensive Rot und die Infektionskrankeit mit dem roten Hautausschlag ist eine mittelhochdeutsche Entlehnung aus mittellateinisch *scarlatum* 'hochrote Farbe, hochrotes Tuch', ein Lehnwort aus dem Persischen. Im Deutschen lautete es zuerst *scharlāt*, was ebenfalls hochrotes Tuch bezeichnete. Durch volksetymologische Anlehnung an mittelhochdeutsch *lachen* 'Mantel, Tuch' bildete sich *scharlach*(*en*).

Scheibenhonig und *Scheibenkleister* 'Scheiße'

»Scheibenhonig« flucht, wer keine Fäkalausdrücke benutzen möchte. *Scheibenhonig* und *Scheibenkleister* sind verhüllende (euphemistische) Ausdrücke für *Scheiße*. Das Wort *Scheiße* wurde zu *Scheibe* verundeutlicht, wofür dann auch die Zusammensetzungen *Scheibenhonig* (unverhüllt 'in Scheiben geschnittener Wabenhonig') und *Scheibenkleister* (eigentlich 'Fensterkitt') eintraten.

Das verpönte *Scheiße*, das in der Umgangssprache ein geläufiger Kraftausdruck ist, ist spätmittelhochdeutsch *schīze* 'Durchfall' und zum Verb *scheißen* (germanisch **skeit-a-*) gebildet. *scheißen* ist eine alte Ableitung von *scheiden* (indogermanisch **skēi-*) und bedeutet wohl etymologisch 'ausscheiden, sich trennen (von den Exkrementen)'. *Scheiße* ist etymologisch also simpel 'das Ausgeschiedene'.

Die *Scheibe* (mittelhochdeutsch *schībe*, althochdeutsch *skība*) ist mit *Scheiße* allerdings urverwandt, das Wort geht auf die gleiche Wurzel **skēi-* 'schneiden, trennen, scheiden' zurück und bezeichnete ursprünglich wohl eine vom Baumstamm abgeschnittene Scheibe. Die Scheibe war anfangs also ein runder (und rollfähiger) Körper, so daß das Wort im Alt- und Mittelhochdeutschen auch für 'Walze u. ä.' gebraucht wurde. Die Ziel- und die Töpferscheibe sind heute noch rund. Unsere Fensterscheiben, die in der Regel eckig sind, haben sich ebenfalls aus runden Butzenscheiben entwickelt. Daß *Scheibe* verhüllend für *Scheiße* eintrat, hängt wahrscheinlich auch mit dem soldatensprachlichen Gebrauch von *Scheibe* zusammen, wo das Wort einen Fehlschuß bezeichnete, der nur die Scheibe, aber keinen Ring traf (*ach, Scheibe!*).

das Schellkraut

Die Pflanzenbezeichnung *Schellkraut* ist aus mittellateinisch **celidonia* (griechisch *chelidónion* 'Schwalbenkraut' zu *chelidṓn* 'Schwalbe') entlehnt. Im Althochdeutschen wurde das Wort volksetymologisch an *Schelle* (althochdeutsch *skella*) angelehnt, was *skelliwurz* ergab. Im Mittelhochdeutschen wurde dann *-wurz* durch *-krūt* ersetzt. Die ältere Variante *Schielkraut* ist eine andere volksetymologische Variante.

eine ruhige Kugel schieben

Die redensartliche ruhige Kugel wird eigentlich nicht geschoben, sondern gerollt (die Wendung geht wohl von der rollenden Kugel auf der Kegelbahn aus, die scheinbar ohne Kraftaufwand in Gang gesetzt wird). Im Bairischen heißt es *Kegel scheiben*. Darin steckt das mittelhochdeutsche *schīben* 'rollen', das mit *scheiden* und *Scheibe* verwandt ist und letztlich auf die indogermanische Wurzel **skēi-* 'schneiden, trennen, scheiden' zurückgeht.

Das Verb *schieben* ist damit nicht verwandt, es ist im Mittelhochdeutschen *schieben*, im Althochdeutschen *skioban*, germanisch **skeub-a-* 'schieben'. Dazu wird eine indogermanische Wurzel **skeub(h)-* '(flink) dahinschießen, schieben' angesetzt.

der Schiefer

Der Schiefer (der Splitter), den man sich in die Fingerkuppe gezogen hat, mag schief sein, und auch bei dem blättrigen Gestein, das ebenfalls als *Schiefer* bezeichnet wird, mag man an dessen unebene Struktur denken. Das Wort, mittelhochdeutsch *schiver(e)*, *schever*, im Althochdeutschen *skiverro*, hat sprachgeschichtlich jedoch nichts mit *schief* zu tun, sondern bedeutete ursprünglich 'Abgetrenntes, Abgespaltenes' und gehört wie *Scheibe* und *scheiden* zur indogermanischen Wurzel **skēi-* 'schneiden, trennen, scheiden'.

schief ist wahrscheinlich vom mittelniederdeutschen *schēf* übernommen und läßt sich auf die indogermanische Wurzel **skeib-* 'schief' zurückführen.

der Schlammbeißer (Süßwasserfisch)

Der *Schlammbeißer* (eine seit dem 19. Jahrhundert bezeugte Bezeichnung) saugt sich – anders als der Steinbeißer, der sich an Steinen festsaugt – nicht im Schlamm fest. Er ist ursprünglich auch nicht als *Beißer* benannt, das ist eine volksetymologische Umbildung. Das Grundwort gehört hier zum obersorbischen *piskor*, das von obersorbisch *pisk* 'Pfiff' kommt. Der Fisch gibt nämlich einen pfeifenden Ton von sich, wenn er ergriffen wird. Denselben Fisch bezeichnet auch das einfache *Peitzker*, was auch zu *Beißker* ('beißen') und *Bißgurre* ('beißen' und 'Gurre = Stute') umgedeutet ist.

schlingen 'schlucken' und *schlingen* 'winden'

»Schling doch nicht so!« bekommt ein gieriger und schneller Esser manchmal zu hören. Man liegt falsch, wenn man dabei an das Ineinanderwinden und Sichvermischen der Speisebissen auf ihrem Weg zum Magen denkt. *schlingen* 'schlucken' und *schlingen* 'winden' sind zwei verschiedene Wörter.

schlingen mit der Bedeutung 'schlucken, gierig und schnell essen' ist im Mittelhochdeutschen *slinden* und althochdeutsch *slintan* 'schlucken, verschlingen'. Man hat ein germanisches **slend-a-* 'verschlingen' rekonstruiert und setzt die Ausgangsbedeutung 'gleiten lassen' an. Als indogermanische Wurzel ist **(s)leidh-* 'schlüpfrig, gleiten' möglich.

Das gleichlautende *schlingen* 'winden, verflechten' setzt dagegen mittelhochdeutsch *slingen* und althochdeutsch *slingan* voraus. Die Wurzel ist indogermanisch **slenk-* 'winden, drehen, kriechen'.

der Schlittschuh

Der *Schlittschuh*, der Schuh mit angeschraubter Stahlkufe, mit dem man übers Eis gleitet, war ursprünglich ein 'Schrittschuh'. Althochdeutsch *scritiscuoh* und mittelhochdeutsch *schrit(e)schuoch* bezeichneten einfach einen 'Schuh, mit dem man weit ausschreiten kann'. Im 17. Jahrhundert entwickelte *Schrittschuh* – eventuell mit der Übergangsbedeutung 'Art Schneeschuh, Gleitschuh' – die heutige Bedeutung 'Schlittschuh'. Unmittelbar darauf wurde das Wort an *Schlitten* bzw. *schlittern* angelehnt und zu *Schlittschuh* umgebildet.

der Schmetterling

Nennt man den Schmetterling (dieses kleine harmlose Tier) *Schmetterling*, weil er mit den Flügeln »schmettert« oder gar weil im »Abwehrverhalten der Falter die Feinde zurückgeschmettert werden«?[1] Weder – noch!

Schmetterling, das zuerst im 16. Jahrhundert bezeugt ist, ist wahrscheinlich weiterentwickelt aus **Schmettenling*, wobei das ostmitteldeutsche *Schmetten* aus tschechisch *sme-*

1 Jeweils Befragung Olschansky (1996) S. 195.

tana 'Milchrahm' entlehnt ist. Zum Ursprung dieser Bezeichnung vermutet Kluge/Seebold (1995) S. 732, weil »Schmetterlinge [sich] gerne auf Milchgefäße setzen«. Pfeifer (1995) S. 1223 nennt in dieser Hinsicht den »Volksglauben, daß Hexen in Schmetterlingsgestalt fliegen, um Milch und Rahm zu stehlen«. Das gleiche Benennungsmotiv steckt auch in englisch *butterfly*.

Schmiere stehen

Wo man Schmiere steht, soll's wie geschmiert gehn. In der Redewendung *Schmiere stehen* 'Wache halten, aufpassen' steckt jedoch nicht *Schmiere* als 'Schmierfett' oder 'fettiger Schmutz', was vom Verb *schmieren* 'bestreichen, einfetten' kommt. Die *Schmiere*, die gestanden wird, kommt im 18. Jahrhundert aus der Gaunersprache Rotwelsch und geht auf jiddisch *schmire* 'Bewachung, Wächter' (von hebräisch *šᵉmīrah* 'Wache, Bewachung') zurück.

Das Verb *schmieren* dagegen ist im Germanischen vom Substantiv *Schmer* 'Fett' abgeleitet, bedeutet also eigentlich 'mit Fett o. ä. versehen'.

schmutzig lachen

Der Ausdruck *schmutzig lachen* wird heute mit 'dreckig, vulgär, unflätig lachen' umschrieben. Die Wendung ist erst neuhochdeutsch und volksetymologisch aus dem mittelhochdeutschen Verb *smutzelachen* umgebildet, das soviel wie 'schmunzeln' bedeutet. Dieses *smutzelachen* ist eine tautologische Bildung zum mittelhochdeutschen Verb *smutzen*, das gleichfalls 'schmunzeln' bedeutet. Bei der Herausbildung von *schmutzig lachen* wurde das Lexem volksetymologisch an die Wortfamilie um *Schmutz* angelehnt, was die auffallende Bedeutungsveränderung bewirkte. In Analogie zu dem neuen Ausdruck *schmutzig lachen* entstand dann auch die gleichbedeutende Wendung *dreckig lachen.*

die Schnapsdrossel

Wer viel Schnaps oder anderes Alkoholisches trinkt, wird manchmal *Schnapsdrossel* genannt. Mit *Schnapsdrossel* assoziiert man *Schluckspecht* und hat das Bild eines gierigen Vogels vor Augen, der hinunterschluckt, was ihm vor den Schnabel kommt. *Schnapsdrossel* hat aber nichts mit der vogelkundlichen *Drossel* zu tun, sondern *-drossel* ist hier ein gleichlautendes, unverwandtes Wort mit der Bedeutung 'Kehle'. Dieses steckt auch in den Verben *drosseln*, *erdrosseln* und dem Namen der Märchenfigur *König Drosselbart.* Die sprachgeschichtliche Grundlage ist offenbar ein Wort für 'Rohr', das etymologisch zur Wortgruppe um *strotzen* (im Sinne der Festigkeit der Luftröhre) gehört. *Schnapsdrossel* ist also eigentlich 'Schnapskehle' und bezeichnet als sogenanntes Possessivkompositum (wie etwa *Rotkehlchen*, wo das 'rote Kehlchen' den ganzen Vogel bezeichnet) jemanden, durch dessen Kehle viel Schnaps läuft.

schnieke

Das berlinische *schnieke* 'schmuck' kommt im 20. Jahrhundert von niederdeutsch *snicker*, *snügger* 'hübsch', das eine umgelautete Bildung zu niederländisch *snugger* 'klug' ist. Dessen weitere Herkunft ist nicht klar. Im Hochdeutschen wurde es volksetymologisch an das unverwandte *geschniegelt* 'herausgeputzt', das zu *Schnecke* gehört, angelehnt. Daraus resultiert das lange *ī*. Das auslautende *r* fiel in Analogie zu anderen Wertadjektiven (z. B. *knorke*) fort.

schurigeln

Das umgangssprachliche *schurigeln* bedeutet 'schikanieren, quälen' und kommt in dieser Form seit dem 17. Jahrhundert vor. Es ist mit einem Sproßvokal (Vokal, der zur Sprecherleichterung eingeschoben ist) *ī* zu *schurgeln* gebildet. Dieses ist eine Wiederholungsbildung zu mittelhochdeutsch *schürgen, schurgen* 'stoßen', was vermutlich mit *schüren* zusammenhängt. Bei der Bedeutungsentwicklung von 'stoßen' zu 'schikanieren' hat wahrscheinlich eine volksetymologische Anlehnung an *Schur* im Sinne von 'Plage' mitgewirkt. Das durch den Sproßvokal undurchsichtige *schurigeln* wurde auch weiter volksetymologisch ausgedeutet, so im 17. Jahrhundert als *schulriegeln* und im 19. Jahrhundert als *schuhriegeln*.

der Schwamm

Der Schwamm (das Wassertier, das aus einer lockeren Zellanhäufung besteht) heißt nicht *Schwamm*, weil er im Wasser *schwimmt*, sondern ist nach seiner unfesten, porösen Struktur benannt. Die Pilzbezeichnung *Schwamm* (auch die *Schwammerl*) ist ursprünglich das gleiche Wort. Auch der Badeschwamm gehört hierher, der nach dem Wassertier benannt ist. Das Skelett des Tiers wurde anfangs als Reinigungsgerät benutzt, Vorläufer der heute bekannten Schwämme zum Putzen. Das Wort *Schwamm* (mittelhochdeutsch *swam*, althochdeutsch *swam(p), swamme*) ist seit dem 8. Jahrhundert belegt und wohl verwandt mit dem *Sumpf*, der ebenfalls nach seiner schwammigen, lockeren Masse benannt ist.

Das Wort *schwimmen* läßt sich bis auf germanisch **swemm-a-* 'schwimmen' zurückführen. Es hatte von Anfang an die Bedeutung 'sich im Wasser fortbewegen', was anfangs nur für den Menschen galt. Später wurde es auch von Tieren und Gegenständen gesagt. Der visuelle Bezug auf das, was nur unklar gesehen wird, existiert seit dem 18. Jahrhundert.

jemandem schwant etwas

Wenn *jemandem* - redensartlich besonders *mir* – *etwas schwant*, bedeutet das, daß 'jemand etwas ahnt oder vermutet'. Die Wendung, die im frühen 16. Jahrhundert vom Niederdeutschen ins Hochdeutsche übernommen wurde, wird zumeist als humanistische Scherzübersetzung aus dem Lateinischen erklärt. Neulateinisch *olet mihi* 'es ahnt mir' (zu *olēre* 'riechen; etwas wittern, vorausahnen') wurde mit lateinisch *olor* 'Schwan' verknüpft und entsprechend übersetzt.

die Schwarze Kunst

Die *Schwarze Kunst* (ein Begriff seit dem Mittelhochdeutschen), die sich mit der Beschwörung von (bösen) Geistern (Verstorbener) befaßt, ist eigentlich nicht 'schwarz', sondern die Wendung geht auf spätlateinisch *necromantia* 'Totenbeschwörung' zurück, das auch als *Nekromantie* ins Deutsche entlehnt ist. Fälschlich wurde das Wortes mit lateinisch *niger* 'schwarz' in Verbindung gebracht und mißverstanden als *negromantia* mit *Schwarze Kunst* übersetzt.

die Schwelle

Die Bahnschwelle wie die Türschwelle sind höher als ihre Umgebung. Vielleicht denkt man an das vergrößerte Volumen von Aufgeschwollenem und stellt die *Schwelle* zu *schwellen*, wobei man in eine volksetymologische Falle gestolpert wäre.

Die *Schwelle* bezeichnet ursprünglich 'den Balken, das Brett' (indogermanische Wurzel **sel-*). Für das Germanische (**swallja-*, **swelljō-*, **sulljō-*) vermutet man die Bedeutung 'Grundbalken eines Hauses'. Nachdem das Wort auch für 'Türschwelle' gebraucht wurde, wurde es auch auf 'die Grenze, an der etwas beginnt oder endet' (wie in *Reiz-* oder *Bewußtseinsschwelle*) übertragen.

schwellen bedeutet 'sich aufblähen, ausdehnen'. Das Wort wird auf germanisch **swell-a-* 'schwellen' zurückgeführt und ist verwandt mit der *Schwiele*, der *Geschwulst* sowie dem *Schwulst* und dem *Schwall* (mittelhochdeutsch *swal* 'angeschwollene Menge').

schwierig und *schwer*

Wenn etwas schwierig ist, ist es schwer zu bewerkstelligen, und ein schwieriger Mensch ist schwer zu behandeln (oder abzuhandeln). Man hält *schwierig* für eine Ableitung von *schwer* und sitzt so einer etymologischen Täuschung auf.

Das Adjektiv *schwierig* (mittelhochdeutsch *swærec, swæric*) bedeutet etymologisch 'schwärend, eitrig' und ist eine Ableitung von *schwären* (wozu die *Schwäre* und das *Geschwür* gehören). Nachdem man das Wort seit dem 16./17. Jahrhundert auch für 'aufrührerisch' und 'reizbar' gebrauchte, wurde es auf das unverwandte *schwer* bezogen und änderte seine Bedeutung zu 'schwer zu behandeln, auszuführen'.

Das kleine, aber kompakte *schwer* (mittelhochdeutsch *swære, swāre,* althochdeutsch *swāri*) bezog sich ursprünglich auf Gewichtigkeit. Schon im Althochdeutschen entwikkelte es daneben aber die Bedeutung 'drückend, beschwerlich' (etwa in bezug auf Arbeit oder Krankheit).

der Seehund

Die Robbenbezeichnung *Seehund* sieht wie eine Zusammensetzung aus *See* und *Hund* aus (und ist's heute auch). Sprachgeschichtlich ist das Wort wahrscheinlich eine Umdeutung aus *Seelhund*, was Ende des 15. Jahrhunderts aus dem Niederdeutschen und Niederländischen übernommen und eine verdeutlichende Zusammensetzung zu mittelniederländisch *seel* ist. Dieses Wort liegt im mittelniederdeutschen *sēl*(*e*), mittelhochdeutschen *sel*(*e*) und althochdeutsch als *selah* vor, für das Germanische ist **selha-* 'Seehund' erschlossen. Wahrscheinlich ist das Wort eine Entlehnung aus dem Ostseefinnischen (etwa **šülke* nach finnisch *hylje*, karelisch *hyleh*, estnisch *hüljes* 'Seehund, Robbe').

der Seidelbast

Der *Seidelbast* (der Strauch mit roten Blüten und giftigen Steinfrüchten) ist eine volksetymologische Umformung – in bezug auf das seidige Bastgewebe der Pflanze – aus frühneuhochdeutsch *Zeidelbast*, mittelhochdeutsch *zīdelbast* (motiviert als 'Honig-Bast'). Das mittelhochdeutsche *zīdelbast* selbst ist umgestaltet aus althochdeutsch *zigelinta* und sekundär an mittelhochdeutsch *zīdel-*, althochdeutsch *zīdal-* 'Honig' (verwandt mit *Zeidler* 'Imker') angelehnt. *-linta* (mit der alten Bedeutung 'Bast') ist dabei durch synonymes alt- und mittelhochdeutsches *bast* ersetzt worden. *zigelinta* ist ursprünglich wahrscheinlich 'Zius Bast' oder 'Götterbast' und gehört in seinem ersten Teil zum Götternamen althochdeutsch *Ziu* (im Germanischen **Teiwa-*) bzw. zum entsprechenden Appellativum germanisch **tīwaz*, **teiwaz* 'Gott'.

sichten 'durchsehen'

sichten im Sinne 'durchsehen' (etwa einen Bestand) und *sichten* im Sinne 'erblicken' (etwa ein Schiff am Horizont) sind zwei verschiedene Wörter.

sichten als 'durchsehen, prüfend auswählen' kommt vom mittelniederdeutschen *sichten*, das 'sieben' bzw. 'durch Sieben reinigen' bedeutet. Zugrunde liegt *Sieb*. Die Bedeutungsentwicklung auf ein Durchsehen hin ist sicherlich durch das homonyme *sichten* 'erblicken' beeinflußt.

Das erblickende *sichten* ist eine Ableitung von *Sicht* und stammt aus der Seemannssprache des 19. Jahrhunderts.

das Spanferkel

Spanferkel ist ein 'zum Braten bestimmtes oder gebratenes Jungferkel – das eigentlich noch gesäugt wird'. In der Zusammensetzung steckt nicht der *Span* 'dünnes abgetrenntes Stück Holz, Metall, Horn', sondern *Span-* ist ein heute ausgestorbenes Wort für 'Zitze', das mittelhochdeutsch *spen*, althochdeutsch *spunna* lautet.

Sperenzchen machen

Wer *Sperenzchen macht*, widersetzt sich, er oder sie sperrt sich (gegen Vernünftiges oder Unvernünftiges). Die Wendung *Sperenzchen machen* ist erst neuhochdeutsch, wobei *Sperenzchen* an die Verkleinerungsbildungen auf *-chen* aus *Sperenzien* 'Umstände' angeglichen ist und außerdem zu *sich sperren* gezogen wurde. Eigentlich kommt das Wort vom lateinischen *spērāns* (*-antis*), das 'Ungünstiges erwartend' bedeutet und zu *spērāre* 'hoffen, (Ungünstiges) erwarten' gehört. Im Deutschen wurde und wird die Wendung oft mit *sich sperren* assoziiert, was die Bedeutung des Sich-Widersetzens ermöglichte.

der Spickaal

Der *Spickaal* (der geräucherte Aal) hat nichts mit *spicken* 'mageres Fleisch mit Speckstreifen durchziehen' bzw. dessen Grundlage *Speck* zu tun. Das Wort ist eine Entlehnung des 18. Jahrhunderts aus dem Niederdeutschen. Der erste Teil ist das niederdeutsche *spik*, was 'trocken, geräuchert' bedeutet.

der Star **(Augenkrankheit)**

Die Augenkrankheit *Star* (die als grüner oder grauer Star existiert), hat nichts mit der Vogelbezeichnung *Star* zu tun, sondern gehört zu *starren*. Das Wort ist im 16. Jahrhundert aus dem Adjektiv *starblint* 'starrblind' rückgebildet, in dem *starren* steckt. Die an Star Erkrankten erscheinen im Unterschied zu Blinden starrend.

Für den Singvogel *Star* (mittelhochdeutsch *star*, althochdeutsch *stara*), der mit lateinisch *sturnus* 'Star' verwandt ist, wird eine lautmalerische Grundlage angenommen, d. h. hier ahmt das Wort die Lautgebärde des Vogels nach.

die Sucht

Eifersucht ist eine Leidenschaft, die mit Eifer sucht, was Leiden schafft. Das Wortspiel, das auf den spanischen Dichter Miguel de Cervantes Saavedra (»Der wachsame Posten«) zurückgeht, rückt eine Verbindung zwischen *Sucht* und *su-*

chen in den Vordergrund. Auch in der Dichtung findet man volksetymologische Verbindungen!

Sucht gehört zu *siech* und bedeutete schon im Germanischen bis zum Mittelhochdeutschen einfach 'Krankheit' (verwandt ist die *Seuche*). Heute bezeichnet *Sucht* eine 'krankhafte Abhängigkeit', ein 'übersteigertes Verlangen'. Die letzte Bedeutung ist im 18. Jahrhundert durch volksetymologische Interpretation mit *suchen* entstanden. Deutlich zeigt sich diese Bedeutung z. B. in den Zusammensetzungen *Gefallsucht* und *Herrschsucht*, die aus dem 18. Jahrhundert stammen. In der Formel *Sucht nach etwas* hat sich die volksetymologische Interpretation verfestigt. In einem historischen Beleg aus dem 19. Jahrhundert bei Ludwig Tieck in »Des Lebens Überfluß« ist *Sucht* sogar (ohne den Krankheitsaspekt) reines Abstraktum zu *suchen*: »Sucht und Kraft zu vernichten ist aber gerade der Gegensatz alles Talentes und wird endlich zur Unfähigkeit, irgend die Erscheinung in ihrer Fülle zu verstehen.«

Das Verb *suchen* hat nichts mit der *Sucht* zu tun, es ist mit der *Sache* (ursprünglich der 'Rechtsstreit') verwandt und bedeutet eigentlich 'suchend nachgehen, nachspüren'. Wahrscheinlich geht es vom Wittern des Hundes aus.

die Sündflut 'Sintflut'

Unser heutiges *Sintflut* war vom 13. bis ins 19. Jahrhundert die *Sünd(en)flut*. Eigentlich hat dieses mythologische Wort aber gar nichts mit den 'Sünden' der Menschheit zu tun. Im Althochdeutschen war es die *sin(t)fluot*, im Mittelhochdeutschen die *sinvluot*. Darin steckt das Präfix *sin-* 'immerwährend, allgemein, groß', das auch in *Singrün* 'Immergrün' und *Sin(n)au* 'Immertau' steckt. Die *Sintflut* ist etymologisch also die ‘allumfassende Überschwemmung’. Die mittelhochdeutsche Umdeutung zur *Sündflut* stieß allerdings im kirchlichen Bereich auf großen Widerhall.[1]

tauen

Wenn es taut, schmilzt etwas (das tiefgefrorene Hähnchen auf oder der Kühlschrank ab). Das Verb wurde seit dem Mittelhochdeutschen mit dem *Tau* ‘Luftfeuchtigkeit, die sich niederschlägt’ assoziiert und deswegen anlautend mit *t* geschrieben, mittelhochdeutsch *touwen*, im Althochdeutschen noch *douwen*. Voraus geht germanisch **þau-ja-* ‘tauen’. Die alte Form mit anlautendem *d* bewahrt das verwandte *verdauen* (mittelhochdeutsch *verdöu(w)en*, althochdeutsch *firdouwen*), das eigentlich ‘verschmelzen’ bedeutet.

Der *Tau* (der Niederschlag aus der Luftfeuchtigkeit) (alt- und mittelhochdeutsch *tou*, germanisch **dauwa-*) gehört wahrscheinlich zur Wortgruppe von *Dampf* und *Dunst* und wird auf die indogermanische Wurzel **dheu(ə)-* ‘stieben’ zurückgeführt.

das Tausendgüldenkraut

Das *Tausendgüldenkraut* ist eigentlich das ‘Kraut des Zentauren’. Das Wort wurde erst im 15. Jahrhundert bei der Lehnübersetzung des lateinischen Ausdrucks *centaurēum* bzw. *centaurium* fälschlich mit lateinisch *centum* ‘hundert’ und *aurum* ‘Gold’ in Verbindung gebracht und deswegen als *Hundertguldenkraut* oder *Tausendgüldenkraut* wiedergegeben. Tatsächlich liegt das griechische *kentaúreion* zu-

1 Siehe etwa Kainz (1972) S. 367.

grunde, das von *Zentaur* abgeleitet ist. Der Zentaur Chiron soll sich der griechischen Überlieferung nach nämlich mit diesem Kraut eine Wunde geheilt haben.

der Tolpatsch

Der Tolpatsch trampelt mit seinen zwei linken Händen durch die Welt und tritt in seiner Tollheit tölpelhaft in jede Patsche, wie der Elefant im Porzellanladen das Geschirr abräumt? Aber deswegen heißt er nicht *Tolpatsch*.

Das Wort kam zuerst um 1700 im Oberdeutschen als *Tolbatz* vor und bezeichnete den 'ungarischen Fußsoldaten'. Es ist aus ungarisch *talpas* (17. Jahrhundert) entlehnt, das ebenfalls 'Fußsoldat' (und auch 'Bär') bedeutete. Dies ist von ungarisch *talp* 'Sohle, Tatze' abgeleitet und bedeutet eigentlich 'breitfüßig'. Die ungarischen Fußsoldaten trugen statt Schuhen breite Sohlen, die an die Füße angeschnürt waren. Im 18. Jahrhundert kommt der Ausdruck im Oberdeutschen als Schelte für einen Soldaten des österreichisch-ungarischen Heeres vor, der nur schlecht Deutsch kann. Als sich das Wort am Ende des 18. Jahrhunderts dann im übrigen deutschen Sprachgebiet verbreitete, wurde es wohl volksetymologisch mit den unverwandten Wörtern *Tölpel* und *patschen* in Verbindung gebracht und entwickelte die heutige Bedeutung 'ungeschickter, täppischer Mensch'.

Den *Tölpel* 'einfältiger, plumper Mensch' gibt es seit dem 16. Jahrhundert. Das Wort gehört entweder zu einigen mundartlichen Wörtern, die ‚einen Klotz, einen groben Menschen' bezeichnen (etwa älter *Tölp*, süddeutsch *Tolpe(n)*, schleswig-holsteinisch *Tülp*). Eine andere Herleitung geht von mittelhochdeutsch *dörpel* aus, das von *dorpære* 'bäuerischer, roher Mensch', eigentlich 'Dorfbewohner, Dörfer', stammt. Dieses Wort ist aus dem Flämischen übernommen. Zugrunde liegt altfranzösisch *vilain* 'Landmann, Bauer, Nichtadeliger, Mann niederen Standes', das von mittellateinisch *villanus* 'Bauer, Dorfbewohner' kommt, einer Ableitung von lateinisch *vīlla* 'Landhaus, -gut'.

Das Verb *patschen* 'ein klatschendes Geräusch machen' ist seit dem 15. Jahrhundert bezeugt und hat lautmalenden (onomatopoetischen) Ursprung. Es bedeutet eigentlich 'den Laut *patsch* machen'. Die Interjektion *patsch* ahmt das Geräusch nach, das durch Klatschen oder leichtes Schlagen verursacht wird.

Die neue Rechtschreibung verlangt die Schreibung *Tollpatsch* und stellt so einen neuen volksetymologischen Bezug zu *toll* (alt- und mittelhochdeutsch *tol* 'töricht, unsinnig') her.

das Trampeltier

Trampeltier ist eine verbale Aggression, die Unbedarfte auf einen plumpen, schwerfälligen Menschen anwenden. Da viele Schimpfwörter metaphorisch von Tierbezeichnungen kommen, ließe sich leicht vermuten, daß auch das Schimpfwort *Trampeltier* von der Kamel-Bezeichnung *Trampeltier* kommt. Sprachgeschichtlich verhält sich die Sache jedoch genau umgekehrt. Der Tierbezeichnung *Trampeltier* liegt das entlehnte *Dromedar* zugrunde, das im 16. Jahrhundert volksetymologisch zu *Trampeltier* eingedeutscht wurde und so mit dem schon vorhandenen Schimpfwort *Trampeltier* zusammenfiel.

Dromedar ist eine Ableitung, die letztendlich auf das griechische Adjektiv *dromás* 'schnell laufend' zurückgeht. Das Kamel ist also eigentlich der 'Läufer' oder das 'Lauftier'. Das Wort ist im 15. Jahrhundert aus dem altfranzösischen *dromedaire* oder dem spätlateinischen *dromedārius* entlehnt und zu *drummeldar*, *dromeltier*, *trummeltier* eingedeutscht worden. Im 16. Jahrhundert führten diese Eindeutschungsversuche zu einem Zusammenfall mit dem umgangssprachlichen Schimpfwort *Trampeltier* für einen 'plumpen, schwerfälligen Menschen'. Im 18. Jahrhundert wurde *Trampeltier* auf das zweihöckrige Kamel festgelegt, *Dromedar* auf das einhöckrige.

das Trauma

Ein traumatisches Erlebnis mag alptraumhafte Dimensionen haben, aber *Trauma* und *Traum* sind zwei Wörter, die sprachgeschichtlich nichts miteinander zu tun haben. Trotzdem wird *Trauma* von vielen Sprechern »mit deutsch *Traum* in unmittelbare Beziehung gebracht und zusammen mit *traumatisch* als ein von deutsch *Traum* abgeleitetes Kunstwort gedeutet«.[1] Schließlich wird auch tiefenpsychologisch Traumatisches in Traumsymbolen entdeckt.

Tatsächlich ist *Trauma*, das 'Verletzung, psychische Wunde' bedeutet, aus griechisch *traũma* 'Wunde, Verletzung' (zu griechisch *titrōskein* 'verwunden, durchbohren') in die lateinisch-medizinische Terminologie entlehnt und von da im 19. Jahrhundert in die deutsche Fachsprache gelangt.

Traum 'im Schlaf auftretende Vorstellungen' dagegen ist alteinheimisch deutsch. Mittel- und althochdeutsch *troum* setzt germanisch **drauma-* 'Traum' voraus und gehört wahrscheinlich zur Wortgruppe um *trügen*. *Traum* wäre so als 'Trugbild' motiviert.

1 Trier (1981) S. 24 f.

die Tribüne

Die Tribüne ist eine Art von Bühne? Faktisch ja. *Tribüne* bedeutet 'erhöhter Platz, Podest', vor allem 'Rednerpodium' und 'Gerüst mit ansteigenden Sitzreihen für Zuschauer'. *Bühne* bedeutet 'Podium, erhöhter Teil des Fußbodens, Tribüne', besonders auch 'Theaterspielfläche' und 'Theater'. *Bühne* wird also zum Teil mit 'Tribüne' umschrieben und *Tribüne* mit 'Rednerbühne'. Die Gemeinsamkeiten sind offensichtlich, beide Wörter bezeichnen erhöhte Flächen. Wortgeschichtlich aber haben die beiden Wörter nichts miteinander zu tun.

Tribüne ist im 18. Jahrhundert aus gleichbedeutend französisch *tribune* entlehnt, das über das Italienische auf lateinisch *tribūnal* 'erhöhter Platz für den Richterstuhl des Tribunen' zurückgeht. *tribūnal* gehört zu *tribūnus* 'Oberster', dessen Grundlage *tribus* 'Bezirk, Volk' (eigentlich: 'einer der drei Stämme') ist.

Das Wort *Bühne* ist in seiner Herkunft nicht sicher geklärt. Man setzt eine vordeutsche Grundlage der Bedeutung 'Brettergerüst, Decke' an und vermutet Verwandtschaft mit *Boden*.

die Tuberose

Die Tuberose ist keine Rose, sondern ein Zwiebelgewächs, das in wärmeren Ländern als Blume kultiviert wird. Und in der Bezeichnung *Tuberose* steckt auch nicht *Rose*, sondern – nach dem Aussehen des Wurzelstocks – lateinisch *tuberosus* 'voll Höcker', das von lateinisch *tuber* 'Beule, Höcker' kommt. Eine Verknüpfung mit der unverwandten *Rose* (von lateinisch *rosa* und letztlich iranischen Ursprungs) ist volksetymologisch.

den heiligen Ulrich anrufen **'sich erbrechen'**

Der *heilige Ulrich* wird dort *angerufen*, wo nicht *gekotzt*, *sich erbrochen* oder *übergeben* wird. Der Name *Ulrich* in dieser umgangssprachlichen Redewendung steht verhüllend für das Geräusch, das jemand beim Erbrechen verursacht.[1]

unverfroren **'unverschämt'**

Wer unverfroren stiehlt, lügt, mordet, seine Mitmenschen in die Pfanne haut und alles mögliche andere Gemeine anstellt, tut dies, ohne dabei im geringsten zu 'frieren' (zu zittern, Angst zu haben, sich zu schämen)? *unverfroren* hängt im Ursprung aber nicht mit *frieren* zusammen, sondern ist mit *Gefahr* verwandt. Das Adjektiv ist zuerst im 19. Jahrhundert in Berlin bezeugt. Es ist aus dem niederdeutschen *unvervērt* 'unerschrocken' übernommen, das von niederdeutsch *vāre* 'Gefahr, Angst' kommt. Dieses *unvervērt* wurde volksetymologisch an *verfrieren* 'durch Frost Schaden nehmen' bzw. dessen Partizip *verfroren* angelehnt und entsprechend umgeformt.

der Vatermörder **(Kragen)**

Vatermörder bezeichnet – neben dem Kind, das seinen Vater umbringt – den altertümlichen hohen, steifen Stehkragen an Männerhemden, der bis zu den Wangen reicht. Verschiedene Sagen versuchen die Bezeichnung zu erklären. Nach einer Version soll einmal ein Sohn mit den steifen Enden des Kragens seinen Vater erstochen haben, als er ihn umarmen wollte. Nach einer anderen Version soll einfach ein

1 Siehe DUDEN Redewendungen (1992) S. 746.

Sohn, der einen solchen Kragen trug, seinen Vater ermordet haben. Auf alle Fälle führen diese Geschichten die Kragen-Bezeichnung auf einen Vatermord zurück. Das sind volksetymologische Sagen.

Sprachgeschichtlich ist die Kragen-Bezeichnung *Vatermörder*, die zuerst im 19. Jahrhundert vorkommt, ein Mißverständnis oder eine scherzhafte Fehlübersetzung. Das Wort ist aus dem Französischen lehnübersetzt, wo der Kragen *parasite* 'Mitesser' hieß, wegen der langen Spitzen, die beim Essen oft quasi mitessen. Man verwechselte das Wort (wohl bei der Übersetzung) oder vertauschte es mit dem ähnlich lautenden französischen *parricide* 'Vatermörder' und übersetzte dann dieses falsche Wort.

verbiestert

Bei *verbiestert* 'verstört, verwirrt, teilnahmslos' und *biestig* (*ein biestiges Wetter* etwa) denkt man an das *Biest* (die Bestie). Das Partizip und das Adjektiv scheinen heute zum Substantiv *Biest* zu gehören, Etymologisch kommen sie aber von niederdeutsch *biester*, niederländisch *bijster* 'düster, unfreundlich, trübe'.

Biest dagegen stammt über das Mittelniederländische und Altfranzösische aus lateinisch *bestia* '(wildes) Tier'.

verhohnepiepeln

Jemanden zu verhohnepiepeln heißt, ihn zu necken oder, wenn der Spott etwas schärfer ist, ihn zu verhöhnen. Das Wort wird heute auf *Hohn* bezogen, ursprünglich steckt darin aber *hohl*. Das Verb wurde im Frühneuhochdeutschen volksetymologisch auf *Hohn* hin umgebildet aus *hohlhippe(l)n*, das bereits 'lästern, spotten' bedeutete und auf *hole*

Hip(plein) 'Hohlwaffel' zurückgeht. Wahrscheinlich war der Bedeutungszusammenhang in *hohlhippe(l)n* nicht mehr klar, so daß das semantisch näherliegende *Hohn* eingesetzt werden konnte. Für den Bedeutungsübergang von 'Hohlwaffel' zum Verb für 'spotten' erwägt man das gegenseitige Spottverhältnis von Käufern und Verkäufern der Hohlwaffeln.

verkümmeln

Das umgangs- oder eher sondersprachliche Verb *verkümmeln* 'verkaufen' hat eigentlich nichts mit dem *Kümmel* (der Gewürzpflanze) zu tun, sondern stammt vermutlich aus rotwelsch *verkimmern* 'verkaufen'. Dies kommt vielleicht vom westjiddischen *kinjen* 'verkaufen'. Im Deutschen, wo es zuerst die Studentensprache Anfang des 19. Jahrhunderts aufgenommen hat, wurde es dann volksetymologisch an *Kümmel* angeschlossen.

das Verlies

Wer im Verlies saß, mochte sich verlassen fühlen von Gott und den Menschen und manchmal auch von sich selbst. Das Wort, das im 18. Jahrhundert durch die Ritterromane in die Schriftsprache gelangt ist und den 'unterirdischen Kerker (in mittelalterlichen Befestigungsanlagen)' bezeichnet, gehört aber nicht zu *verlassen*, sondern ist eine Abstraktbildung zu *verlieren*. Das hochdeutsche *Verlies* ist eine Entlehnung aus niederdeutsch *Verlies* 'Ort, wo man verloren ist, unsichtbar wird, Abgrund, Keller'. Die ältere Bedeutung ist 'Verlust'. Daß das Wort früher (vor allem im Bairisch-Österreichischen) *Verließ* geschrieben wurde, dokumentiert volksetymologische Verknüpfung mit *verlassen*.

verlieren (mittelhochdeutsch *verliesen*, im Althochdeutschen *firliosan*) geht auf eine indogermanische Wurzel **leu-* 'lösen' zurück. Wer etwas verliert, löst sich also von etwas, wird etwas los.

Bei *verlassen* (mittelhochdeutsch *verlāzen* und althochdeutsch *firlāzan*) erwägt man, daß es mit *lassen* auf eine Erweiterung **lē(i)d-* der indogermanischen Wurzel **lē(i)-* 'nachlassen' zurückgeht.

verschüttgehen

Wenn einer in gewissen Kreisen *verschüttgeht*, verschwindet er von der Bildfläche und landet im Gefängnis. In verallgemeinerter Bedeutung geht jemand oder etwas verloren, kommt um oder unter die Räder. Man denkt an *verschüttet werden*, denn dabei verschwindet auch jemand oder etwas von der Bildfläche.

Der Ausdruck, der Mitte des 19. Jahrhunderts vom Berlinischen ausgeht, stammt aber aus der Gaunersprache Rotwelsch und kommt von niederdeutsch *schütten* 'einsperren, pfänden', was sich etwa auf den Feldhüter bezog, der das streunende Vieh einsperrte. Im Hochdeutschen entspricht dem *schützen*. Die Verallgemeinerung der Bedeutung zu 'verloren gehen, umkommen' im 20. Jahrhundert ist durch Anlehnung an *verschüttet werden* entstanden.

versöhnen

Bei *Versöhnung* kann man an die Heimkehr des verlorenen Sohnes denken oder etwas moderner herumspintisieren, daß eine Versöhnung (die in Sex gipfelt) manchmal einen Sohn hervorbringt (jeweils gelesene Konstruktionen). In *versöhnen* steckt allerdings nicht der *Sohn*, sondern die

Sühne. Im älteren Neuhochdeutschen ist es noch *versühnen*, im Mittelhochdeutschen *versüenen*, *versuonen*. Das Wort ist eine verstärkende Präfixbildung zu *sühnen*.

Der *Sohn* (mittelhochdeutsch *sun*, althochdeutsch *sun*(*u*), germanisch **sunu-*) kommt schon vom indogermanischen **suənu-* 'Sohn', eigentlich 'der Geborene', und gehört zur Wurzel **seuə-* 'gebären'.

sich verzetteln

Wer sich verzettelt, blickt nicht mehr durch, sieht den Wald vor lauter Bäumen nicht mehr, steckt irgendwo fest – zwischen seinen Zetteln, Notizen, Entwürfen, Plänen, so denkt man. Faktisch mag das stimmen (bei Leuten, die schreibend arbeiten). Wortgeschichtlich aber sind *sich verzetteln* und der *Zettel* (das kleine Stück Schreibpapier) nicht verwandt.

sich verzetteln ist eine Wiederholungsbildung (wie etwa *sticheln* zu *stechen*) des 16. Jahrhunderts mit dem Präfix *ver-* zu *zetten* 'ausstreuen, verteilen'. *verzetteln* erklärt sich so als 'nutzlos ausstreuen'. Das fachsprachliche *Zettel* 'Längsfaden, Kette eines Gewebes' mit der Ableitung *anzetteln* gehören wahrscheinlich ebenfalls in diese Familie. *zetten* ist seit dem Althochdeutschen bezeugt, heute allerdings archaisch und nur noch regional gebräuchlich.

Der *Zettel* 'kleines Stück Schreibpapier' ist ganz anderer Herkunft. Hier ist das mittelhochdeutsche *zedel*(*e*), *zetel* aus mittellateinisch *cedula* (lateinisch *schedula*) entlehnt, einer Verkleinerungsbildung zu lateinisch *scheda* '(Streifen) Papyrus, Blatt'. Dies kommt von griechisch *schídē* 'Splitter, Abgespaltenes'.

der Vielfraß 'norwegischer Bergkater'

Die Bezeichnung *Vielfraß* für den norwegischen Bergkater ist aus norwegisch *fjeldfross* umgedeutet, was eigentlich 'Bergkater' bedeutet (norwegisch *fjell* 'Berg', verwandt mit *Fels*, und mundartliches *fross* 'Kater'). Im 15. Jahrhundert brachten hanseatische Pelzhändler das Wort mit den Fellen des Raubtiers nach Norddeutschland mit. Dort erschien es volksetymologisch zu *veelvratz*, *villevrās*, *vēlevrās*, *-vrāt* 'Vielfraß' umgedeutet und fiel so mit *Vielfraß*, der alten Bezeichnung für die Hyäne (mittelhochdeutsch *vilvrāz*, althochdeutsch *filufrāz*), zusammen. Die umgedeutete Form wurde danach wieder ins Skandinavische zurückentlehnt – zu norwegisch *fjeldfras*, schwedisch *filfras* und älter dänisch *felfraads*; auch die niederländische Bezeichnung *veelvraat* stammt aus dem Deutschen. Daß das Tier besonders gefräßig sein soll, ist eine volksetymologische Sage. Ebenso folgt die Bezeichnung *Gulo* in der zoologischen Terminologie (von lateinisch *gulo* 'Schlemmer') der volksetymologischen Umdeutung nach.

das Vielliebchen

Das verheißungsvolle Wort *Vielliebchen*, das in der Literatur seit dem 19. Jahrhundert bezeugt ist, bezeichnet zwei zusammengewachsene Früchte, vor allem zwei zusammengewachsene Mandeln. Im Vielliebchenessen wird diese Doppelfrucht von zwei Personen gemeinsam gegessen. Dabei wettet man um eine Kleinigkeit, wer von beiden den anderen am nächsten Tag zuerst *Vielliebchen* nennt. Der Verlierer muß ein Geschenk geben, das dann auch *Vielliebchen* heißt.[1] Man nimmt an, daß die Bezeichnung aus *Filipchen*

1 Siehe Paul/Henne/Objartel (1992) S. 996.

umgedeutet ist, was aus französisch *Philippine* stammt. *Philippine* wiederum ist aus französisch *Valentine* umgeformt. Die Liebesbräuche am Valentinstag (14. Februar) hatten für englisch und französisch *Valentine* zur Bedeutung 'Liebchen' geführt.

vögeln 'koitieren'

Während *bumsen* (eigentlich '*bums* machen') lautnachahmend ist und *ficken* wohl ebenfalls lautnachahmend von 'hin- und herfahren' ausgeht, scheint sich *vögeln* auf den ersten Blick wie *rammeln* 'bespringen' (zu althochdeutsch *rammo* 'Bock') auf die sogenannten animalischen Triebe zu beziehen. Wahrscheinlich aber geht das derbe *vögeln* von der gleichen Grundlage wie *ficken*, von 'hin- und herfahren', aus. Es wurde aber schon früh (beschönigend?) auf *Vogel* bezogen, denn als mittelhochdeutsch *vog(e)len* meint es das Begatten von Vögeln.

der Wahnsinn / der Wahnwitz und *der Wahn*

Landläufig wird sogenannten Wahnsinnigen ein Wahn zugeschrieben. *Wahnsinn* und *Wahnwitz* haben aber mit *Wahn* sprachgeschichtlich nichts zu tun.

Wahnsinn ist etymologisch der 'leere Sinn', *Wahnwitz* der 'leere Witz (= Wissen)'. In den beiden Wörtern steckt das mittel- und althochdeutsche Adjektiv *wan* 'fehlend, leer', das heute ausgestorben ist. Als indogermanische Grundlage setzt man dazu **(e)ua̜-no-* 'leer' an. Heute bezeichnet *Wahnsinn* 'krankhafte Verwirrtheit, Geistesgestörtheit; großen Unsinn' und *Wahnwitz* 'Irrsinn; völligen Unsinn'.

Das Substantiv *Wahn*, im Mittel- und Althochdeutschen *wān* 'Hoffnung, Erwartung', ist damit nicht verwandt. Zusammen mit abgeleitetem *wähnen* wird es auf indogermanisch **wen-* 'erstreben, erhoffen' zurückgeführt.

Beide Wörter fielen aber durch die frühneuhochdeutsche Dehnung des Vokals in offener Tonsilbe lautlich zusammen und rückten sich auch in ihrer Bedeutung näher. Die Anfangsbedeutung von *Wahn* im Althochdeutschen war '(unbegründete) Erwartung', eigentlich das 'Gewünschte, Erwartete'. Im Mittelhochdeutschen wurde *Wahn* dann gegensätzlich zu 'Wissen' und 'Wahrheit' gebraucht, und im 16. Jahrhundert entwickelte es die Bedeutung 'falsche Meinung, Vorstellung'. Aus dem 18. Jahrhundert stammt der Gebrauch für 'krankhafte Einbildung, fixe Idee' (etwa *Verfolgungswahn*). Damit ist das Wort in den Bereich der Pathologie und in die semantische Nähe von *Wahnsinn* gerückt, das wiederum auf *Wahn* in der Bedeutung 'Wahnsinn' zurückgewirkt hat. Umgekehrt sieht das Sprachgefühl in den Wörtern *Wahnsinn* und *Wahnwitz* das nicht verwandte *Wahn*.

die Wallfahrt

Wallfahrten führen mitunter an Wälle, Mauern, z. B. die chinesische oder (als beliebtes Ziel von Klassenausflügen) die ehemalige deutsch-deutsche. In der Bezeichnung *Wallfahrt* steckt aber nicht der *Wall* (die Erdaufschüttung), sondern das althochdeutsche *wallōn* 'wandern, umherziehen'; dessen Ausgangsbedeutung ist 'umherschweifen', worin es sich mit dem verwandten *Wedel* trifft.

Der *Wall* (die langgestreckte Erdaufschüttung) kommt im 13. Jahrhundert von lateinisch *vāllum* 'Pfahlwerk auf dem Schanzwall', das zu lateinisch *vāllus* 'Schanzpfahl' gehört.

die Walnuß

Die *Walnuß* ist wegen ihrer Größe Primus inter pares unter den hiesigen Nüssen. Wer dabei allerdings an den *Wal* (das Wassertier mit ähnlichem Größenverhältnis) oder sogar den *Wall*[1] denkt, liegt falsch. Die *Walnuß* ist eigentlich die 'welsche (d. h. romanische) Nuß'. Walnüsse wurden vor allem im Romanischen angepflanzt. Die neuhochdeutsche *Walnuß* (die erst seit dem 18. Jahrhundert bezeugt ist) leitet sich direkt aus dem Niederdeutschen her. Grundlage für das auch in anderen germanischen Sprachen verbreitete Wort ist mittellateinisch *nux gallica*.

die Warneidechse

Die zoologische *Warneidechse* warnt in volksetymologischer Erklärung ihre Kinder vor dem Krokodil. Tatsächlich ist die 'warnende Eidechse' der *Waran*, der nach Osman (1982) S. 110 aus arabisch *warāl* kommt.

das Weichbild

Das *Weichbild* hat nichts mit Pastellfarben oder weichgezeichneten Fotos zu tun. Das Wort bezeichnet die 'Randbezirke einer Stadt'. Im 12. Jahrhundert ist es das *wīchbild*. Darin steckt im ersten Teil das mittelhochdeutsche *wīch-*, althochdeutsch *wīh* 'Ortschaft, Flecken', das in die westgermanischen Sprachen aus dem lateinischen *vīcus* 'Häusergruppe, Flecken' entlehnt ist. Im zweiten Teil steckt *Bild* in einer älteren Bedeutung. Die Ausgangsbedeutung von *Weichbild* ist wohl 'Ortsrecht'. Über 'Gebiet, in dem das Recht gilt' und 'Ortsgebiet' hat sich die heutige Bedeutung entwickelt.

1 Vgl. Andresen (1919) S. 294.

der Weichselzopf

Der *Weichselzopf* im älteren Deutsch ist die 'krankhafte zopfartige Verfilzung der Haare'. Der Ausdruck ist im 18. Jahrhundert unter Anlehnung an den Namen der *Weichsel* aus polnisch *wieszczyce* umgebildet, das das gleiche bedeutet. Die polnische Bezeichnung kommt metonymisch von polnisch *wieszczyca* 'Nachtgespenst, Nachthexe', da dem Aberglauben nach der Weichselzopf von der Nachthexe stammt.

die Weide 'Baum' und *die Weide* 'Grasland'

Früher hab' ich mir die Baumbezeichnung *Weide* so erklärt, daß die Weide auf der Weide steht und deshalb *Weide* heißt. Stimmt nicht!

Der Baum *Weide* (mittelhochdeutsch *wīde*, althochdeutsch *wīda*) ist nach seinen biegsamen Zweigen benannt, die sich gut flechten lassen. Die indogermanische Wurzel ist **weiə-* 'winden, flechten'.

Weide als 'grasbewachsene Fläche, auf der das Herdenvieh sein Futter abgrast' (mittelhochdeutsch *weid(e)* 'Futter, Speise, Nahrungserwerb; Weideplatz; Tagreise, Weg, Jagd, Fischerei', althochdeutsch *weida* 'Nahrungsgewinn') ist in seiner Herkunft nicht ganz klar. Zum Teil wird eine indogermanische Wurzel 'auf Nahrungssuche, auf die Jagd gehen, nach etwas trachten' angegeben. In diesem Fall sind auch der *Weidmann* 'Jäger', früher auch 'Fischer', und die *Augenweide* als 'Speise, Labsal für die Augen' verwandt.

der Weissager und *weissagen*

In *Weissager* steckt ursprünglich nicht ‘Sager’ bzw. in *weissagen* nicht ‘sagen’. Das Wort ist vielmehr eine Volksetymologie des Althochdeutschen. Im Althochdeutschen wurde der Prophet, der Zukunftsdeuter als *wīzago* ‘Wissender’ bezeichnet. Dies ist eine Bildung aus dem Adjektiv *wīzag* ‘wissend, kundig’ und dem Suffix *-o* (mit dem Personenbezeichnungen gebildet wurden). Der *wīzago* wurde dann uminterpretiert zum *wīssago*, worin *wīs* ‘weise’ und *sago* ‘Sager’ stecken. Möglicherweise fand diese volksetymologische Uminterpretation auch beim althochdeutschen Verb *wīzagōn* statt, das von der Personenbezeichnung abgeleitet ist. Dies wäre dann zu althochdeutsch *wīssagēn* umgedeutet worden, wovon (allerdings erst später) der *Weissager* abgeleitet wäre.

die Werft

Eine *Werft* ‘Schiffsbauplatz’ ist nicht der Ort, von dem die Schiffe ins Meer *geworfen* werden, sondern das Wort ist im 18. Jahrhundert aus dem Niederdeutschen übernommen, wo es älter *werf* lautete, was von *werben* kommt (das auslautende *t* ist erst sekundär angetreten, wahrscheinlich als Füllsel im Redefluß). *werben* bedeutet eigentlich ‘drehen’, womit die *Werft* ursprünglich der Ort ist, ‚wo man sich geschäftig hin- und herbewegt’.

der Werwolf

Im alten Volksglauben bezeichnet *Werwolf* einen Menschen, der sich von Zeit zu Zeit in einen Wolf verwandelt (und andere Menschen bedroht). Das seit dem 11. Jahrhundert bezeugte *Werwolf* hat nichts mit *wehren* oder *währen* zu tun, wie es ältere Fehlschreibungen (*Wehrwolf*, *Währwolf*) nahelegen. In *Wer-* liegt vielmehr ein altes Wort für 'Mann, Mensch' vor, das im Mittel- und Althochdeutschen *wer*, im Germanischen **wera-* 'Mensch, Mann' lautete. Es steckt auch in der *Welt*, die in etwa als 'Menschenalter' benannt ist. *Werwolf* bedeutet also eigentlich 'Mannwolf, Menschenwolf'.

das Wetterleuchten

Wenn es wetterleuchtet, leuchtet das Wetter – irgendwie.

In *Wetterleuchten* 'Blitz(en) ohne Donner' steckt aber ursprünglich nicht *leuchten* (das zu *licht* gehört), sondern das Wort ist erst im Neuhochdeutschen volksetymologisch umgedeutet und an *leuchten* angeglichen. Im Mittelhochdeutschen lautete es *wet(t)erleichen*. Darin steckt das mittelhochdeutsche Verb *leichen* 'tanzen, hüpfen, spielen', wozu auch *Leich* (Gedichtform) und *Laich* 'zur Befruchtung abgelegte Eier der Wassertiere', eigentlich 'Liebesspiel', gehören. Das Verb *we(t)terleichen* kommt vom Substantiv althochdeutsch *wetarleih*, mittelhochdeutsch *weterleich* 'Blitz', eigentlich 'Wettertanz, -spiel'.

der Wiedehopf

Der *Wiedehopf* ist ein Vogel mit Federbusch, der unsauber ist und stinkt. Das Männchen stößt den Paarungsruf *hup, hup . . . pū* aus. Im Mittelhochdeutschen lautete das Wort *witehopfe*, im Althochdeutschen *wituhopha*, der 'Waldhüpfer'. Ursprünglich ist die Bezeichnung wahrscheinlich aber – wie in vielen anderen Sprachen auch – ein lautnachahmendes Wort nach dem Paarungsruf des Vogels (etwa **wud-*

hup). Diese lautnachahmende Bezeichnung wurde aber schon im Germanischen volksetymologisch an ein altes Wort mit der Bedeutung 'Wald, Baum' (althochdeutsch *witu*) und das Verb *hüpfen* angeschlossen, obwohl der Wiedehopf faktisch gar kein hüpfender Vogel ist.

die (oder *der*) *Wildschur*

Wildschur ist eine kaum mehr gebräuchliche Bezeichnung für einen 'derben Reisepelz'. Das Wort ist keine Zusammensetzung aus *Wild* und *Schur*, sondern im 18. Jahrhundert entlehnt aus polnisch *wilczura*, das als 'Wolfspelz' motiviert ist. *wilk* ist im Polnischen der 'Wolf'. Weitere volksetymologische Umdeutungen der gleichen Bezeichnung sind *Windschur* und *Wolfsschur*.

der Windhund

Wer den *Windhund* als 'Hund, der schnell wie der Wind ist' sieht, deutet volksetymologisch. *Windhund* hat nichts mit *Wind* 'sich bewegende Luft' zu tun, sondern ist als der 'wendische (slawische) Hund' motiviert. Das Wort ist eine verdeutlichende Zusammensetzung des 16. Jahrhunderts zu der älteren einfachen Hundebezeichnung *Wind*, mittel- und althochdeutsch *wint*, das eigentlich 'der Wendische' bedeutet und zum Völkernamen der slawischen Wenden gebildet ist. Das gleiche *Wind* steckt auch in *Windspiel*, was eine noch ältere verdeutlichende Zusammensetzung zur gleichen Hundebezeichnung ist.

der Windjammer

Windjammer bezeichnet seemannssprachlich ein großes Segelschiff. Vielleicht denkt man dabei an das 'Jammern' der Segel im Wind. *-jammer* kommt hier jedoch nicht von deutsch *Jammer* 'Wehklage, Elend' oder *jammern*. Das Wort ist vielmehr im 20. Jahrhundert aus englisch *windjammer* entlehnt, dessen zweiter Bestandteil zum englischen Verb *to jam* 'pressen' gehört. Der *Windjammer* ist also eigentlich das 'Schiff, das sich gegen den Wind preßt'.

die Windsbraut

Windsbraut ist ein dichterischer Ausdruck für 'Wirbelwind'. DUDEN Universalwörterbuch (1989) S. 1744 erklärt *Windsbraut* (mittelhochdeutsch *windesbrūt*, althochdeutsch *wintes prūt*) als 'Braut, Geliebte des Windes' und führt aus, »im alten Volksglauben wurde der Wirbelwind wohl als weibl. Wesen aufgefaßt«. Wahrscheinlicher ist, daß dies eine volksetymologische Interpretation ist und in *Windsbraut* nicht *Braut* 'Frau am Hochzeitstag; Verlobte' steckt, sondern ein unverwandtes *Braut* aus der Wortfamilie um *brauen* und *brausen*. Das bewahrt noch der fachsprachliche Ausdruck *Braut* für die 'Gärung des sämischen Leders nach dem Walken'.

windschief

Eine windschiefe Hütte kann der Wind schiefgeblasen haben. In *windschief* steckt jedoch nicht *Wind*, sondern *winden* 'drehen'. *windschief* ist eine Zusammensetzung des 17. Jahrhunderts und bedeutet eigentlich 'gewunden schief'. Das Wort bezieht sich ursprünglich auf verdreht gewachsene Hölzer.

winden wird zurückgeführt auf eine indogermanische Wurzel **u̯endh-* 'drehen, winden, flechten', wozu unter anderem auch *Wand*, eigentlich 'Geflochtenes', gehört.

Wind wird mit *wehen* zu einer indogermanischen Wurzel **u̯ē-* 'wehen, blasen, hauchen' gestellt.

wissen, wo Barthel den Most holt

Wer weiß, wo Barthel den Most holt, weiß, wo es etwas zu holen gibt, kennt alle Tricks und Kniffe. Man denkt an den süddeutschen *Barthel* (Kurzform von *Bartholomäus*) und an den *Most* (den jungen Wein). Die Redewendung kommt aber aus der Gaunersprache Rotwelsch, wo *Barthel* eigentlich jiddisch *barsel* 'Eisen' bzw. im Rotwelschen 'Brecheisen des Einbrechers' ist und *Most* jiddisch *moess* 'Geld'.

der Wohlverleih 'Arnika'

Die Arnika heißt in manchen Gebieten *Wohlverleih*. Das Wort ist eine volksetymologische Umdeutung des 18. Jahrhunderts aus niederdeutsch *wulvelei*, das seit dem 15. Jahrhundert bezeugt ist. Die Etymologie des niederdeutschen Wortes ist nicht klar.

das Wolfram

Das *Wolfram*, das Schwermetall, kommt nicht vom Personennamen *Wolfram*, der zu althochdeutsch *wolf* 'Wolf' und *hraban* 'Rabe' gehört, also der 'Wolfrabe' ist.

Die Bezeichnung für das Schwermetall, das im 16. Jahrhundert im Erzgebirge entdeckt wurde, lautete anfangs *wolfschaum*, dann *wolf(f)ram*. Bis ins 19. Jahrhundert bezeichnete das Wort wolframhaltiges Erz, dann das Wolfram als chemisches Element. Der Terminus *wolfram*, der älter auch noch maskulines Genus hatte, gehört im ersten Teil zu *Wolf* (Bezeichnung für das gefräßige Raubtier), im zweiten Teil zu mittelhochdeutsch *rām* 'Schmutz, Ruß'. Die Benennung bezieht sich auf die schwärzliche Farbe und die leicht zerreibbare Konsistenz des Wolframerzes, das als Beimischung in der Schmelze das Zinn stark verringerte, quasi 'auffraß'. Das *Wolfram* ist also etymologisch als 'Wolfsschmutz' (eine scheltende Bezeichnung durch die Bergleute) benannt.

der Zierat

Hausrat sind die Sachen, die zum Haushalt gehören, *Vorrat* die Sachen, die zum Ge- und Verbrauch vorhanden sind, aus den wertlosen Sachen besteht der *Unrat*, und der *Zierat* sind die Sachen, die das schmückende Beiwerk, die Verzierung bilden. Anders als in *Haus-*, *Vor-* und *Unrat* steckt in *Zierat* aber eigentlich nicht der *Rat* (ursprünglich 'zum Lebensunterhalt notwendige Mittel') bzw. das Kompositionsglied *-rat*. Allerdings taucht schon als ältere volksetymologische Nebenform *Zierrat* auf, und diese wird mit der Rechtschreibreform nun orthographisch.

Zierat lautete im Mittelhochdeutschen *zierōt*. Das ist eine Bildung aus dem mittelhochdeutschen Adjektiv *zier(e)* 'schön' und dem Abstrakt-Suffix mittelhochdeutsch *-ōt(e)*, althochdeutsch *-ōti*, das auch in *Einöde*, *Heimat*, *Armut* und *Kleinod* steckt.

die Zwickmühle

Wer in der Zwickmühle sitzt, steckt zweifellos in der Klemme, in einer verzwickten, ausweglosen Lage. *Zwickmühle*, seit dem 16. Jahrhundert bezeugt, hat jedoch nichts mit *zwicken* zu tun, sondern ist eigentlich die 'Zweimühle', was vom Mühlespiel herkommt, wo mit einem Zug zugleich eine Mühle geöffnet und eine andere geschlossen wird. Für den Gegenspieler ist das eine 'ausweglose Situation' – daher die verallgemeinerte Bedeutung der Redensart *in der Zwickmühle sitzen*. Der Bestandteil *Zwick-* in dieser Zusammensetzung stammt von *zwie* 'zwei', das wahrscheinlich vom gleichbedeutenden südwestdeutschen *Fickmühle* beeinflußt ist.

die Zwiebel

In der *Zwiebel* steckt eine althochdeutsche Volksetymologie. Im Althochdeutschen ist es die *zwibolle* 'zweifache Bolle, Knolle', die aus althochdeutsch *zibollo* umgedeutet ist. Das althochdeutsche Wort ist aus spätlateinisch *cēpula* entlehnt, einer Verkleinerungsbildung zu lateinisch *cēpa* 'Zwiebel'.

Einige weitere Volksetymologien – nicht standardsprachlicher Exkurs

Nur ein geringer Teil der deutschen Volksetymologien ist bis in die Standardsprache gedrungen (die auch weniger korrekt *Hochsprache* genannt wird). Eigentlich stammen die meisten Volksetymologien aus den gesprochenen einheimischen Dialekten bzw. der Umgangssprache. Erst wenn sich ein Wort überregional durchsetzt, dringt es in die Standardsprache, die die verschiedenen Dialekte überdacht. In diesem Exkurs werden einige mundartliche und nur vereinzelt gebrauchte Volksetymologien dargestellt, des weiteren einige sprachgeschichtliche bzw. archaische Beispiele, die nicht mehr im heutigen Lexikon vorhanden sind. Außerdem werden einige beabsichtigte 'Volksetymologien' (u. a. Wortwitze) genannt, die man klassischerweise von den richtigen unbeabsichtigten Volksetymologien trennt. Da diese Darstellungen keine Vollständigkeit anstreben, sind sie hier in einem separaten Exkurs zusammengestellt.

Mundartliche Volksetymologien kommen noch häufiger vor als standardsprachliche. Hier nur einige Beispiele aus den Dialekten: Statt *Mores* wurde *Moritz* gelehrt, die *Illumination* erschien als *Ölumination*, die *Omeletten* ergaben *Armelatten*, die *Reineclauden reene Knoden*, und der *Rheumatismus* wurde zum *Reißmatismus*.[1] *Markus* als Bezeichnung für den Kellner ist aus französisch *marqueur* umgedeutet, das von *marquer* 'anzeichnen' ausgeht. In Anknüpfung an *Darmkatarrh* steht *Schnelle Katharina* für 'Durchfall, Diarrhöe'.[2] Für *Petersilie* finden sich *Bitterzälie* und *Blätterzillie*, für *Eidechse Heidehexe* und *Heidex*(*e*). Der *Pirol* erscheint als *Bierhol*(*er*), *Bierhahn*, *Bierhold*,

1 Siehe jeweils Hirt (1921) S. 356.
2 Siehe jeweils Rosenkranz (1978) S. 39 f.

Beerhold, *Biereule* und *Tirol(er)*.[3] Der Pilz *Bofist* oder *-vist* ist im Frühneuhochdeutschen der *vohenvist*, der 'Füchsinnenfurz' (weil der Pilz beim Aufplatzen leise zischt), mundartlich findet er sich zu *Pfauen-* und *Bubenfist* umgedeutet. Da Tee aus Baldrian auch als Abführmittel diente, machte man aus *Baldrian* den *Bullerjahn*, indem man das Wort mit *bullern* 'poltern, dröhnen' verknüpfte.[4] Die *Kartoffel*, deren bekannteste Synonyme der *Erdapfel* (im Alemannisch volksetymologisch auch *Herdapfel*) und die *Grumbeere* sind, wird in volksetymologischer Anlehnung an *Erde* dialektal auch *Erdschucke* (aus *Artischocke*) genannt.[5] Die oberdeutschen Gurkenbezeichnungen *Guckummer*, *Kummer* und *Kümerling* gehen wahrscheinlich volksetymologisch auf das lateinische *cucumer* 'Gurke' zurück. Die *Kaulpadde* 'Kaulquappe' erscheint volksetymologisch als *Kauball* (Plural *Kaubälle*) und *Kaubuttel*.[6] Statt *aufs Geratewohl* (imperativischer Wunsch) hört man öfter umgangssprachlich *aufs Geradewohl* (im Sinne 'gerade wie es ist'). Die Heilpflanze *Sadebaum* (älter *Sebenbaum*) kommt vom lateinischen **savīna*, eigentlich *(herba) Sabīna* 'sabinischer Baum'; volksetymologisch wurde das nicht mehr verstandene Wort etwa zu *Salbe-*, *Segel-*, *Siegel-*, *Siebenbaum* umgestaltet. *Lafengel* ist eine mundartliche Variante für *Lavendel*, das auf lateinisch *lavāre* 'waschen' zurückgeht (es wurde als Badezusatz verwendet). Das mundartliche deutsche Wort *Mönch* 'Fensterkreuz' ist fehlübersetzt aus mittelfranzösisch *mayneau* 'Fensterkreuz'; dies kommt etymologisch von lateinisch *medianus* 'in der Mitte befindlich', wurde aber volksetymologisch mit französisch *moineau* 'Mönch' (von lateinisch *monachus*) verwechselt.[7] Der heute

3 Siehe jeweils Kieser (1972) S. 362, 365, 398, außerdem Pfeifer (1995) S. 1013.
4 Siehe Mackensen (1926b) S. 406 f.
5 Siehe König (1989) S. 207.
6 Vgl. Kieser (1982) S. 208.
7 Siehe Baldinger (1973) S. 24.

nur noch landschaftliche Ausruf (*bei*) *meiner Sechs* oder *meiner Six* ist verundeutlichend umgeformt aus (*bei*) *meiner Seel'*.[8] Die Seefahrerkrankheit *Skorbut*, die über das Lateinische wahrscheinlich aus dem altnordischen *skyrbjūgr* (zu *skyr* 'saure Milch' und *bjūgr* 'Geschwulst') stammt, erscheint seit dem 16. Jahrhundert volksetymologisch als *Scharbock*, woran sich weiter das *Scharbockskraut* anschließt, dessen Saft als Heilmittel gegen Skorbut eingesetzt wurde. Die *Schalotte* (eine Entlehnung aus französisch *échalote*, ursprünglich lateinisch *ascalonia* 'Zwiebel von Askalon') findet sich volksetymologisch zur *Scharlotte* (angelehnt an den weiblichen Vornamen) umgebildet. Der *Konditor* (von lateinisch *condīre* 'ein-, anmachen') erschien zu Beginn des 18. Jahrhunderts in Anlehnung an unverwandtes *kandieren* auch als *Kanditor*, was noch heute landschaftlich gängig ist. Die Pflanzenbezeichnung *Odermennig*, die aus lateinisch *agrimōnia* stammt, erscheint mundartlich in zahlreichen volksetymologischen Varianten, so *Adermenneken*, *Ottermännchen*, *Atermenig*, *Oddermünch* (angelehnt an *Otter* 'Schlange'), ferner *Agemündli*, *Argewöndli*, *Magermünd(e)li-Chrut*, *Oder-Mändli* und *Ackermännli*. Einige weitere volksetymologische Pflanzenbezeichnungen, die hauptsächlich auf die Mundart beschränkt sind: *blaue Elster*, *blaues Elsterkraut* statt *blaue Gelster*, *Käferfüll* und *Keferfüll* aus *Chaerophyllum*, *Dachskraut* aus *Daschen-*, *Taschenkraut*, *Hahnedorn* aus *Hagedorn*, *Bullnaeten* aus *boletus*, wobei die Anlehnung an *Bulle* 'Stier' auch mit der Verwendung des Pilzes als Stimulans bei Rindern zusammenhängt, *Hirschkraut* aus *Hinschkraut* (Hinsch = Pferde- und Rinderkrankheit), *Hundetrage* aus *Huderave*, *Rehbaum* aus *Reckbaum* 'Reckholder', *Kühmelle*, *Kumölln* aus *Kamille*, die volksetymologisch auch als *Kammer-* und

8 Siehe DUDEN Redewendungen (1992) S. 666.

Kummerblume bezeichnet wird, *Adlergräs* aus *Adelgras* 'Edelgras (weil die Pflanze als Futter für das Weidevieh sehr geschätzt wird)', *Amselkraut* aus *Ramselkraut*, *Flohblüamli* für *Fluhblume* 'Felsblume', *Saunickel* und *Saunigelbleaml* aus *Sanikel* (lateinisch *sanicula* von *sanare* 'heilen'), *Wilde Skorpione*, *Schampionkraut* und *Schapsche Hosen* für *Skabiose*, *Finkenohren* aus *Vinca minor*, *Ber-*, *Bärwinkel*, *Bärenwickel*, *Bergwinkel* und *Brunwinkel* aus *pervinca* (alte Bezeichnung für Vinca).[9] Aus dem Berlinischen stammt die Spiel-Bezeichnung *Keesekasten* (*Käsekästchen*), die eigentlich nichts mit *Käse* zu tun hat, sondern vom pleonastischen *Caisse-Kasten* kommt, worin französisch *caisse* 'Kiste, Kasten' steckt.[10] Der norddeutsche *Buskohl* 'Kohlkopf' wird volksetymologisch als 'Blähkohl' gedeutet (wegen ostfriesisch *busen* 'schwellen, blähen'), ist aber eigentlich aus *Kabuskohl* gekürzt, wobei *Kabus-* mit dem *Kappes* verwandt ist und auf mittellateinisch *caputium* 'Kohlkopf' (von lateinisch *caput* 'Haupt, Kopf') zurückgeht.[11] Beispiele aus dem Württembergischen sind *Invalide*, das mit unverwandtem *fallen* bzw. *hinfällig* zusammengebracht wird, genauso wie *Genie* mit *sich genieren* und *honett* mit *nett*; *Renommee*, das als 'Ansehen' nahe bei 'Erfolg' steht, wird von *das Rennen machen* abgeleitet und als Bezeichnung für 'Erfolg, gutes Geschäft' gebraucht, und *kuranzen* 'plagen' (aus französisch *curance* oder lateinisch *carentia*) wird durch Anlehnung an mundartliches *Ranzen* 'Leib' auf die Leibschmerzen festgelegt.[12] Im Hessischen findet sich die *Mucke(blume)*, was die blühende Herbstzeitlose bezeichnet, zu *Muhkoi* 'Muhkühe' umgedeutet (sicherlich unterstützt durch die Tatsache, daß in benachbarter Gegend die Herbst-

9 Die Pflanzenbezeichnungen siehe Marzell (1978) S. 192–199.
10 Siehe Harndt (1984) S. 34.
11 Siehe Reitz (1964) S. 576.
12 Siehe Kirchmeier (1973) S. 117f.

zeitlose auch *Kübeuter* heißt). Der Feldsalat wird wegen der Form seiner Blätter *Mausohrsalat* und *Mausöhrchen* genannt, daneben aber auch volksetymologisch umgedeutet *Maushärchen*. Die Eidechse heißt *Scheitedder sche* 'Schießotter', was volksetymologisch (für das scheue Tier sinnig) zu *Scheutierchen* umgedeutet ist.[13] *Zwerge* für 'Quark' und *Zwergkäse* für 'Quarkkäse' hat man im Ostmitteldeutschen aufgezeichnet.[14] In Nassauischen Mundarten fand sich *Schafēr* statt *Chauffeur* in Anlehnung an *schaffen*, *Brensin* statt *Benzin* in Anlehnung an *brennen*, *erstricken* statt *ersticken*, bei dem sich wohl die Vorstellung vom Ersticken beim Tod durch den Strick vorgedrängt hat.[15] Die Pflanze *Eibisch*, in der Fachsprache *Althaea* (*officinalis*), wird um Cham volksetymologisch *Alt' Eh* 'alte Ehe' genannt.[16] Die fränkische *Heckenwirtschaft* (Weinwirtschaft) hat nichts mit der *Hecke* zu tun, sondern ist eigentlich eine 'Heckelwirtschaft', der Winzer ist im Ostfränkischen der *Heckel* oder *Hecker* 'Hacker'[17].

Vermutlich nicht in größere Kreise gelangt sind *Fürsich* für *Pfirsich* bei Heinrich von Kleist[18] *Kongo-Biene* statt *Konkubine*[19] *und Konzertvatorium* statt *Konservatorium*[20]. Aus *Mosaikstein* wurde ein *Musikstein* und aus *Washington Post* als Bezeichnung für einen Tanz eine *Schinkenpost*[21]. Der *Parmesankäse* wurde als *Warmer Sahnkäse* mißverstanden[22], ein *Boulevard-Keller* als *Pulverkeller*, eine *Gouvernante* wurde persönlich zur *Jungfer Nante*, *Prosit Neu-*

13 Siehe Maurer (1934) S. 194.
14 Siehe Bellmann (1971) S. 137.
15 Siehe Maurer (1934) S. 194.
16 Siehe Marzell (1951) S. 30.
17 Siehe Kunze (1998) S. 107.
18 Siehe Hellen (1890) Sp. 6.
19 Siehe Eitzen (1929) S. 80.
20 Siehe Lewkowskaja (1968) S. 37.
21 Siehe jeweils Fischer (1914) S. 70.
22 Siehe Dähnhardt (1898) H. 2, S. 90.

jahr zu *Brust-Neujahr* und der *Rhododendron* zu *de rotgeränderte*.[23] Aus *delirieren* wurde *trillieren* und *trilisieren* (in Anlehnung an die Trilysin-Reklame),[24] der *Bankerott* zum *Bankrutsch*, die *Syringe* zur *Sirene*, das *humanistische* verwandelte sich in ein *humoristisches Gymnasium*, und der *jour fixe* wurde zu *Schuhwichs*[25]. Ein ländlicher Schulinspektor erklärte in einer Prüfung *urplötzlich* mit 'so plötzlich, wie die Uhr schlägt'.[26] Ein österreichischer Kleinbauer bildete einen *penetranten Geschmack* zum *brennetanten Geschmack* (in Anlehnung an *brennen*) um.[27] Aus der *spezifizierten Rechnung* des Arztes wurde eine *spitzgeführte Rechnung*.[28] Die *Gölschthalbrücke* machte ein Schüler zur *Geldstahlbrücke* mit der Vorstellung, daß die Brücke 'fest wie von Stahl' gedacht war und 'viel Geld gekostet' haben muß.[29] *absolvieren* 'zum Abschluß bringen' wurde zu *achselführen*, der *Marschall* (im Althochdeutschen der *marahscalc* 'Pferde-Diener') mit *Schall* in Zusammenhang gebracht, und in das *Zwerchfell* (eigentlich die 'Quer-Haut') wurde der *Zwerg* hineingelesen.[30] Ein Bauer, dem nahegelegt wurde, seinen Sohn nach dem Kalender taufen zu lassen, weigerte sich mit der Begründung, er könne seinen Jungen nicht *Quádenbär* (Quatémber) nennen.[31] Die *Astrologie* wurde bei einem Bauern zu *a Strohlogie*, und ein alter Stallknecht bat, man möge ihm sein Gnadenbrot geben, denn er habe seine Dienste dreißig Jahre lang treu und fleißig *abmisterirt* (= 'administriert').[32] *Diät halten* soll ein Patient zu

23 Siehe Bartels (1893) und Andresen (1919) S. 96.
24 Siehe Maurer (1934) S. 195.
25 Siehe jeweils Eitzen (1929) S. 82.
26 Siehe Debrunner (1926) S. 327.
27 Siehe Palmer (1936) S. 71.
28 Siehe Stanjek (1913).
29 Siehe Hildebrand (1887) S. 445.
30 Siehe jeweils Douffet (1907) S. 212, 214.
31 Siehe Distel (1901).
32 Siehe jeweils Sprachdienst (1961) S. 88.

Idee halten verwandelt haben, was sinnig erscheint, da *Idee* auch 'ein kleines bißchen von etwas' bezeichnet. Aus *Kalbskopf à la vinaigrette* (Essigsoße) wurde ein *Kalbskopf à la Wiener Greth* und aus *English odontine* ein *Englisch in de tene* 'in die Zähne'.[33] In einem Sportplatzgespräch wurde *Effet* 'Drall, mit dem der Ball geschlagen wird' (über das Französische aus lateinisch *effectus* 'Wirkung') als Abkürzung *F. E.* gedeutelt, was angeblich für *Fehlschlag* stehen sollte.[34] Der Sprachwissenschaftler Gerhard Augst berichtet, seine Deutschlehrerin in der Obertertia habe oft gefordert, kein Schüler dürfe sich *unbotmäßig* verhalten. Auf eine entsprechende Anfrage erklärte sie das Wort mit der von ihr oft verwendeten Redensart: 'Wir sitzen alle im gleichen Boot'.[35] Für *TUSTEP* (die Abkürzung für das **Tü**binger **Sy**stem von **Te**xtverarbeitungs-**P**rogrammen) habe ich die anglisierende Interpretation *two steps* gehört.

Sprachgeschichtliche Beispiele: Der *Fasan* ist eine althochdeutsche Entlehnung aus lateinisch *phāsiānus*, das im Griechischen nach dem Herkunftsgebiet des Vogels als (*órnis*) *Phasianós* 'Vogel vom Fluß Phasis (am Schwarzen Meer)' benannt ist. Im Althochdeutschen wurde **fasiān* schon früh zu *fesihuon* umgedeutet, die letzte Silbe an *Huhn* (althochdeutsch *huon*) angeglichen; ähnliche Angleichungen (an *Hahn* bzw. *Hühner*) kommen dann auch später in mittelhochdeutsch *vashan*, neuhochdeutsch *Fashan*, Plural *Fashiener* vor. Der *Panther*, der aus lateinisch *panthēr(a)*, griechisch *pánthēr* (ein Fremdwort unbekannter Herkunft) stammt, erscheint im Mittelhochdeutschen auch als *pantier* (angelehnt an *Tier*). *Mostrich* 'Senf' ist mittel-

33 Siehe jeweils Andresen (1919) S. 91 f., 97.
34 Siehe Eckardt (1937) S. 26.
35 Siehe Augst (1975) S. 158. – Bei Befragung Olschansky (1996) S. 162 f. haben zwei von 30 Sprechern *unbotmäßig* mit *Boot* in Verbindung gebracht (acht allerdings haben das Wort als unbekannt angegeben).

hochdeutsch noch *mostert*, was über mittelniederländisch *mostaert* und altfranzösisch *moustarde* auf lateinisch *mustum* 'junger Wein' zurückgeht. Im Mittelhochdeutschen wurde das Wort zu *musthart* (neuhochdeutsch *Mosthard* mit dem Namenbestandteil *-hard* wie in *Reinhard* und *Gerhard*) umgedeutet und im 18. Jahrhundert *-hard* durch ein anderes Namenelement, nämlich *-rich*, ersetzt. Das *wütende Heer* für die mythologische 'Wilde Jagd' ist eine mittelhochdeutsche Umdeutung aus *Wutanes her* 'Wotans (Odins) Heer'. Mit der Kirche hat die *Abseite* (mittelhochdeutsch *absīte*) etwas zu tun, die das 'Seitenschiff (einer Kirche)' und fachsprachlich auch den 'Nebenraum unter der Dachschräge' bezeichnet; im Deutschen ist das Wort volksetymologisch mit *ab* und *Seite* gedeutet, zugrunde liegt aber über mittellateinisch *absida* das griechische *apsís* 'Gewölbe'. Der *Landsknecht* kam im 15. Jahrhundert auf und war der im kaiserlichen Land – und nicht im Ausland – angeworbene Söldner für die Fußtruppe, als das Heer unter Maximilian I. neugestaltet wurde. Schon im 15. Jahrhundert wurde das Wort auch auf *Lanze* bezogen und als *Lanzknecht* interpretiert. Das altertümliche *schimpfieren* 'verunglimpfen, entehren' ist erst sekundär im 15. Jahrhundert an den unverwandten *Schimpf* angelehnt, im Mittelhochdeutschen war es noch *schumphieren*, eine Entlehnung aus altfranzösisch *(d)esconfire* 'besiegen, des Ansehens berauben'. Der *Leutnant* 'unterster Offizier', der im 16. Jahrhundert aus französisch *lieutenant* (eigentlich 'Statthalter', zu *lieu* 'Ort' und *tenir* 'halten') entlehnt ist, wurde anfangs im Deutschen volksetymologisch an *Leute* und z. T. an *Amt* angelehnt, so in *Lutinamptenn*, *Leutenampt*. Aus lateinisch *pulpitum* 'Brettergerüst' stammt spätmittelhochdeutsch *pulpet* 'Pult', das im 16. Jahrhundert volksetymologisch auch als *Pullbrett* und *Pultbrett* erscheint, bevor sich im 18. Jahrhundert das verkürzte *Pult* durchsetzte. Neuhochdeutsche

Umbildungen sind etwa *Rundtheil* aus *Rondell*[36], *Front*(*en*)-*spitze* statt *Frontispiz* (von lateinisch *frōns* 'Stirn' und *spicere* 'sehen'), *Beefstück* statt *Beefsteak*[37] und die Pflanzenbezeichnung *Fein Gretchen* aus *Foenum graecum*[38]. *Delirium tremens* wurde (in Anlehnung an *drehen*) zu *Delirium drequens*, die *Influenza* ergab eine *Fûlenzia*/*Faulenzia*.[39] Der *Traminer*, der Tiroler Landwein, wurde volksetymologisch zum *Dreimännerwein*. *Kronenbitter* war eine volksetymologische Form aus *Kranewitter* (süddeutsch für den Wacholderschnaps), im Mittelhochdeutschen *kranewite* 'Wacholder', eigentlich 'Kranichholz'.[40] Dem *Elen* (ältere Bezeichnung für den Hirsch) hatte man angedichtet, es würde in schnellem Lauf oft hinfallen, da es mit der Fallsucht (älter *Elend*) behaftet sei, eine rein volksetymologische Sage.[41] *Kroppzeug* 'kleine Kinder; Gesindel' stammt aus dem Niederdeutschen und enthält im ersten Teil niederdeutsch *krūp*, *krop* 'Kleinvieh'; gelegentlich wurde es volksetymologisch zu *Grobzeug* umgedeutet. Was heute der *Spitzname* ist, war im früheren Neuhochdeutschen der *Ekelname*, der volksetymologisch an *Ekel* angeschlossen ist; sprachgeschichtlich geht er aber von niederdeutsch *ökelname* aus, was mit niederdeutsch *ōken* 'vermehren' zusammenhängt und 'den zum eigentlichen Namen hinzugefügten Namen' meint. Im archaischen *Schönbartspiel* (Maskenspiel an Fastnacht) steckt eigentlich mittelhochdeutsch *schemebart* (die Maske mit Bart), eine Zusammensetzung aus *Schemen* und *Bart*. Das veraltete *Muselmann* ist aus *Muselman* umgedeutet, was einen Anhänger des Islam bezeichnet, aber kein Bezeichnungsmotiv mit *Mann* suggeriert. Das Wort ist

36 Siehe Gabelentz (1901) S. 267.
37 Siehe jeweils Andresen (1919) S. 99.
38 Siehe Erich/Beitl (1974) S. 868.
39 Siehe jeweils Glöde (1896).
40 Siehe jeweils Andresen (1919) S. 239, 339 f.
41 Siehe Mackensen (1927) S. 37.

im 17. Jahrhundert mit sekundärer Anlehnung an *Mann* aus italienisch *musulmano*, französisch *musulman* entlehnt und wird über das Türkische und Persische auf arabisch *muslim* ‘der dem Islam anhängt’ zurückgeführt. Das regionale *Singrün* ‘Immergrün’, worin althochdeutsch *sina-* ‘immer’ steckt, erschien im 17. Jahrhundert (in volksetymologischer Anlehnung an *Sinnpflanze* ‘Mimose’) als *Sinngrün*. Der *Niednagel* und seltener der *Neidnagel* bezeichnen ‘das eingerissene Hautstück oder abgespaltene Teilchen am Nagel’. Volkstümlich soll dessen Träger einen Neider haben. Tatsächlich bezeichnet das Wort ursprünglich aber wohl einen ‘kneifenden Nagel’. Im 17. Jahrhundert ist es aus niederländisch *nijdnagel*, gedeutet als ‘Neidnagel’, übersetzt oder übernommen. Dieses geht volksetymologisch auf älteres *nijpnagel* von *nijpen* ‘kneifen’ zurück. Im Niederdeutschen ergab sich daraus *Niednagel*, im Hochdeutschen *Neidnagel*. In Anlehnung an *Niet(e)* bzw. *nieten* ‘drücken, schmerzen’ entstand im 18. Jahrhundert die volksetymologische Form *Nietnagel*. Außerdem trat durch Verwechslung dann teilweise auch *Notnagel*, ursprünglich ‘Nagel, der in der Not aushelfen muß’, in der Bedeutung ‘Niednagel’ auf. In der älteren Studentensprache (um 1800) war *Pudel* eine Entstellung aus *Pedell*. Zur *Braue* (Augenbraue) ist *die Braune* eine ältere Nebenform (wobei das *n* aus dem Plural in den Singular gedrungen ist), die Zusammensetzung *das Aug(en)braun* (bei Schiller und Herder) ist aber sicher eine volksetymologische Deutung mit der Farbbezeichnung. Die verdeutlichende Zusammensetzung *Tuffstein* (althochdeutsch *tufstein* u. a.) gehört zu lateinisch *tōfus* ‘Vulkangestein’, im älteren Neuhochdeutschen erschien das Wort volksetymologisch auch als *Topf-* und *Duckstein*. Der archaische *Berliner*, das ‘Felleisen der Handwerksburschen’, hat nichts mit der Stadt *Berlin* (dem einwohnenden *Berliner* oder dem bekannten *Berliner* Krapfen) zu tun. Das Wort kam im 19. Jahrhundert aus dem Rotwelschen und ist wahrscheinlich eine Umdeutung aus lateinisch *pellīnus* 'aus Fell', einer Ableitung von lateinisch *pellis* 'Fell'. Ebenso gehört die veraltete *Pumphose* (die aufgebauschte knielange Hose) nicht zu *pumpen*, *aufgepumpt*, sondern ist mit niederdeutsch *pump* 'Gepränge' zusammengesetzt, dem im Hochdeutschen *Pomp* entspricht. Das *Hifthorn* der Jägersprache erschien älter volksetymologisch als *Hüfthorn* 'Horn, das an der Hüfte hängt', es gehört aber zu *Hief*, das den 'Laut, der mit dem Horn hervorgebracht wird' bezeichnet und mit gotisch *hiufan* 'klagen' verglichen wird. Etymologisch ist es also ein 'Klagehorn'. *faulenzen*, das nichts mit dem *Lenz* zu tun hat, wurde älter zum *faullenzen* gemacht.[42] Der oder das *Ridikül* (der zumeist gehäkelte Handarbeitsbeutel des 18./19. Jahrhunderts) stammt aus französisch *ridicule*, das aus *réticule* 'kleines Netz' volksetymologisch an *ridicule* 'lächerlich' angelehnt ist; im Deutschen wurde es auch zum *Ritte(r)kiel*.[43] Der *panische Schreck*, der vom griechischen Gott Pan herkommt, wurde in Deutschland zum *spanischen Schreck* mit Bezug auf die Kriegführung der spanischen Heere im 16./17. Jahrhundert.[44] Das *gastrische Fieber* wurde umgebildet zum *garstigen Fieber*, *massakrieren* zu *mordsakrieren* und die *Kloake* zur *Kotlake*.[45] Aus *horribel* wurde *harübel*, aus *renovieren reine führen*, *engagiert* wurde zu *angeschirrt* und *ankutschiert*, die *Petition* zur *Bittation*, die *Atmosphäre* zur *Atmungsfähre*, aus *Domestiken* entstand *dumme Sticken* (Stecken) und *Kanarienvögel* verwandelten sich in *Canaillen-*, *Kanal-*, *Kanonen-* und *Kardinalvögel*. Die *Champignons* wurden in Mecklenburg zu *Schampeljungs* (mundartlich *schampeln* 'wackeln'), der *Diskurs* in

42 Siehe Andresen (1919) S. 381 f.
43 Siehe Andresen (1919) S. 319 f.
44 Siehe Baldinger (1973) S. 21.
45 Siehe jeweils Förstemann (1852) S. 22.

Schlesien zum *Tischkurs* und die *Oblate* zum *Oblatt*, Plural *Oblätter*. Die oft um 12 Uhr gefeierte *Christmette* wurde in der Pfalz zur *Christmitte*, das italienische *stiletto* (Spitzdolch) in Bamberg zum *Stichlett*. Der *Apotheker* (mundartlich *Abdéker*) wurde zum *Abdecker*, aus *atra salamandra* (Erd-, Alpensalamander) wurde im Oberdeutschen *Tattermandl* 'Zittermännchen'. Der *Tambour* oder *Tambur* 'Trommler', ein Lehnwort persisch-arabischen Ursprungs, wurde – in Verkennung der zweiten Silbe als niederdeutsche Entsprechung zu *Bauer*? – zu *Tambauer* und individuell steirisch auch zu *Tambua* 'Tambube'. *Cognac* wurde zu *Kornjack*, *Lakritze* ergab die *Leckeritzen* und den *Kritzel-* und *Christelsaft*. Der *Lebkuchen*, der nicht von *leben* kommt, sondern zu lateinisch *lībum* 'Fladen' oder zu *Laib* 'Brot' gehört, wurde in süddeutschen Mundarten auch als *Leckkuchen* gedeutet. Sinnig erscheinen *Drehangel* statt *Triangel* 'das Dreiwinkelige' und *Schlampagner* statt *Champagner* (der bei einer *Schlampampe* 'Schlemmerei' wichtig ist). Die *Glacéhandschuhe* konnten als *Glanzéhandschuhe* verstanden werden. Der *Nachtmahr* verwandelte sich in einen *Nachtmarder* und einen *Nachtmohr*, der *Skandal* in einen *Schandal*. Der *Lebertran* wurde zum *Lebertrank*, *Beton* bei sächsischen Maurern zu *Bettung*.[46] Zahlreiche Volksetymologien hat die ältere Apothekersprache zu bieten: da gab es etwa *Ole Peter* für *Oleum petrae*, *Peteröl* für *Petroleum*, *umgewendter Napoleon* für *Unguentum Neapolitanum*, *Jackengeist* für *Salmiakgeist*. *Emplastrum oxycroceum* wurde zum *Ochsenkrautpflaster* u. ä., *Mercurialsalbe* zu *Materialsalbe*, *Aloe* zu *Allweh*, *Koloquinthe* zu *Kalte Quinte*, *Unguentum digestivum* zu *umgewendte dicke Stiefel*, *Degenstief(el)* und *Dick und tief*. *Sassafras* verwandelte sich in *Sachsenfraß*, *Saß und fraß* und

46 Siehe jeweils Andresen (1919) S. 82, 83, 85, 87, 88, 91, 95, 100, 114, 125, 311, 320, 333, 350.

Katzenfraß, *Unguentum griseum* in *Unkengrieß*, *Katechu* in *Katzenschuh*, *Spiritus nitri* (Salpetersäure) in *Spiritus niedrig* und *Fernambuk* in *Fernebock*.[47] Aus *Stincus marinus* wurde *Stinkmarie* und aus *Lymphe Impfe*.[48]

Scherzhafte, wortspielerische und andere intentionale Umdeutungen und Umbildungen sind etwa *Freßpitter* aus *Presbyter*, *Pfotenkrampf* (mundartlich *putekramp*) für *Podagra*, *Armer Jeck* (mundartlich *Amejek*) für *Ammoniak*[49], *Zuflöte* statt *Souffleuse*[50]. Unterstellungen der Art, daß *Winzer winzig* seien, ihr *Wein* zum *Weinen* und die *Amazone* eine *erotische Zone*, finden FeministInnen genauso lächerlich wie die Behauptung, daß *dämlich* mit *Dame* zusammenhänge.[51] Der Verdienstorden *Pour le mérite* wird zu *Pulle mit Sprit* verballhornt, und das *Renaissance-Theater* ist für manche ein *Reenes-Angst-Theater*.[52] Lustig sollten *Mestize* für den Landvermesser (*messen*) und *Sophist* für den Polsterer (*Sofa*) sein. Kunden, die nichts kaufen, sind *Seeleute* ('nur ansehen'), *Orientalen* ('sich orientieren') oder *Warschauer* ('Waren-Schauer'). Der *Akademucker* steht für den *Akademiker*.[53] *Adele* ersetzt den Abschiedsgruß *Ade*. Eine Musik-Gruppe nennt sich *Spektacoolär*. *Radkäppchen und der Golf* ist der Titel einer Automobil-Parodie (Willy Astor). *imposant* wird gesteigert *im Hintern Stein – im Arsch Geröll*. Manche nennen die *Destillation* lieber *Durststillstation*.[54] *Humannismus und Deformationszeit* ersetzt als feministisches Wortspiel die Literaturepoche *Humanismus und Reformationszeit*.[55] In der Werbesprache sind

47 Siehe jeweils Andresen (1919) S. 88–90.
48 Siehe jeweils Eitzen (1929) S. 82.
49 Siehe jeweils Post (1982) S. 297f.
50 Siehe Geier (1972) S. 213.
51 Vgl. Pusch (1990b) S. 209 und in diesem Band S. 33.
52 Siehe jeweils Harndt (1984) S. 52.
53 Siehe jeweils Bebermeyer (1974) S. 178f. bzw. Andresen (1919) S. 106f.
54 Siehe Koelwel (1960) S. 165.
55 Siehe Pusch (1990a) S. 234.

volksetymologische Wortspiele als »Blickfang« sehr beliebt, beispielsweise steht hier *Haut-Couture* statt *Haute Couture* in einer Reklame für Damenstrümpfe[56], *Kommt Zeit, kommt Rad!* wirbt für Motorräder[57], die *Ährensache* für Kornschnaps[58], das *Käferstündchen* für VW[59], die *Burgerinitiative* für McDonald's (Kampagne 1. Hälfte 1998), *»Puten Appetit«!* wünscht eine Putenfleisch-Konserve, als *computent* statt *kompetent* läßt sich ComputerBILD einstufen[60]. Unter den Headlines *DUELLEEREN*, *SILEEKON* (mit dem Bild einer jungen Frau, die sich zwei Melonen vor die Brust hält!), *LEEBREIZ* und *LEEBESNACHT* will der Jeanshersteller Lee seine Ware an die junge Frau bringen.[61] Thyssen Krupp Stahl leitet seine unterstellte *Qualität* werblich von *Qual* (viel Forschungsarbeit) ab.[62] Auch die gelehrten Literaten mögen natürlich Wortspiele nach Art der Volksetymologie – nur einige wenige Beispiele: bei Fischart findet sich etwa *Maulhengkolie* für *Melancholie*, *Saurezähnen* für *Sarazenen*, *Redtorich* für *Rhetorik*, *Untenamend* für *Fundament*, *Brotfression* für *Profession*, seinen eigenen Beinamen *Manzer* (Mainzer) macht er zu *Mannsehr*.[63] In der Predigt »Auf, auf, ihr Christen!« von Abraham a Sancta Clara findet sich folgendes Wortspiel: »Es ist ein Städtel in Palästina, das heißt *Bethlehem*; allda kehren die *Bettler* ein. Es ist eine Stadt in Bayern, die heißt *Freising*, dort kehren die *Musikanten* ein. Es ist abermal eine Stadt in Bayern, die heißt *Filzhofen*; dort kehren die *Huter* ein. Es ist eine Stadt in Schwaben, die heißt *Mößkirchen*; dort kehren die *Geist-*

56 Siehe Panagl (1984) S. 17.
57 Siehe Mieder (1985).
58 Siehe Bebermeyer (1977) S. 11.
59 Siehe Springmann (1986) S. 11.
60 Siehe z. B.: Ullstein Taschenbuch Gesamtverzeichnis Winter 1997/98. S. 71.
61 Siehe etwa: werben & verkaufen. München. 13. März 1998. Nr. 11. S. 102 f.
62 Siehe etwa: werben & verkaufen. München. 17. April 1998. Nr. 16. S. 77.
63 Siehe jeweils Andresen (1919) S. 39.

lichen ein.«[64] Der verlorene Sohn ist bei ihm ein *Irrländer.* Hans Sachs verwandelt den *Secretarius* in einen *Seckeldarius*, Schupp verspottet die *Alchimisterei* als *Allkühmisterei* und den *Philosophus* als *Philosaufaus*, Luther macht die *Legende* zur *Lügende.*[65] Den Namen seines Gegners *Dr. Eck* verunstaltete er zu *Dreck*. Umgekehrt mußte er sich dafür *Luder* schimpfen lassen.[66] Ebenfalls aus ideologischer Polemik hat 1997 der Prediger Jerry Falwell den Namen der amerikanischen Schauspielerin Ellen DeGeneres zu *Degenerate* 'degeneriert' verhunzt nach deren Coming-out als Lesbe.[67] Bei Hoffmann von Fallersleben wird der *Gendarm* (aus französisch *gens d'armes* 'bewaffnete Männer') zum *Gänsdarm*. Bei Heinrich Heine gibt es den *Millionarrn* und die *Millionärrin.*[68] Nietzsche hat den *Hinterwäldler* zum *Hinterweltler* gemacht.

64 Ausgabe Strigl (1904–07) III S. 176 f.; im Original nicht kursiv. – In einem anderen Wortspiel desselben Autors heißt es: »Der liebe Gott ist mit seiner Hülfe nicht immer von *Eilenburg*, sondern auch zuweilen von *Wartenberg*; drum sollen wir in unserm Gebet von *Anhalt* sein. Wenn uns die Vorsehung über *Kreuznach*, *Bitterfeld* und *Dornburg* führt, so dürfen wir nicht verzagen, sondern müssen unsern Blick auf *Seligenstadt* richten, wohin wir aber nicht gelangen, wenn wir uns unterwegs in *Weinheim* und *Spielberg* aufhalten oder ungebührlich lange in *Frauenstadt* und *Magdeburg* verweilen.« (Andresen, 1919, S. 41f.)

65 Siehe jeweils Andresen (1919) S. 40 f., 42.

66 Siehe Kunze (1998) S. 183. – Etymologisch geht *Luther* auf den Rufnamen althochdeutsch *liut-* 'Volk' oder *hlūt-heri* ('laut, bekannt' und 'Heer') bzw. *hēr* 'alt, ehrwürdig' zurück; siehe Naumann (1994) S. 187.

67 Siehe EMMA, Nr. 4 (1997) S. 30.

68 Siehe jeweils Andresen (1919) S. 47, 88.

Und die Namen ...
– Auswahl volksetymologischer Namen

Eigennamen sind in wesentlich höherem Ausmaß von Volksetymologie betroffen als Appellative. Dies liegt daran, daß in Namen sehr viel mehr veraltetes, vereinzeltes, isoliertes Wortgut vorkommt als sonst im Lexikon (das sehr viel schneller die lexikalischen ›Außenseiter‹, die nicht in Wortfamilien verankerten Elemente, wirklich ›ausstößt‹). Zudem haben Sprecher ein besonderes Verhältnis zu Namen. Gerade hier liegt (›Rumpelstilzchen‹!) ein besonderes Bedürfnis nach Verständlichkeit vor. In erster Linie unterliegen Orts- und Örtlichkeitsnamen der Volksetymologie. Auch Familiennamen sind oft von Volksetymologie betroffen, Vornamen heute allerdings kaum noch; hier beschränkt sich Volksetymologie auf heute nicht mehr gebräuchliche Namen.

In diesem Kapitel wird nur eine kleine Auswahl von täuschenden Namen vorgestellt. Gerade für die Eigennamen stehen modernere vollständige Darstellungen noch aus.

Örtlichkeitsnamen

Das *Sauerland* war früher das *Suderland* (das ‘südliche Land’), eine volksetymologische Sage erklärt den Namen aber so, daß Karl der Große, nachdem er das Gebiet in schwerem Kampf erobert hatte, gesagt haben soll: ‘Das war mir ein sauer Land!’[1]

Das italienische *Mailand* mag wie Italien allgemein als Land des ewigen Frühlings (Mai) aufgefaßt werden. Mit dem Monat *Mai* hat der Stadtname etymologisch allerdings

1 Siehe Bach (1952–56) II/2 S. 539.

nichts zu tun. Mittelhochdeutsch war der Name *Milan*. Nachdem im Frühneuhochdeutschen langes *ī* zu *ei* bzw. *ai* diphthongiert worden war, konnte man das neue *Mailan* mit *Mai* und *Land* verbinden. Daraus resultiert die heutige volksetymologische Form *Mailand*.[2]

Bebermeyer (1974) S. 184 nennt den *Plattensee*, der nicht von den sicherlich darin existierenden 'Platten' her benannt ist, sondern die vermeintlichen *Platten* gehen hier – ebenso wie das Bestimmungswort beim *Plattenbach* (der in die Ill mündet) – auf slawisch *blato* 'See' zurück.

Das aus der Tell-Sage bekannte *Küßnacht* am Vierwaldstätter See hat nichts mit *küssen* und *Nacht* zu tun, sondern ist älter *Kussenach*, *Cussach* und – nach Bahlow (1985) S. 284 – eigentlich als 'Schmutzbach' benannt.

Der *Bär* als Wahrzeichen von *Berlin* ist aus dem Namen der Stadt herausgesponnen, der am ehesten zu altpolabisch **birl-/*berl-* 'Sumpf' gehört. Ursprünglich bezeichnete der Name eine Siedlung im Flußgebiet der Spree.[3] Im Orlagau z. B. findet sich ein Ortsname *Bußecke*, der wahrscheinlich aus slawisch *pasěka* 'Waldschlag' umgedeutet ist.[4] Im Brandenburgischen stammt *Marzahn* aus altpolabisch **Marčana* 'Sumpf', *Knoblauch* aus **Chlěbołoky* 'Brotfresser', *Gastrose* aus **Gostiraź* 'Ort des Gostirad', in Sachsen-Anhalt *Schmerz* (im Kreis Gräfenhainichen) aus altsorbisch **Smiŕč* 'Fichten'[5], *Güterglück* aus altsorbisch **Jutrokliky* (ungefähr 'Morgenufer'), das sächsische *Roßwein* im Erzgebirge stammt aus altsorbisch **Rusavin* (vom Personennamen *Rusava*)[6]. *Kuhschnappel* (Sachsen) kommt vermutlich von altsorbisch **Końčnopol'e* oder **Końčne pol'e* 'End-Feld, Feld

2 Siehe Lenkowa (1959) S. 138.
3 Siehe Eichler/Walther (1986) S. 52 f. und Berlin (1958).
4 Siehe Eichler/Jakob (1962) S. 284.
5 Siehe jeweils Hengst (1981) S. 31, 35, 41, 42.
6 Siehe jeweils Eichler (1981) S. 11 f., 14.

mit Spitzen'.[7] Der sächsische *Fräuleinberg* war ursprünglich ein *Freilehnberg.*[8] *Ehrenfriedersdorf* (im Erzgebirge) ist volksetymologisch an *Ehre* angelehnt, ursprünglich ist der Name eine Bildung zum Rufnamen *Irminfrid. Oschatz* (bei Leipzig) geht auf altsorbisch **Osěč* 'Verhau' zurück, im Deutschen wurde es an *Schatz* angelehnt, wie auch die Verkleinerungsform *Oschätzchen* für einen 30 km entfernten Ort zeigt. Die *Mulde* (Nebenfluß der Elbe) ist nicht als *Mulde* (ein Lehnwort aus lateinisch *mulctra* 'Melkfaß') benannt, sondern führt zurück auf den germanischen Namen **Milda*, der wohl zu indogermanisch **mel-* 'mahlen, zerreiben; weich' gehört und sich auf sanftes Fließen oder sandigen Untergrund beziehen konnte. In *Querfurt* (Sachsen-Anhalt) steckt nicht *quer*, sondern altsächsisch *quern* (althochdeutsch *quirna*, *churn*) 'Mühle', was auf indogermanisch **gu̯er-n* 'schwer; Mühlstein' zurückgeführt wird. *Querfurt* ist etymologisch wohl die 'Furt an der Mühle'. Das sächsische *Eilenburg* hat nichts mit *eilen* zu tun (und auch nichts mit *Eule*, mittelhochdeutsch *iuwel*, *iule*), sondern gehört zu altsorbisch *ił* 'Lehm'. Der Stadtname *Gadebusch* (Mecklenburg-Vorpommern) ist aus dem Slawischen eingedeutscht und nur volksetymologisch an *Busch* angeglichen, belegt sind 1354 *Gadebuz*, 1225 *Godebuz*, *Chotebuz*, 1154 *provincia Godebuz*, etymologisch ist es der 'Ort des Chotěbud'. *Grimmen* (Stadt westlich von Greifswald) hat nichts mit *grimm* zu tun, sondern kommt von altsorbisch **grim-* 'tiefgelegenes, von Wasser und nassen Wiesen umgebenes Gelände'. Der Name der Ostseeinsel *Hiddensee* (westlich von Rügen, Mecklenburg-Vorpommern) ist in seinem zweiten Teil volksetymologisch zu *See* umgebildet aus *Hiddens-ö*, um 1190 dänisch-lateinisch *Hithinsø*, was etymologisch aus dem nordischen Personennamen *Hedin* und

7 Vgl. Hengst (1964) S. 391.
8 Siehe Naumann (1961) S. 115.

dänisch *ø* 'Au, Insel' zusammengesetzt ist. Die Hafenstadt *Stralsund* in Vorpommern, die zu altpolabisch *strěla* 'Flußarm' und mittelniederdeutsch *sunt* 'Meerenge' gehört, führt einen Pfeil in ihrem Stadtwappen, was wohl durch volksetymologische Anlehnung an mittelniederdeutsch *strāl* 'Pfeil' bedingt ist.[9]

Aschendorf (Stadtteil von Papenburg, Niedersachsen) gehört nicht zu *Asche* und wohl auch nicht zur Baumbezeichnung *Esche* (althochdeutsch *asc*), sondern zu einem althochdeutschen Rufnamen *As(i)ko*. In *Braunlage* (Niedersachsen) steckt nicht *Lage*, sondern ein Waldname, um 1260 *Brunenlo*, der im ersten Teil zu mittelhochdeutsch *brūn* 'braun' oder dem Genitiv des Rufnamens *Bruno* und im zweiten Teil zu althochdeutsch *lōh* 'Hain', mittelniederdeutsch *lō* 'Gehölz, Wald' gehört. Der Name der Stadt *Herzberg am Harz* (in Niedersachsen) gehört nicht zu *Herz*, sondern enthält althochdeutsch *hirez*, *hirz*, altsächsisch *hirot* 'Hirsch'. Das gleiche gilt für die Stadt *Herzberg (Elster)* in Brandenburg. Das vermeintliche *Ohr* im niedersächsischen *Ohrdorf* führt wohl auf eine *r*-Bildung **Aura* zu indogermanisch **av-*, **au-* 'Quelle, Flußlauf' zurück.[10] Der *Pfeifershof* in Meißendorf (Kreis Celle) ist eigentlich ein niederdeutscher *Veihföhrtshoff* 'Viehfurthof', der volksetymologisch verhochdeutscht wurde.[11]

Königswinter und *Oberwinter* (Nordrhein-Westfalen) haben nichts mit *Winter* zu tun, sondern kommen im zweiten Teil wahrscheinlich von spätlateinisch **vinitorium* 'Winzerort' (zu lateinisch *vinitor* 'Winzer'). In *Rothaargebirge* (Gebirgszug im Sauerland) und in *Haarstrang* (Höhenzug in Nordrhein-Westfalen) steckt nicht das *Haar* (auf

9 Siehe jeweils Berger (1993) S. 86, 87, 108, 117, 134, 189, 207, 216, 252.
10 Siehe jeweils Berger (1993) S. 41, 62, 120, 133, 204.
11 Siehe Barenscheer (1960) S. 52.

dem Kopf), sondern mittelniederdeutsch *hare* 'Anhöhe'.[12] Über die Essener *Rolandstraße* berichtet die volksetymologische Sage, ein Bauunternehmer *Roland* habe die Straße erbaut. Tatsächlich heißt die Straße 1447 noch *in dem Rodelande*.[13] Der *Nonnenstromberg* im Siebengebirge bei Bonn ist 1555 noch der *Mynnerstraumberg* 'Minderstromberg', das ist der kleine Stromberg im Gegensatz zum großen Stromberg (heutiger Petersberg). *Mynnerstraumberg* wurde mit dem lokalen Lautwechsel von *i* zu *o* zum *Monnerstromberg*, der dann volksetymologisch in einen *Nonnenstromberg* umgeändert wurde. Der *Venusberg* bei Bonn hat nichts mit der Liebesgöttin zu tun, sondern gehört im ersten Teil zu *Fenne* 'Sumpfgegend'. Der Bonner *Römerplatz*, der an der *Remigiusstraße* liegt, ist ein volksetymologisch entstellter *Remigiusplatz*. Im dortigen *Mauspfad* steckt nicht die *Maus*, 1306 ist es vielmehr ein *Musepat*, ein 'feuchter, nasser Pfad'. Die *Vivatsgasse* kommt in ihrem ersten Teil von einem einfachen *Viehpfad*, wie die Straße hieß, die zum ehemaligen *Viehmarkt* (heute Friedensplatz) führte. Und die *Sternstraße* ist eine entstellte *Pisternengasse*, in der lateinisch *pistor* 'Bäcker' steckt.[14] Das *Margarethenkloster* in Köln hat mit der hl. Margarethe eigentlich gar nichts zu tun Es ist ursprünglich nach der *Maria ad gradus* benannt, was der Volksmund zu *Margrad* zusammengezogen hat. Da *Margarethe* in der Mundart *Margret* genannt wird, wurde das Kloster auf volksetymologischem Wege umbenannt.[15]

Ehrenbreitstein, ehemalige Festung und heute Stadtteil von Koblenz, ist aus *Erembrechtstein* (1019) umgedeutet, worin der Personenname *Erinbrecht* (wohl der Erbauer der

12 Siehe jeweils Berger (1993) S. 120, 154 f., 226.
13 Siehe Bach (1952–56) II/2 S. 539.
14 Siehe jeweils Meisen (1955) S. 223 f.
15 Siehe Mackensen (1927) S. 33.

Burg) steckt. *Grünstadt* (Rheinland-Pfalz) gehört nicht zum Farbadjektiv *grün*, sondern der Name ist anno 800 als *Grimdeostat* belegt; darin steckt der Personenname *Grimdeo*. Nach dessen Assimilation zu *Grindeo* entstand aus der weiter vereinfachten Form *Grinstadt* im 16. Jahrhundert das heutige *Grünstadt*. Die *Hohe Acht* (der höchste Berg der Eifel) hat nichts mit der Zahl 8 zu tun; der Name ist anno 992 als *Accha*, 943 als *Mons Achon* belegt und wird etymologisch zu gallisch *acaunum* 'Stein, Fels' (zu indogermanisch **ak̂-u-* 'scharf, kantig; Stein') gestellt.[16] Der *Mäuseturm*, der auf einer Rheininsel bei Bingen gelegen ist, ist eigentlich ein *Mautenturm*, worin frühneuhochdeutsch *maute* 'Zollabgabe' steckt. Nachdem die Zollschranken weggefallen sind und sich frühneuhochdeutsch *au* zu *äu* gesenkt hat sowie der (volksetymologischen?) Assimilation von *t* zu *s*, war der *Mautenturm* zu einem volksetymologischen *Mäuseturm* geworden, der dann auch mit einer Legende geschmückt wurde.[17]

Das hessische *Viernheim* führt in seinem Wappensiegel zwar die Zahl 4. Etymologisch ist der Name aber nicht mit dem Zahlwort *vier* gebildet, sondern gehört zu althochdeutsch *firni* 'alt' und bedeutet etymologisch also 'Altheim'.[18]

Den Kurort *Hinterzarten* im Schwarzwald haben wahrscheinlich Freiburger Studenten scherzhaft italianisierend als *Popo dolce* bezeichnet. In dem Namen steckt aber nicht *zart*, sondern *-zarten* ist im 2. Jahrhundert n. Chr. als (*pólis*) *Taródounon* erwähnt und führt auf einen keltischen Personen- oder Flußname *Taros* oder *Tara* und keltisch *-dunum* 'Burg' zurück. Die Orte *Hinter-* und *Kirchzarten* bei Freiburg sind ursprünglich also nach der 'Burg des Taros' oder

16 Siehe jeweils Berger (1993) S. 86, 119, 136.
17 Vgl. Homberger (1989) S. 158 f.
18 Siehe Berger (1993) S. 265.

der 'Burg am Bach Taros oder Tara' benannt. Später wurden sie mit den entsprechenden Vordergliedern unterschieden.[19]

Das unterfränkische *Amorbach* geht auf althochdeutsches *amar* 'Sommerdinkel' zurück, schon im 11. Jahrhundert wurde der Name volksetymologisch auf lateinisch *amor* bezogen und als 'Bach der Liebe' gedeutet. Für *Zeitlofs* (in Unterfranken, etymologisch 'Zitolfs (Hof)', zum Rufnamen *Zitolf*) habe ich die Interpretation 'Ort, wo die Zeit läuft' gehört. Das oberpfälzische *Mantel* hat nichts mit dem Kleidungsstück zu tun, sondern wird zu althochdeutsch *mantala* 'Kiefer' gestellt; der Ort ist somit nach einer markanten Kiefer benannt. Das niederbayerische *Bodenmais* ist etymologisch ein 'Holzschlag (mittelhochdeutsch *meiz*, bairisch *maiß*) des Pobo oder Pabo (Rufname)'.[20] Die *Altmühl* (linker Nebenfluß der Donau) ist ursprünglich nicht nach einer 'alten Mühle' benannt, sondern erst im Althochdeutschen volksetymologisch an *alt* und *muli* 'Mühle' angelehnt; vorausgeht anno 895 *Alcmona*, 823 *Alchmuna*, dessen Herkunft nicht sicher geklärt ist. *Feuchtwangen* (bei Ansbach) und *Feucht* (bei Nürnberg) haben nichts mit *feucht* zu tun, sondern gehören zu althochdeutsch *fiuhtīn* 'fichtenbestanden' mit *-wang* 'Feld, Wiese, Weide' (für *Feuchtwangen*) bzw. althochdeutsch *fiuhta* (neben *fiuhto*) 'Fichte' (für *Feucht*). *Hammelburg* (an der Fränkischen Saale) gehört nicht zur Tierbezeichnung *Hammel*, sondern ist eine Bildung zum althochdeutschen Adjektiv *hamel* 'verstümmelt', was vermutlich die unregelmäßige Form des Burghügels meinte. Der Name des bayerischen *Heilsbronn*, anno 1446 *Heilspronn*, 1263 *Hailsbrvnnen*, ist eine volksetymologische Umdeutung christlichen Sinns zu 'Brunnen des Heils' (*Fons Salutis* 1440) aus *Halsbrunnen* (1146), *Halesprunnen* (1132).

19 Siehe Berger (1993) S. 151 f.
20 Siehe jeweils Reitzenstein (1991) S. 36 f., 75, 236, 426.

Ursprünglich ist es ein *Haholdesbrunnen* (1142), eine Bildung zum Personennamen *Hahold*. In *Miesbach* (Stadt nördlich des Schliersees) steckt nicht *mies*, sondern der Name ist älter 1320 *Miespach*, 1140/52 *Muesbach*, 1114 *Muospach* und als ursprünglicher Gewässername eine Bildung mit althochdeutsch *mos*, *muos* bzw. *mios* 'Moos, Sumpfland'.[21]

In Österreich stammt ein *Königstetten* 'Stätte eines Königs' aus *Chunihestetin* 'Stätte eines Mannes namens Chunihoh', *Gnadendorf* 'Dorf der Gnaden' aus *Gnan(n)endorf* zu einem Personennamen *Gnanno*, *Äpfelgschwent* über *Öphelgeswent* aus *Hepfengeswende* zum Personennamen *Hepho*, *Hausbrunn* aus *Hugesprunne* zum Personennamen *Huc*, *Kreuzenstein* stammt aus *Grizanstein* und *Kreuzstetten* aus *Grizansteten* (Personenname *Krican*), *Saubersdorf* geht auf *Subellendorf* (Personenname *Cudobela*) zurück und *Parisdorf* auf *Boreistorph* (Personenname *Borej/Boris*), eine bewußte Umdeutung ist *Neunkirchen* (das mit der Zahl 9 gedeutet wird) aus *Niuwenchirgun*, *Niunchirchen* 'neue Kirche'.[22] Ein Beispiel aus dem Ostalpenraum ist der Gebirgsstock *Der Hohe Student*, in dem geschichtlich slowenisch *studen* 'kalt' steckt.[23] Im Semmeringgebiet findet sich ein *Wanzenbichl* aus *Gambsenbichl*, ein *Ameisbichl* aus *Anmoasbichl* 'Hügel ohne Maiß' (= Jungwald, Niederholz) und ein *Myrtengraben* (auch *-brücke*) aus *Mertengraben* 'Martinsgraben'.[24] Der Wiener *Rerbrunn*, der amtlich *Röhrbrunnen* heißt, ist etymologisch nicht nach seinen Röhren benannt, sondern im ersten Teil steckt mittelhochdeutsch *rêren* 'fallen lassen, vergießen'. Der Brunnen heißt also danach, daß er Wasser fallen läßt.[25]

21 Siehe jeweils Berger (1993) S. 36, 97 f., 125, 130, 185.
22 Siehe jeweils Feigl (1986) S. 193–199.
23 Siehe Lochner von Hüttenbach (1984) S. 61.
24 Siehe jeweils Pickl (1961).
25 Siehe Mackensen (1926a) S. 118.

Der Flurname *Am armen Tier* in Koblenz hat sich in zwei volksetymologischen Prozessen entwickelt, 1721 ist er noch als *in der Armenthür* bezeugt und 1400 als *Armedierne*. Einen Flurnamen *Diebstahl* führt man auf *Tiefes Tal* zurück.[26] *Türkenfeld* (bei Fürstenfeldbruck) wird auf *Düringefelde* zurückgeführt.[27] *Grauwinkel* im Kreis Holzminden ist aus *Greffenwinkel* 'eine Siedlung auf gräflichem Boden' umgedeutet.[28] Der Flurname *Bundscheune* bei Gollmenz im Kreise Delitzsch, der im 19. Jahrhundert auch als *Bannscheune* und *Panschhain* erscheint, ist offenbar aus altsorbisch **Peńčina* (zu obersorbisch *pjeńčina* 'Stockholz') eingedeutscht.[29] Aus dem Dänischen sind eingedeutet *Bulgarien* aus *Bogaa* 'Au, an der Buchen standen', *Prinzwai* aus **Brønsvad* 'braune Furt', *Hering* aus *Hiereng/Hyrde-eng* 'Hirtenwiese', *Steinberg* aus *Stannnenbjerre* 'Hügel, auf dem das Vieh zusammengetrieben wurde'.[30]

Ein *Künstlerberg* entspringt dem Berg des *Gunzelin* bei Admont (1494 *Chunczleinsperig*), *Schmierenberg* der Burg des Slawen *Zmilo* bei Arnsfeld (1250 *castrum Smilenburch*), und *Rotwein* bei Marburg (1100 *Radewan*) kommt vom slawischen Personennamen *Radovin*. Die Knüttel im Wappen von *Knittelfeld* sind volksetymologisch. Der Name gehört zum Personennamen *Knut*, *Knutilo* (1224 *Chnutelvelde*). *Kindberg* (im 12. Jahrhundert *Chindeberg*) kommt vom Berg des *Chindo*. *Rußdorf* bei Maria Hof ist eigentlich ein *Rudolfsdorf*. *Weitzendorf* bei Neumarkt ist etymologisch das Dorf des *Wazo* (1386 *Waczendorf*), gleichfalls ist *Hirtenfeld* bei Kumberg der Besitz des *Hardo* und *Sicheldorf* bei Radkersburg die Ansiedlung des *Sicco* (14. Jahr-

26 Siehe Schmidt-Wiegand (1985) S. 607.
27 Siehe Rosenfeld (1985) S. 351.
28 Siehe Ripećka (1967) S. 147.
29 Siehe Eichler (1985) S. 259.
30 Siehe jeweils Hinrichsen (1985) S. 249.

hundert *Sichendorf*). *Dürngreut* bei Gleisdorf, das mundartlich auch *Türkengreut* heißt, kommt von der Rodung des *Duringo*, Thüringers (1265 *Duringesreut*). *Wundersam* bei Gröbming ist eine Volksetymologie aus *Wundramsheim*.[31]

An einige Orte knüpfen sich volksetymologische Namensagen. So sei *Münden* (Niedersachsen) von zwei Brüdern gegründet worden, die einträchtig feststellten, ihre Stadt sei '*mün* und *dün*'.[32] Tatsächlich ist der Name mit althochdeutsch *gimundi*, *mund* '(Fluß-)Mündung' verwandt.[33] Ein unschuldig Verurteilter habe ausgerufen: 'Wenn ihr mir denn keine Gnade geben wollt, so soll mir die Stätte künftighin *Ungnade* (bei Greifswald) heißen!' Eine andere Sage berichtet von einem Riesen, der einmal ausgeglitten sei und dabei ärgerlich '*Ah, Lehm*!' gerufen habe. Dies hätten Menschen gehört und dort eine Siedlung gegründet, die sie *Ahlem* (in Niedersachsen) nannten. Von einem Sterbenden berichtet die Sage, daß er mit den Worten '*Ach, im* Sande muß ich hier verenden!' verscheiden wollte. Er sei allerdings schon nach dem zweiten Wort gestorben, weswegen der Ort *Achim* (in Niedersachsen) heiße.[34] Tatsächlich kommt *Achim* von **Ahaheim* 'Siedlung am Wasser' (althochdeutsch *aha* 'Wasser, Fluß').[35] Der Name des fast senkrechten Schieferfelsens am rechten Rheinufer oberhalb von St. Goarshausen in Rheinland-Pfalz, *Loreley* oder *Lorelei* (älter *Lurley* und *Lurlei*), gehört im zweiten Teil zu mundartlich rheinisch *Lei* 'Fels, Stein, Schiefer', mittelhochdeutsch *lei*(*e*) 'Fels', und im ersten Teil vielleicht zu mittelhochdeutsch *lūren* 'im Hinterhalt liegen, spähen' (neuhochdeutsch *lauern*). Der Name bedeutet etymologisch also wohl 'Felsen,

31 Siehe Kniely (1928) S. 63 f.
32 Siehe Mackensen (1927) S. 13.
33 Siehe Berger (1993) S. 190.
34 Jeweils Mackensen (1927) S. 13; im Original teilweise nicht kursiv.
35 Siehe Berger (1993) S. 30.

von dem man Ausschau hält'. In der Romantik wurde der Name des Felsens mit dem Frauennamen *Lore* ausgedeutet. Darauf beruht die Sage von der Hexe oder Fee Loreley. Clemens Brentano hat sie 1801 in der »Ballade von der Lore Lay« geschaffen, Eichendorff, Heine u. a. haben sie ausgestaltet.[36] Der Ortsname *Klagenfurt* ist etymologisch nicht geklärt, erwogen werden unter anderem Herleitungen als 'Furt über die Glau' oder von romanisch **l'aquiliu* 'der Platz mit Wasser' mit Umdeutung im Slowenischen, bestimmt hat er aber ursprünglich nichts mit *Klagen* 'Lamentieren' zu tun, obwohl aus dem Namen volksetymologisch auch eine mythologische Klagefrau herausgesponnen wurde.[37] *Halberstadt* (älter belegt als *Halverstad*, *Alverstad*, *Alberstat* u. a.) hat im Mittelalter kurz nach 1200 die »Gesta episcoporum Halberstadensium« ätiologisch so erklärt, daß im Jahre 781 der Papst und Kaiser Karl über die Stadtgründung beraten hätten und dabei den Namen der Stadt nach ihrer Tagungsörtlichkeit, dort, wo Elbe und Ohre zusammentreffen, gewählt hätten: *Albe-ore-stat*! Sprachgeschichtlich wird *Halberstadt* als Wortbildung mit althochdeutsch *-stat*, altsächsisch *-stedi*, *-stidi* 'Stelle, Platz' zu einem Flußnamen **Halvara* gewertet.[38] Die »Gesta episcoporum Halberstadensium« nennt auch noch eine zweite volksetymologische Interpretation für *Halberstadt*, und zwar soll die bayrische Mutter Bischof Burkharts I. von Halberstadt, als ihr Sohn sie besuchte, ausgerufen haben: »Das ist keine halbe Stadt (*Non est haec civitas dimidia*), die ein so vielfältiges glänzendes Gefolge aufzubieten vermag«.[39]

36 Siehe Berger (1993) S. 172.
37 Vgl. Bebermeyer (1974) S. 185 und Pohl (1988) S. 35.
38 Siehe Berger (1993) S. 122.
39 Siehe Preradovic (1978) S. 204.

Bei den Familiennamen muß nicht für alle Sippen eines genannten Namens Volksetymologie gelten.

Ein *Waldhauser* ist umgedeutet aus *Balthasar*, ein *Baumgratz* und ein *Bankroth* aus *Pankraz/Pankratius*, ein *Kehrein* aus *Quirin*.[40] *Kasemeier*, *Käsemeyer*, *Gaßmeier* und *Katzmayr* kommen von *Casimir* (von altslawisch *kazati* 'befehlen' und *miru* 'Frieden'). *Kirsche* ist oft nach Umspringen (Metathese) des *r* aus gekürztem *Christianus* entstanden.[41] Die bairischen *Hörmann* kommen vom Rufnamen althochdeutsch *heriman* ('Heer' und 'Mann'). *Köppchen* gehört nicht zu *Kopf*, sondern zum hebräischen Rufnamen *Jakob* (entweder 'Fersenhalter' oder 'Er (Gott) möge beschützen'). *Best* und *Pest* gehören zu *Sebastian* (griechisch-lateinisch 'ehrwürdig, erhaben').[42] *Glas*, *Globus*, *Klage*, *Klee* und manchmal *Kohlhaas* gehen auf Formen des Rufnamens *Nikolaus* zurück, *Messing* über die Kurzform *Ma(a)s* auf *Thomas*, *Möbel* gehört zu *Bartholomäus*, *Memme* kommt vom Rufnamen *Meimbert*. *Herz* ist meist Kurzform zu Rufnamen auf *Hart-* (wie *Hartwig*). Die Familie *Höllgartner* kommt vom germanischen Rufnamen, der in *Hildegard* vorliegt und zu althochdeutsch *hiltia* 'Kampf' und *gart* 'Kreis' gehört, *Krautbrecht* von *Rodebert/-brecht* (zu althochdeutsch *hruod* 'Ruhm' und *beraht* 'glänzend'). In Namen auf *-wein* wie *Trautwein*, *Reichwein*, *Leutwein* steckt das germanische Rufnamenglied *-wini* 'Freund'. *Säuferle(in)* stammt zumeist vom Rufnamen *Siegfried* (zu 'Sieg' und 'Friede'). *Lämmle* geht oft auf den Rufnamen *Lambert* (althochdeutsch *lant* 'Land' und *beraht* 'glänzend') zurück und nicht auf *Lamm*. *Wohlrabe* ist um-

40 Siehe jeweils Fleischer (1964) S. 57 und Kunze (1998) S. 34, 183.
41 Siehe jeweils Gottschald (1982) S. 140, 141.
42 Siehe jeweils Naumann (1994) S. 137, 148, 254.

gedeutet aus *Wallraff* (vom germanischen Rufnamen 'Waltender'/'Welscher' und 'Rabe'). *Wehkind* ist niederdeutsche Entsprechung zu *Wedekind* (vom Rufnamen *Widukind* 'Waldkind'), *Lücke* zu *Lüdeke* (zu Rufnamen mit althochdeutsch *liut* 'Volk'); hier ist im Niederdeutschen das *d* zwischen zwei Vokalen ausgefallen, die daraufhin zusammengezogen wurden. Eine Sippe *Wiener* geht auf slawisch *viniar* 'Winzer' zurück. *Niethammer* ist eigentlich einer aus Nietheim, *Gebetshammer* einer aus Gebhardsheim, *Herkommer* einer aus Herkheim, *Abstreiter* einer aus dem Ort Abtsreute (aus *Abt* und *Reute* 'Rodung'), *Reute* steckt auch in *Ochsenreiter* und *Stuhlreiter.* Namen wie *Kirch-*, *Krä-*, *Speck-*, *Ziegenhahn* kommen von Ortsnamen auf *-hagen* 'Einfriedung'.[43] Ein *Schonhirsch* ist umgedeutet aus *Schonerst* (der aus dem Herkunftsnamen *Schönerstädt* gekürzt ist).[44] Die Damen und Herren *Gewehr* stammen ursprünglich aus St. Goar. Die Familie *Erkenzweig* kommt von einem Ortsnamen auf altsächsisch *-wik* 'Siedlung'.[45] Die Sippe *Fahren(d)hol(t)z* stammt ursprünglich aus dem niederdeutschen Ort Varenholz ('vor dem Holz = Wald') oder vom Örtlichkeitsnamen *Fahrenholz* 'Föhrenholz'. *Bierbaum* ist eigentlich 'Birnbaum' und benennt als Wohnstättenname ursprünglich 'einen, der an einem (auffälligen) Birnbaum wohnt'. *Hellmann* kommt nicht von *hell*, sondern gehört als Wohnstättenname zu mittelhochdeutsch *helle* 'Hölle', seltener zu mittelniederdeutsch *helle* (aus *helde*) 'Schräge, steiler Pfad, Berg', möglicherweise aber auch zu Rufnamen auf althochdeutsch *heil-* 'heil u. ä.'. *Kirchübel* ist gekürzt aus *Kirchhübel*, eigentlich ein Wohnstättenname zu mittelhochdeutsch *kirche* 'Kirche' und *hü-*

43 Siehe jeweils Kunze (1998) S. 23, 29, 35, 76, 80f., 82, 85, 91, 93, 139, 149, 155, 159, 183.
44 Siehe Fleischer (1964) S. 166.
45 Siehe jeweils Kunze (1998) S. 85, 91.

bel, hubel 'Hügel'. *Schmalstich* gehört nicht zu *Stich*, sondern als ehemaliger Wohnstättenname zu *Stieg* (mittelhochdeutsch *stīc* 'Steig, Pfad' bzw. mittelniederdeutsch *stich* 'Steig, Fußweg' oder mittelhochdeutsch *stich* 'abschüssige Stelle, steile Anhöhe').[46] In *Bringmann* steckt das niederdeutsche *Brink* 'Grashügel, Rain'. Auch *Klebrig* ist ein ursprünglicher Wohnstättenname und als 'Kleeberg' motiviert (sächsisch *-brig* 'Berg'). *Blattmann* geht auf eine Wohnstätte auf ebener Fläche (*platt*) zurück. Vom Tagelöhnerhäuschen kommen *Kußäther* und *Kotze*, ursprünglich *kotsate* 'der in der Kate (niederdeutsch *kote*) sitzt', und *Seltenhofer* (zu *selde*). *Pfotenhauer* gehört zu *pfate* 'Dachbalken'. *Buhmann* ist eigentlich der 'Bauersmann'. *Pech* (Raum Regensburg) kommt wie *Beck* (etwa Raum Freiburg) von der Berufsbezeichnung des Bäckers. Der Familiennamen *Kiefer* hat nichts mit dem Baum zu tun, sondern gehört entrundet zu *Küfer* oder manchmal als 'Zänker' zu mittelhochdeutsch *kife(le)n* 'keifen'. In *Flachsmenge* steckt nicht die *Menge* oder *mengen*, sondern lateinisch *mango* 'Händler'. Der Familienname *Leuchter* kommt von der Berufsbezeichnung des Kastrierers und gehört zu mitteldeutsch *lichten* 'kastrieren'. Die Familien *Windaus* können nach dem Schröpfkopf des Baders, mittelhochdeutsch *vintûse* (von lateinisch *ventosa*), benannt sein.[47] Ein *Leidhecker* ist umgedeutet aus *Leydecker* 'Schieferdecker'.[48] Der Familienname *Dürrschmi(e)d(t)* bezeichnet eigentlich einen 'Türschmied', in den später *dürr* eingedeutet wurde. *Eismann* ist wahrscheinlich eine Variante vom Berufsnamen *Eisenmann* ('Eisenhändler') oder auch vom Rufnamen althochdeutsch *īsenman* ('Eisen' und 'Mann'). *Wettengel* ist ein vogtländischer Berufsname zu mittelhochdeutsch *wec, weg* 'Weg' und *ten-*

46 Siehe jeweils Naumann (1994) S. 77, 106, 135, 159, 246.
47 Siehe jeweils Kunze (1998) S. 97, 109, 110, 111, 115, 123, 127, 129.
48 Siehe Fleischer (1964) S. 166.

gelen, *tingelen* ‘dengeln, klopfen’ für den Wegstampfer. *Zaumsegel* und *Saumsiegel* sind aus *Zaumseil* entstellt, einer Bezeichnung für einen Zaummacher, Seiler oder Bauern. *Mägdefressel* und *Mägdefessel* gehören zu mittelhochdeutsch *mēt(e)* ‘Met’ und *vezzel* ‘Fäßchen’, wahrscheinlich als Name für den Metsieder, später wurden mittelhochdeutsch *mag(e)t* ‘Jungfrau, Magd’ und (für den ersten Namen) *vrezzen* ‘fressen’ eingedeutet. *Mehlhase* ist aus *Mehlhose* entstellt, eine Bezeichnung für den Müller. *Rehtanz* ist eigentlich ein Satzname zu mittelhochdeutsch *regen* ‘in Bewegung setzen’ und *tanz* ‘Tanz’ für den Tanzmeister, -ordner. *Rockstroh* bedeutet etymologisch ‘Roggenstroh’ und war wohl Berufsname für einen Bauern. *Roßdeutscher* ist eigentlich ‘Roßtäuscher’, Berufsname für den Pferdehändler. *Schönrock* kommt von mittelniederdeutsch *schōn(e)-rogge* ‘Brot aus feinstem Roggenmehl’ als Berufsname für einen Bäcker.[49] Gleicher Art bezeichnete *Spitzweg* einen Bäcker nach dem ‘Weck in spitzer Form’, auch in *Wegbrot*, ebenfalls ursprünglich Berufsname des Bäckers, steckt der *Weck*. *Leihgeb* bezeichnet eigentlich den Wirt nach südöstlich *lit* ‘Obstwein’. Der Familienname *Mutter* kommt oft vom *Salz-* oder *Kornmutter(er)* ‘Salz-, Kornmesser’. *Dickmann* muß nicht zu *dick* gehören, sondern ist auch die niederdeutsche Entsprechung zu hochdeutsch *Deichmann*. *Lauser* ist schwäbische Variante zu *Lasser* ‘Aderlasser’.[50] *Schmutzmaul*, ursprünglich ein Übername (womit Eigenschaften benannt werden), bedeutet eigentlich ‘Lächelmund’, *Schmutzer* ist eigentlich der ‘Lächler’ (zu mittelhochdeutsch *smutzen* ‘lächeln’) oder bezog sich auf einen wie zum Küssen gespitzten Mund.[51] Auch *Schmermaul* und

49 Siehe jeweils Naumann (1994) S. 98, 102, 189, 193, 224, 228, 231, 249, 284, 291.
50 Siehe jeweils Kunze (1998) S. 137, 151, 163, 165.
51 Siehe Kunze (1998) S. 143 und Naumann (1994) S. 247.

Schmiermaul bedeuten eigentlich ‘Lächelmund’ (mittelhochdeutsch *smieren* ‘lächeln’). Zu mittelhochdeutsch *rûch* ‘rauh, haarig’ gehören ehemalige Übernamen wie *Ruhkopf* und *Rauchhaupt* (‘einer mit struppigem Kopf’), *Ruhfuß* und *Rauchfuß* (‘einer mit behaarten Beinen’), *Ruhback* und *Rauchmaul* (‘einer mit wildem Bart’) ebenso wie die einfachen Familiennamen *Ruh*(*e*) und – in Fällen, wo es sich nicht auf den Schmied bezog – *Rauch* (‘der Haarige’ oder ‘der Grobe’). *Ruhberg* und *Rauchecker* bezeichneten Leute nach ihrer rauhen, wildbewachsenen Wohnstätte. *Küstenpfennig* und *Kistenpfennig* sind – wie *Küssenpfennig* – eigentlich Übernamen für einen, der ‘den Pfennig küßt’, also geizig ist. *Bittermann* ist eigentlich ‘Biedermann’ und gehört zu mittelhochdeutsch *biderbe* ‘tüchtig’. *Siedentopf* ist nicht der ‘siedende Topf’, sondern ursprünglich Übername für einen ‘mit Seidenbändern im Zopf’ (oder ‘mit seidenem Haar’?). *Korthase* und *Korthaus* kommen vom Übernamen für einen, der nach seiner ‘Kurzhose’ charakterisiert wurde.[52] *Käsbieter*, *Käsbitter*, *Käsewitter* und *Käsebier* sind zersprochen aus *Kiesewetter*, Übername für einen, der ‘das Wetter prüft’ (mittelhochdeutsch *kiesen* ‘prüfen’). *Reimschüssel* ist entstellt aus *Raumschüssel*, Übername zu mittelhochdeutsch *rūmen* ‘räumen’ und *schüzzel*(*e*) ‘Schüssel’ für den starken Esser, auch für den Dieb und Plünderer. In *Rocktäschel* steckt nicht *Rock*, sondern der Name kommt von mittelhochdeutsch *rücken*, *rucken* ‘fortbewegen, rükken’ und charakterisierte wohl einen Wanderlustigen. *Schachtschabel* und *Schachtzabel*, anno 1700 *Schachtschnabel*, haben nichts mit *Schacht* zu tun, sondern sind eigentlich Übernamen zu mittelhochdeutsch *schāchzabel* ‘Schachbrett, -spiel’ für einen Schachspieler. *Scheinpflug* gehört nicht zu *Schein*, sondern zu mittelhochdeutsch *schiuhen*

52 Siehe jeweils Kunze (1998) S. 143, 146, 147, 149, 161.

u. ä. 'scheuen, meiden' und war ursprünglich Übername für einen trägen Bauern. In *Lämmerzahl* und *Mäusezahl* steckt nicht *Zahl*, sondern mittelhochdeutsch *zagel* 'Schwanz', was auch für *Meisezahl* gilt, das aus *Mäusezahl* entstellt ist. *Allmann* geht auf den Stammesnamen *Alemanne* oder den Rufnamen althochdeutsch *adalman* ('adelig' und 'Mann') zurück. *Sollfrank* und *Zollfrank* kommen vom Gewässernamen der Saale und dem Stammesnamen der Franken und bezeichneten ursprünglich 'einen an der (fränkischen) Saale wohnenden Franken'. In *Wünschmann* steckt nicht *wünschen*, sondern der Stammesname der Wenden.[53]

Beispiele volksetymologischer Verhochdeutschungen von niederdeutschen Familiennamen sind *Weinkopf* aus *Wienkôp* 'Weinaufkäufer', ebenso *Mehlkopf* und *Seilkopf* aus *Mehl-*, *Sehlkôp* '-Verkäufer', *Seldschopf* aus *Sellschop* '(Mitglied einer) Gesellschaft', *Schneegluth* aus *Schneekluth* 'Schneeklumpen, -ball', *Schlichtegroll* aus *Schlichtkrull* 'Glatthaar', *Schützendübel* aus *Schüddendüwel* 'schüttle den Teufel', *Glockenthör*, *-thür* aus *Klockentöger* 'Glockenzieher'.[54] In *Kampfmeyer*, *Seekampf* und *Steinkampf* steckt das niederdeutsche *Kamp* 'eingefriedetes Landstück u. ä.', das falsch (hyperkorrekt) zu *Kampf* verhochdeutscht wurde. *Platzfuß* ist falsch aus niederdeutsch *Plattvoet* 'Plattfuß' verschoben.[55]

Im Rheinischen sind die Familiennamen *Augstein* und *Augenstein* volksetymologisch an *Auge* und *Stein* angelehnt, sprachgeschichtlich gehen sie auf den Personennamen *Augustin* zurück, in dem das mittlere *u* ausfiel und das *i* zu neuhochdeutsch *ei* verschoben wurde. *Baldauf* ist keine Zusammensetzung aus *bald* und *auf*, sondern kommt vom

53 Siehe jeweils Naumann (1994) S. 65, 158, 178, 193, 223, 228, 236, 238, 241, 283.
54 Siehe jeweils Bahlow (1972) S. 17.
55 Siehe Kunze (1998) S. 103, 163.

Personennamen *Baldolf*, in dem das heute ausgestorbene Adjektiv *balt* 'kühn' und *Wolf* stecken. *Zierfaß* geht auf *Zervas* zurück, eine Kurzform von *Servatius*. *Bettführer* ist volksetymologisch umgedeutet aus *Bötefür* 'schür das Feuer', *Dürrkopp* aus *Dürkop* 'Teuerkauf', *Gnadenthür* ist eigentlich 'Gnade dir', *Hasenmüller* 'Haß den Müller' und *Schafgans* 'schaffe ganz'. *Hundgeburth* und *Junggeburth* sind keine Zusammensetzungen mit *Geburt*, sondern gehören zu mittelhochdeutsch *gebūr* 'Nachbar'. In *Kleefisch* steckt der 'Mann aus dem Klevischen', in *Siebenhaar* der 'Mann aus Zewenaar (Niederlande)'.[56]

Volksetymologische Eindeutschungen aus dem Tschechischen sind etwa *Kußmaul* (eine Sippe im Osten) und *Kußmehl* von tschechisch *kosmaly* 'Strubbelkopf'[57] und *Wunderschütz* aus tschechisch *Wondřejz* (das etymologisch zu *Andreas*, – griechisch – 'mannhaft', gehört)[58]. *Popel* kommt von tschechisch *popel* 'Asche'.[59] Eine Eindeutschung aus dem Sorbischen ist *Rehsack* aus *Rězak* 'Fleischer'.[60] Im schlesischen *Mühlbrett* steckt nicht die *Mühle*, sondern der Name geht auf den slawischen Personennamen *Milobrat* zurück, der zu slawisch *milu* 'lieb' gehört. Der Familienname *Mücke* kommt von *Micka*, Koseform von *Nikolaus*.[61]

Schafhäutl und *Schafhütlin* sind eingedeutscht aus tirolisch *tschaffit*, dem italienisch *civetta*, mundartlich *ciovetta* 'Käutzchen' zugrunde liegt.[62] *Katz* stammt z. T. aus dem jüdischen Familiennamen *Kahenzedek* 'rechter Priester'.[63]

56 Siehe jeweils Meisen (1955) S. 225 f.
57 Vgl. Bahlow (1967) S. 304, Gottschald (1982) S. 313 und Kunze (1998) S. 143.
58 Siehe Gottschald (1982) S. 88 f.
59 Siehe Naumann (1994) S. 215.
60 Siehe Trost (1981) S. 22.
61 Siehe jeweils Bahlow (1953) S. 26.
62 Siehe Gottschald (1982) S. 424.
63 Siehe Kunze (1998) S. 169.

Ein bekannter englischer Name ist *Shakespeare* (motiviert als 'Schwing den Speer'), der in einigen Fällen aus normannisch *Sakeespee* 'Zücke das Schwert' umgedeutet ist.[64]

Vornamen

Namen auf *-hold* wie *Reinhold*, *Berthold* und *Leuthold* sind erst sekundär an *hold* angelehnt, ursprünglich steckt darin das Rufnamenglied *-wald* 'Gebieter', das später zu *-ald*, *-old* abgeschliffen und dann volksetymologisch mit neuem Sinn gefüllt wurde.[65] Ebenso steckt in älteren Vornamen, die auf *-wald* enden (wovon heute noch *Oswald* geläufig ist), nicht der *Wald* (mit den Bäumen, lateinisch *silva*), sondern ein altes Substantiv zu *walten*. Namen mit einem Bestandteil *Fro-* wie *Fromunt*, *-win*, *-hild* können leicht volksetymologisch mit *froh* gedeutet werden, gehören jedoch zu althochdeutsch *fruot* 'verständig'. *Engel-* in *Engelfried* und *Engelhard* gehört etymologisch zum Stammesnamen der Angeln, wird jedoch häufig auf *Engel* (griechisch *ángelos*, eigentlich 'Bote') bezogen. Bei Namen mit einem Bestandteil *-mund* (etwa *Hade-* und *Osmund*) hat *-mund* nichts mit dem Gesichtskörperteil zu tun, sondern ist – wie bei *Vormund* – das mittel- und althochdeutsche *munt* 'Hand, Schutz'.[66] *Annette* ist keine 'Nette', sondern französische Verkleinerungsform (wie *Sandalette* – *Sandale*) zu *Anna* (hebräisch 'er [Gott] hat sich erbarmt').[67] Das schweizerische Landvolk hat zuzeiten Töchtern, bei deren Geburt die Mutter viel leiden (mundartlich *līden*) mußte, bevorzugt den Namen *Lydia* gegeben, der aber ursprünglich griechisch

64 Vgl. Schützeichel (1993) S. 374.
65 Siehe Kunze (1998) S. 29.
66 Siehe jeweils Bebermeyer (1974) S. 181 f.
67 Siehe Debus (1995) S. 60.

ist und 'aus Lydien stammend' bedeutet. Ähnlich hießen Jungen mit braunen Augen vermehrt *Bruno*, weil man dabei an *Brûnôg* (Braunauge) dachte. Tatsächlich ist *Bruno* eine Kurzform von Namen mit althochdeutsch *brunna* 'Rüstung'.[68] Den biblischen *Jonas* erklärt pfälzische Volksetymologie so, daß er, nachdem er ins Meer gefallen war, 'jo (= ja) naß' war.[69]

In religiöseren Zeiten war die Ausdeutung von Heiligennamen sehr beliebt, um daraus Patronate abzuleiten. So wurde der hl. *Valentin* zum *Fallenthin* und somit zum Patron gegen die fallende Sucht (die Epilepsie), den hl. *Vinzenz* (süddeutsch wird er mit *f*-Anlaut gesprochen) erkor man zum Finder verlorengegangener Gegenstände[70], im Französischen dagegen zum Weinpatron wegen des Anklangs an französisch *vin*[71]. Der hl. *Blasius* ist in Flandern für die 'huidblaasjes' (Hautbläschen) zuständig, in Deutschland für Blasenkrankheiten und für Erkältungskrankheiten, gegen die man am Namenstag des hl. Blasius angeblasen wird, am Niederrhein ist er der Patron der Hornbläser.[72] Der hl. *Augustinus* ist Schutzpatron gegen Augenleiden. Der Erzengel *Michael* gilt als Schutzpatron der Deutschen wegen des Anklangs an mittelhochdeutsch *michel* 'groß'. Der hl. *Hubertus* ist wohl, weil man seinen Namen mit der Bezeichnung *Hupe* für das Hifthorn in Zusammenhang bringen konnte, zum Jägerpatron geworden.[73] Der hl. *Gallus* gilt als Schutzpatron der Hühner wegen des Anklangs an lateinisch *gallus* 'Hahn'. Der hl. *Dionysius* wurde für das Eierlegen zuständig, weil man im Französischen *Saint Denis* bzw. *Dunis* als *Saint du nid* 'Heiliger des Nests' ausdeu-

68 Siehe jeweils Andresen (1919) S. 136.
69 Siehe Kunze (1998) S. 183.
70 Siehe Mackensen (1927) S. 27.
71 Vgl. Assmann (1971) S. 408.
72 Siehe Mackensen (1927) S. 27.
73 Siehe jeweils Weisgerber (1950) S. 65.

tete. Auch mit den Festtagen der Heiligen wurden abergläubische Meinungen und Gebräuche verbunden: »Wenn es am *Blasiustage* so stark *bläst*, daß der Wind ein Bund Stroh von der Gartenhecke wehen kann, wird im Sommer die Gerste fortge*blasen* werden (dänisch), und am *Gallustag* (16. X.) treibt man die Schafe nicht aus, damit sie keine *Gallsucht* (*galdesyge*) bekommen (schwedisch). Der *Vincenztag* (5. IV.) gilt in Bayern als guter Heiratstag (*vincere*), ›*Bonifazi* (14. V.) is guet *Bohne* stecke‹ (Schweiz)«, »am *Rupertstag* schüttele man die Obstbäume, dann bekommen sie keine *Raupen*«.[74]

74 Jeweils Baldinger (1973) S. 11; im Original z. T. gesperrt statt kursiv.

Blick über den deutschsprachigen Tellerrand – einige fremdsprachige Beispiele

Volksetymologie wird als universale sprachgeschichtliche Erscheinung angesehen, d. h., man nimmt an, daß Volksetymologien in allen Sprachen vorkommen. Hier sollen einige wenige englische, amerikanische, französische, rumänische, spanische, italienische, lateinische, altgriechische, russische, polnische, niederländische Volksetymologien, sowie jeweils ein hebräisches, tschechisches, indonesisches und türkisches Beispiel besprochen werden, um das übereinzelsprachliche Auftreten dieser sprachlichen Täuschung zu verdeutlichen.

Englisch *shamefaced* 'verlegen' hat ursprünglich nichts mit englisch *face* 'Gesicht' zu tun, sondern ist umgebildet aus englisch *shamefast*, in dem englisch *fast* 'fest' steckt und das ca. als 'von Scham festgehalten' motiviert ist. – *Jerusalem* im englischen *Jerusalem artichoke* (ein eßbare Sonnenblumenart) ist eigentlich italienisch *girasole* (wörtlich 'Sonnen-Kreiser', weil die Sonnenblume ihren Kopf mit der Sonne dreht).[1] – Englisch *crayfish* 'Flußkrebs, Languste' ist entlehnt aus französisch *écrevisse* 'Flußkrebs'. – In *hamburger* (das aus *hamburger steak* gekürzt ist) wurde *ham-* volksetymologisch mit englisch *ham* 'Schinken' identifiziert, woraus Neubildungen wie *cheeseburger* und *beefburger* entstanden sind.[2] – *frankfurter* wurde zu *frankfritter* umgebildet.[3] – Englisch *sparrow-grass* (wörtlich 'Spatzengras') war eine Umbildung aus *asparagus* 'Spargel' (Lehnwort aus dem Lateinischen), konnte sich aber nicht durchsetzen.[4] – In *female* 'weiblich' steckt nicht englisch *male*

1 Siehe jeweils Room (1986) S. 91, 157.
2 Siehe Graur (1970) S. 79.
3 Siehe McKnight (1969) S. 181.
4 Siehe z. B. Mayer (1962) S. 93.

'männlich' (anders als bei *woman*, worin *man* steckt), sondern *female* ist mittelenglisch *femel* und über das Französische aus lateinisch *femella* entlehnt, einer Verkleinerungsform von lateinisch *femina* 'Frau'.[5] – *causeway* stammt aus dem altfranzösischen *caucie* (französisch *chaussée*) und wurde im Englischen an *way* angeglichen. – *chessman* 'Schachfigur' stammt im zweiten Teil aus altfranzösisch *-meyné* 'Gesellschaft', was im Englischen nach *men* umgebildet wurde. – *frontispiece* 'Titelbild' geht auf mittellateinisch *frontispicium* 'Sicht auf die Vorderseite' (zu *frōns* 'Vorderseite' und *spicere* 'sehen') zurück, im Englischen wurde das Wort nach falscher Trennung der Bestandteile an *piece* 'Stück' angelehnt.[6] – Das englische *penthouse* hat ursprünglich nichts mit *house* zu tun, sondern war im Mittelenglischen noch *pentis* 'kleiner Anbau', eine Entlehnung aus dem Französischen, die letztlich auf lateinisch *appendix* 'Anhang' zurückgeht. Die Entwicklung von *pentis* zu *penthouse* hat wahrscheinlich der volksetymologische Anschluß an französisch *pente* 'schräg' beeinflußt (die Anbauten hatten nur eine einzige Dachschräge).

Die amerikanische Wendung *take it for granite* (wörtlich 'nimm es für Granit') ist umgebildet aus *take it for granted* 'sieh es als erwiesen an'.[7] – In asiatisch-amerikanischem Sprachkontakt wurde eine sehr populäre japanische Melodie, *Shina no yoru* 'China Night', volksetymologisch zu *She ain't got no yoyo* verändert, koreanisch *saekssi* 'junge Frau' hat man als *sexy* interpretiert und *ttal* 'Tochter' als *doll* 'Puppe'.[8] – Im Zweiten Weltkrieg sind in den amerikanischen Truppen, die in Frankreich stationiert waren, die französischen Ortsnamen *Bricquebec* als *Bricabrac* 'Nippsa-

5 Siehe Room (1986) S. 62.
6 Siehe jeweils Koziol (1967) S. 118 f.
7 Siehe Hench (1973).
8 Siehe Algeo (1960) S. 119 f.

chen' und *Isigny* als *Easy Knee* mundgerecht gemacht worden.[9] – Eine bekannte Volksetymologie aus Pennsylvanien und Umgebung ist *bell-snickel* für *Pelznickel* 'Nikolaus, Schreckgestalt', eine Entlehnung aus dem Deutschen. – Aus dem ursprünglich deutschen *dachshund* wurde der *dashhound* (*to dash* 'stürmen', *hound* 'Jagdhund'), aus *rathskeller* der *rat-cellar* (*rat* 'Ratte'), aus *Doberman pinscher* wurde (wegen seines Beißens) *Doberman pincer* ('Kneifer'), und *ribbespeer* wurde zu *spareribs* umgeändert.[10] – Aus indianisch *otchek* (eine Wieselart) entstand *woodchuck* (*wood* 'Holz', *chuck* 'Wurf, schmeißen'), das zur Bezeichnung einer 'Art von Murmeltier' wurde, und indianisch *wiskatjân* wurde zu *whisky-jack* und *whiskey-john* (Bezeichnung für eine Elsternart) umgeformt.[11]

Französisch *bouledogue* übersetzt in volksetymologischer Anlehnung an französisch *boule* 'Kugel' das englische *bull dog* 'Hund für die Stierhetze' (ins Deutsche als *Bulldogge* entlehnt), worin englisch *bull* 'Bulle, Stier' steckt.[12] – Französisch *choucroûte* (französisch *chou* 'Kohl' und *croûte* 'Kruste') ist eine volksetymologische Entlehnung über elsässisch *Surkrut* aus deutsch *Sauerkraut*.[13] – Die Pappel (französisch *peuplier*) konnte in Frankreich zum Symbol der Freiheit werden, weil französisch *peuplier* an französisch *peuple* 'Volk' anklingt.[14] – Ebenso wurde in der französischen Volksmedizin ein Absud aus Veilchen, die im Februar (französisch *février*) gepflückt wurden, als Mittel gegen Fieber (französisch *fièvre*) eingesetzt.[15] – Die französischen *jours ouvrables* werden heute als die 'Tage, an denen

9 Siehe American Speech (1946).
10 Siehe jeweils Eichhoff (1979) S. 139.
11 Siehe Koziol (1967) S. 120.
12 Siehe z. B. Deroy (1956) S. 282.
13 Siehe Baldinger (1973) S. 19.
14 Siehe Mackensen (1927) S. 37.
15 Siehe Kainz (1972) S. 368.

die Geschäfte geöffnet sind' empfunden, ursprünglich gehört der Ausdruck aber nicht zu französisch *ouvrir* 'öffnen', sondern zu französisch *ouvrer* 'arbeiten' und meinte die 'Tage, die zur Arbeit bestimmt sind'.[16] – Die *mouche cantharide*, die 'spanische Fliege', wird in Pulverform den Kühen als Aphrodisiacum verabreicht. Da das griechische Lehnwort, das im 14. Jahrhundert ins Französische entlehnt wurde, in seiner Motivation nicht mehr deutlich war, wurde es etwa zur *mouche tantalique* 'quälende Fliege' oder *mouche catholique* 'katholische Fliege' umgestaltet.[17] – Das 'Abendmahlsbrot', französisch *pain à chanter* (zu *chanter la messe* 'die Messe lesen'), wird in verschiedenen Dialekten volksetymologisch zum *pain enchanté* 'verzaubertes Brot'.[18] – Volkstümlich heißen in Piemont einige Kirchen und Kapellen, die an ehemaligen Jakob-Straßen lagen, *San Giacu d'l'argalissia* 'Heiliger Jakob vom Süßholz'; dabei erklärt sich *argalissia* 'Süßholz' als volksetymologische Umdeutung aus *La Galissia* 'das 'Galicien'.[19] – Von Mundartaufnahmen in Südfrankreich berichtet Maas (1973) S. 38, daß die Hauptstraße in den kleinen Dörfern häufig den Namen des Schutzpatrons der angelegenen Dorfkirche trägt. Manche Straßen tragen dabei den seltsamen Namen *Le viol de la Sainte Vierge* 'Die Vergewaltigung der Heiligen Jungfrau'. Die vermeintliche 'Vergewaltigung' entspringt hier einer Hyperkorrektur des Dialektworts für 'Straße' *lu biol* (aus lateinisch *viale*), wobei dialektales *b-*, dem standardsprachliches *v-* entspricht, überkorrekt ersetzt wurde. – Neufranzösisch *acétylène* 'Acetylen, gasförmiger, brennbarer Kohlenwasserstoff' ist ein Lehnwort aus dem Englischen, im Dialekt von Loches ist es volksetymologisch zu *sainte-*

16 Siehe Gamillscheg (1951) S. 187.
17 Siehe Pfister (1980) S. 103.
18 Siehe Baldinger (1981) S. 72 f.
19 Siehe Hirsch (1964) S. 305.

hélène geworden.[20] – Das bildungssprachliche *Blaubart* 'Frauenmörder' stammt im 18. Jahrhundert aus dem Französischen, wo es vom Namen des Ritters *Barbe Bleu* im französischen Märchen kommt. Dieser Ritter testete den Gehorsam seiner Frauen und tötete sie, wenn sie seine Probe nicht bestanden. Französisch *Barbe Bleu* ist dabei wahrscheinlich aus älterem *barbeu* umgedeutet, was aus einer frühen Entsprechung von *Werwolf* kommt. – Auch die gläsernen Schuhe aus dem Märchen (Aschenbrödel) entstammen wahrscheinlich einer Volksetymologie aus dem Französischen. Hier ersetzte wohl *souliers de verre* 'Schuhe aus Glas' älteres *souliers de vair* 'Schuhe aus Pelz'.[21] – Warum wird die Tomate älter als *Liebesapfel* bezeichnet? DUDEN Universalwörterbuch (1989) S. 953 verweist hier auf »Rot als Farbe der Liebe u. auf den Apfel als häufig verwendetes Symbol des Liebeszaubers«. Eine andere Erklärung führt französische Volksetymologie an: »Im Italienischen nannte man in Verkennung des Ursprungslandes der Tomaten diese *pomi dei Mori* ['maurische Äpfel'] (mala Aethiopica), was aber in Frankreich als *pommes d'amour* 'Liebesäpfel' mißverstanden wurde und ins Deutsche sowie nach England als *love apples* hinübergenommen wurde.«[22]

Im Rumänischen wurde die *reclamaţie* 'Reklamation' im Munde des Bauern zur *lăcrămaţie*. Da man das Weinen, mit dem jemand auf der Behörde sein Recht reklamiert, vor Augen hatte, wurde das Wort volksetymologisch an das Verb *a lăcrăma* 'Tränen vergießen, weinen' (lateinisch *lacrimāre*) angeschlossen. – In Siebenbürgen wurde aus der *ţigară* 'Zigarre' eine *sugară* 'Saugarre', da man die Zigarre, an der man saugt, mit *a suge* 'saugen' zusammengebracht hat. – Aus *lângoare* 'Typhus' wurde, weil dies eine lange

20 Siehe Pfister (1980) S. 103.
21 Vgl. Knobloch (1968) S. 248.
22 Knobloch (1968) S. 238; Einfügung in eckigen Klammern von mir.

Krankheit ist, *lungoare* in Anlehnung an *lung* 'lang'. – Das *carrousel* 'Karussell', ein Lehnwort aus dem Französischen, wurde zum *căluşei* 'Karussell' umgestaltet wegen der naheliegenden *căluşei* 'Pferdchen' (Singular *căluşel*). – *recipisă* 'eingeschriebener Brief' wurde teilweise *repeziş* genannt in Anlehnung an rumänisch *repede* 'schnell'. – Das Fremdwort *bubon* 'Drüsenschwellung' und *buboiu* (Augmentativ zu *bubă* 'Geschwür') sehen volksetymologischerweise viele Intellektuelle miteinander verbunden; das gleiche gilt für *perucă* 'Perücke' und *păr* 'Haar'. – Volksetymologische Interpretation sieht *a face ravagii* 'verheeren' (vom französischen *faire des ravages*) und *a răvăşi* 'wüst durcheinanderwerfen' miteinander verwandt.[23] – Aus der Bukowina ist *barba-Saftei* 'der Bart der Safta (Frauenname)' für *Rhabarbersaft* bekannt.[24]

In der *Avocado* steckt der spanische 'Advokat' (spanisch *avocado*), was aber eine volksetymologische Umdeutung aus der Fruchtbezeichnung *ahuacatl* der mittelamerikanischen Indianersprache Nahuatl ist. – Dem katalanischen Käuzchen, *òliba*, was mit deutsch *Eule* verwandt ist, wird volkstümlich nachgesagt, daß es das Öl aus den Kirchenlampen trinke. Dies ist eine volksetymologische Sage. Die Käuzchenbezeichnung *òliba* wurde ausgedeutet mit katalanisch *oli* 'Öl' und *beure* 'trinken', was man wohl mit der Endsilbe *-ba* in Verbindung gebracht hatte.[25] – Von dem lateinischen Adjektiv *vagabundus* 'unstet', das von dem Verb *vagāri* mit dem Suffix *-bundus* abgeleitet ist, stammt die Bezeichnung des Vagabunds, die ins Deutsche direkt aus dem französischen *vagabond* entlehnt ist. In Italien ist es standardsprachlich der *vagabondo*. Im Spanischen aber wie auch in einigen Dialektbezirken Italiens (etwa in Piacenza)

23 Siehe jeweils Puşcariu (1943) S. 6 und 511.
24 Siehe Cazacu (1957) S. 184.
25 Siehe Baldinger (1973) S. 25.

wurde das Wort mit der 'Welt' (spanisch *mundo*, italienisch *mondo* – vom lateinischen *mundus*) in Verbindung gebracht und zu spanisch *vagamundo* bzw. im Italienischen *vagamondo* umgestaltet. So hat man den Vagabund volksetymologisch als 'Weltenbummler' verstanden.[26]

In dem Musik-Wort *Serenade* steckt eine italienische Volksetymologie. Das Wort geht über das Französische auf italienisch *serenata* zurück, das von italienisch *sereno* 'heiter' (von lateinisch *serēnus*) kommt. In Anlehnung an italienisch *sera* 'Abend' entwickelte das Wort auch die Bedeutung 'Abendständchen'. – Ebenso ist der *Scharlatan* (z. T. über das Französische) aus italienisch *ciarlatano* entlehnt, dem *cerretano* 'Kurpfuscher, Marktschreier' (wörtlich: 'Mann aus Cerreto') vorausgeht. Durch volksetymologische Vermischung mit *ciarlare* 'schwatzen' entstand daraus der *ciarlatano*. – Die fachsprachliche Bezeichnung *Belladonna* 'Tollkirsche' oder 'Arznei aus der Tollkirsche' ist aus italienisch *belladonna* entlehnt, was das gleiche bezeichnet und morphologisch 'schöne Frau' bedeutet. Das italienische Wort ist volksetymologisch umgedeutet aus mittellateinisch *bladona*, *blandonia* 'Nachtschatten', das wohl aus dem Gallischen kommt. Sachlich rechtfertigt sich die volksetymologische Neumotivierung, indem die Tollkirsche in Schönheitsmitteln, vor allem zur Vergrößerung der Pupillen, gebraucht wurde.

Bei *Admiral* (Titel eines hohen Marineoffiziers) schwingt anders als bei *General* (beide Wörter dienen bezeichnenderweise auch als Putzmittelnamen) etwas Glorienhaftes mit, man assoziiert Herrlichkeit, das Geglitzer und Gefunkel der Schulterborten, die stolzgeschwellte Brust. Daß hohe Militärbefehlshaber oft bewundert werden, mag sich durch das Ansehen eines Heers in der Bevölkerung erklären. Die

26 Siehe Panagl (1982) S. 10.

stilistische Assoziation des Bewunderungswürdigen bei *Admiral* ist aber sicherlich mitbedingt und gestützt durch eine volksetymologische Verknüpfung im Lateinischen. Sprachgeschichtlicher Ausgangspunkt ist der arabische *amīr* 'Befehlshaber', der im Mittellateinischen als *admiratus* u. ä. (Bezeichnung afrikanischer und morgenländischer Herrscher) erscheint, wobei er mit dem lateinischen Verb *admīrārī* 'bewundern' verknüpft ist. Über das Altfranzösische ist das Wort im 12. Jahrhundert ins Mittelhochdeutsche gelangt und im 16./17. Jahrhundert durch eine Neuentlehnung des französischen *admiral* ersetzt worden. – Die *Mandel* stammt ursprünglich aus dem griechischen *amygdálē*, dessen weitere Herkunft unklar ist. Im Lateinischen wurde das Wort zu *amandula* (wahrscheinlich in volksetymologischer Anlehnung an *amandus* 'lieblich' oder *mandere* 'kauen') umgebildet, woraus das deutsche *Mandel* stammt. An die lateinische Mandel, *amandula*, kann auch die lateinische Mandoline, ursprünglich *pandūra*, angelehnt worden sein, die dann als *mandora* und *mandola* erscheint und über die italienische Verkleinerungsform *mandolino* und französisch *mandoline* ins Deutsche entlehnt worden ist. – Die *Miniatur* hat ursprünglich gar nichts mit 'Kleinmalerei' zu tun. Das Wort gehört als mittellateinisch *miniātūra* zu *minium* 'Zinnoberrot' und bezeichnete das Ausmalen von Initialen mit zinnoberroter Farbe. Durch volksetymologische Anlehnung an lateinisch *minor* 'klein(er)', italienisch *minore* 'kleiner' entwickelte das Wort die Bedeutung 'kleines Bild'. – *Majoran* ist aus dem mittellateinischen *majorana*, *majoracus* entlehnt, das unter volksetymologischer Anlehnung an *maior* 'größer' aus lateinisch *amāracus* umgebildet ist. Die lateinische Bezeichnung wird über griechisch *amārakos* auf eine orientalische Sprache zurückgeführt. Die Entlehnung ergab im Althochdeutschen *maiolan* und im Mittelhochdeutschen *meigramme* und (durch erneute gelehrte Anlehnung an mittellateinisch *majorana*) *maiorān*. – *Duell* ist erst sekundär, und zwar im mittellateinischen *duellum*, mit lateinisch *duo* verbunden worden und hat danach seine Bedeutung zu 'Zweikampf' verändert. In dieser Bedeutung ist es im 17. Jahrhundert ins Deutsche entlehnt worden. Zugrunde liegt altlateinisches *duellum*, das einfach 'Krieg' bedeutete. Dieses *duellum* ergab lateinisch *bellum* 'Krieg', blieb aber in der alten Lautgestalt als Nebenform erhalten und wurde dann nach der volksetymologischen Anbindung an *duo* mit der volksetymologisch veränderten Bedeutung 'Zweikampf' wieder aufgenommen. – Daß die Römer Hasenfleisch für ein Schönheitsmittel hielten, erklärt sich, weil man die lautlich ähnlichen Wörter *lepōs* 'Anmut' und *lepus* 'Hase' miteinander in Verbindung brachte.[27]

Die griechische *Aphrodítē* stammt aus phönizisch *Aštoreth*. Im Griechischen wurde in das Wort aber *aphrós* 'Schaum' und *déato* 'erschien' hineingedeutet, was wohl der Mythos, daß die Göttin aus dem Schaum geboren sei, mitbedingt hat.[28] – Den Amazonen, dem (der griechischen Sage nach) kriegerischen Frauenvolk in Kleinasien, wird legendenhaft nachgesagt, daß sie sich eine Brust amputierten, um ihre Waffen besser handhaben zu können. Eine volksetymologische Sage! Die Etymologie der Amazone ist nicht ganz klar. Daß in dem Wort griechisch *mazós* 'Brustwarze, Mutterbrust' mit dem negierenden *a-* (α-privativum) steckt und die Bedeutung des Worts also 'brustlos' sei, ist eine fehletymologische Erklärung. Darauf beruht die Sage, daß die Amazonen nur eine Brust gehabt hätten, um so besser mit Pfeil und Bogen umgehen zu können. Für die tatsächliche Etymologie des Wortes ist vielmehr der Name eines iranischen Volksstammes wahrscheinlicher. Man erwägt,

27 Siehe Kainz (1972) S. 368.
28 Vgl. Coseriu (1971) S. 33 f.

daß die Amazonen iranisch **hama-ǰana-* genannt worden sind, was 'Tötende' mit einem verstärkenden Präfix bedeutet. Das skythische Wort für die Amazonen, das Herodot bezeugt, Οἰορπατα, bedeutet 'Männer-Tötende' und weist so in die gleiche Richtung. Bei der Übernahme ins Altgriechische, *Amāzón*, wurde die Benennung aber volksetymologisch als *ἀ* und *μαζός* 'ohne Mutterbrust' interpretiert, was die Sage von der verstümmelten rechten Brust der Amazonen zur Folge hatte.[29] – Aus dem Griechischen kommt auch das Wort *Diamant*, was griechisch der *adámas* war. Dies ist vielleicht selbst entlehnt und volksetymologisch auf griechisch *damnánai* 'bezwingen' bezogen worden wegen der großen Härte des Edelsteins. Griechisch *adámas* wurde dann ins Romanische entlehnt, wo sich das anlautende *dia-* entwickelte (mittellateinisch *diamas*, altfranzösisch *diamant*), was vielleicht auf einen volksetymologischen Anschluß an griechisch *diaphaínein* 'durchscheinen' zurückgeht. Durch diesen Neuanschluß wurde der Edelstein auch von der Bedeutung 'Metall' abgegrenzt.

Der altbabylonische Gott Dagan, der mit dem alttestamentarischen Philistergott Dagon übereinstimmt, ist ursprünglich ein Erdgott bzw. spezieller ein Getreidegott. Der Name gehört zu hebräisch *dāgān* 'Getreide'. Auf volksetymologischem Wege wurde daraus später (etwa bei Hieronymus) ein Fischgott durch Anschluß an hebräisch *dāg* 'Fisch'.[30]

Russische Beispiele sind etwa *mokress* für *kompress* 'Kompresse', das nach *mokryi* 'naß' umgestaltet wurde, ebenso wie *gul'war* statt *bul'war* 'Promenade', was aus französisch *boulevard* kommt und volksetymologisch an *guljat'* 'spazierengehen' angelehnt wurde. *poluklinika* ersetzt *poliklinika* 'Poliklinik', was an *polu-* 'halb' angelehnt

29 Siehe Pfeifer (1995) S. 32 und Knobloch (1968) S. 240.
30 Siehe Baldinger (1973) S. 9.

wurde, und *spinshak* steht für *pidshak* 'Herrenjacket', indem man *spina* 'Rücken' hineinlas. *mramorial'naja doska* ersetzt älteres *memorial'naja doska* 'Gedenktafel' in Anlehnung an naheliegendes *mramor* 'Marmor'.[31]

Im Polnischen ist z. B. die *cykoria* (die Zichorie) unter Einfluß von *cukier* 'Zucker' mundartlich zur *cukieria* 'Zichorie' geworden, weiter ist *foranka* (entlehnt aus deutsch *Vorhang*) unter Einfluß von mundartlichem *furać* 'fliegen' zu mundartlichem *furanka* '(assoziativ: die fliegende) Gardine' umgebildet worden. Aus *mozaika* 'Mosaik' ist in Anlehnung an *mazać* 'schmieren; beschmutzen' *mazajka* 'Geschmier' entstanden, und der *Münzer* 'Münzenmacher', was aus dem Deutschen entlehnt ist, wurde unter Einfluß von *mieniać* 'wechseln' zum (heute veralteten) *mieńcarz* 'Wechsler'.[32]

Tschechisch *králík* bezeichnet das Kaninchen und bedeutet wörtlich 'kleiner König' (tschechisch *král* 'König'). Das Wort ist eine Übersetzung aus österreichisch *Künigl*, was vom lateinischen *cuniculus* 'Kaninchen' kommt, aber bei der Übersetzung volksetymologisch als 'kleiner König' verstanden wurde.[33]

Aus Indonesien wird berichtet, daß in Seribudolok auf Sumatra das Lehnwort *talipon* 'Telefon' als 'Drähte' (*tali*) an 'Stämmen' (*pohon*) verständlich gemacht wurde.[34]

Eine Volksetymologie aus dem Türkischen steckt in der Wortgeschichte von *Dolmetscher*, was im 13. Jahrhundert (über slawische oder ungarische Vermittlung) aus türkisch *tilmaç* ins Deutsche entlehnt wurde. Dieser türkische Ausdruck ist volksetymologisch an alttürkisch *til* 'Zunge, Sprache' mit dem türkischen Suffix *-maç* angeglichen aus dem

31 Siehe Lenkowa (1959) S. 140.
32 Siehe Cienkowski (1971) S. 54 f.
33 Siehe Knobloch (1968) S. 240.
34 Siehe Kahlo (1960) S. 11 f.

Wort *Talami* 'Mittelsmann, Dolmetscher' der kleinasiatischen Mitannisprache.

Havarie ist ein Lehnwort aus dem Niederländischen, wo *haverij* 'Betriebskosten der Schiffahrt, Beschädigung von Schiff und Ladung' volksetymologisch an *haven* 'Hafen' angeglichen ist aus *averij*; dies geht über mehrere romanische Sprachen zurück auf das arabische Wort *'awārīya* '(durch Meerwasser beschädigte) Ware' (von arabisch *awār* 'Fehler, Mangel'). – Auch in der Hängematte steckt eine niederländische Volksetymologie. Die weitverzweigte Wortgeschichte der Hängematte führt auf haitianisch *hamáka* zurück, wie die Eingeborenen ihr Schlafnetz nannten. Die Matrosen des Kolumbus übernahmen das Schlafnetz und brachten das Wort nach Europa mit. Dort erschien es zuerst als spanisch *hamaca*, danach im Romanischen. Im Niederländischen des 17. Jahrhunderts wurde die Bezeichnung *hangmak* volksetymologisch zu *hangmat* umgedeutet. Das Deutsche, wo zuerst 1529 die Bezeichnung *Hamaco* auftauchte, übernahm dann aus dem Niederländischen diesen volksetymologischen Terminus in der Lehnübersetzung *Hängematte*.

Einige verwendete Fachausdrücke

Abstraktum: ein Substantiv, das – im Gegensatz zum Konkretum – nichtgegenständliche Erscheinungen (was man nicht anfassen kann) bezeichnet, u. a. Eigenschaften (*Freundlichkeit*), Vorstellungen (*Seele*), Zustände (*Angst*), Beziehungen (*Konkurrenz*)

Althochdeutsch: eine sprachgeschichtliche Hauptentwicklungsphase des Deutschen; klassische Einordnung: 8. Jahrhundert bis 1050

Appellativum: ein Wort, das etwas oder jemanden klassifiziert, d. h. in eine bestimmte Bezeichnungsklasse aufgrund gleicher Merkmale einordnet (z. B. *Stuhl*, *Lehrer*) im Unterschied zum Eigennamen, der ein Individuum identifiziert (z. B. *Georg Büchner*)

Assimilation: die Ähnlichmachung von zwei verschiedenen Lauten in einer aufeinanderfolgenden Lautfolge, z. B. mittelhochdeutsch *zimb*er > neuhochdeutsch *Zimm*er

Bestimmungswort: der erste unmittelbare Bestandteil einer Wortzusammensetzung, eines Kompositums (z. B. *Langzeit-* in *Langzeitbatterie*)

Diphthongierung: eine sprachgeschichtliche Veränderung des Phonemsystems einer Sprache, bei der ein langer Vokal sich zu einem Zwielaut entwickelt, der die Funktion eines einzigen Phonems (bedeutungsunterscheidenden Lauts) hat; in der sogenannten (früh)neuhochdeutschen Diphthongierung wandelten sich ⟨*ī*⟩ zu ⟨*ei*⟩ oder ⟨*ai*⟩ (/iː/ zu /ai/), ⟨*iu*⟩ zu ⟨*eu*⟩ oder ⟨*äu*⟩ (/yː/ zu /oe/) und ⟨*ū*⟩ zu ⟨*au*⟩ (/uː/ zu /au/), z. B mittelhochdeutsch *mīn niuwes hûs* > neuhochdeutsch *mein neues Haus*

Dissimilation: die Unähnlichmachung von zwei ähnlichen Lauten in einer aufeinanderfolgenden Lautfolge, z. B. mittelhochdeutsch *klobelouch* > neuhochdeutsch *Knoblauch*

Etymologie: die Suche nach der ursprünglichen Motiviertheit eines Worts, nach dessen 'wahrer' Bedeutung

Etymon: griechisch ἔτυμον 'Wahrheit'; die ursprüngliche Bedeutung und Form eines Wortes

Frühneuhochdeutsch: eine sprachgeschichtliche Hauptentwicklungsphase des Deutschen; klassische Einordnung: 1350 bis 1650

gelehrte Etymologie: das vor- und nicht-wissenschaftliche Etymologisieren, das wegen fehlender sprachgeschichtlicher Kenntnisse in synchronen Erklärungen verhaftet bleibt, die die Fakten oft nicht treffen

Grundwort: der zweite unmittelbare Bestandteil einer Wortzusammensetzung, eines Kompositums (z. B. *-arbeit* in *Heimarbeit*)

Homonyme: klassischerweise Wörter, die gleich lauten (z. B. *Degen* 'Waffe' und *Degen* 'Krieger' oder *Bauer* 'Vogelkäfig' und *Bauer* 'Landmann'), aber sprachgeschichtlich unterschiedlicher Herkunft sind – im Unterschied zu den sogenannten Polysemen (z. B. *Hahn* 'Vogeltier' und *Hahn* 'Wasserhahn'), die aus einem Wort entstanden sind bzw. zwei Bedeutungen eines Wortes ausprägen

Interjektion: eine Wortart, die syntaktisch selbständig, formal unveränderlich ist und eine Gemüts- oder Willensregung ausdrückt (z. B. *Mist!*, *mein Gott!*, *juchhe!*)

Kollektivbildung: ein Wortgebilde, das eine Vielzahl als Einheit bezeichnet (z. B. *Gestirn* gegenüber *Stern*, *Lehrerschaft* gegenüber *Lehrer*)

Kompositum: ein Wortbildungsgefüge, das aus mindestens zwei selbständigen Wörtern (frei vorkommenden Morphemen, z. B. *Haus*, oder Morphemkonstruktionen, z. B. *Haltbarkeit*) oder Wortstämmen (z. B. *ess-*) besteht (etwa *Hausmann*, *Haltbarkeitsdatum*, *Eßtisch*)

Metapher: das Ersetzen eines Ausdrucks durch einen anderen, der mit ihm mindestens ein semantisches Merkmal gemeinsam hat – das *tertium comparationis* 'das Dritte des Vergleichs' – (z. B. *Pferdeschwanz* für 'Haarzopf – der wie ein Pferdeschwanz aussieht', *Giftspritze* 'boshafter Mensch – dessen Äußerungen wie Gift sind')

Metonymie: das Ersetzen eines Ausdrucks durch einen anderen, der mit ihm in der Realität (kontiguitativisch) kausal, räumlich oder zeitlich zusammenhängt (z. B. *verballhornen* für 'entstellen, verschlimmbessern' nach dem Lübecker Buchdrucker Johann Bal(l)horn, der im 16. Jahrhundert eine stark entstellte Ausgabe des lübischen Rechts gedruckt hat; *ein Glas trinken* für '(ein Glas) Alkohol trinken')

Mittelhochdeutsch: eine sprachgeschichtliche Hauptentwicklungsphase des Deutschen; klassische Einordnung: 1050 bis 1350

motiviert: ist ein Wortgebilde, wenn sich seine Gesamtbedeutung synchron aus den Bedeutungen seiner unmittelbaren Bestandteile erschließen läßt (z. B. *Vollkornbrot* 'Brot aus Vollkornteig', weniger motiviert ist etwa *Fahrstuhl*, unmotiviert etwa *Nachbar*)

Neuhochdeutsch: eine sprachgeschichtliche Hauptentwicklungsphase des Deutschen; klassische Einordnung: ab 1650

Polyseme: Wörter, die gleich lauten (z. B. *Brücke* 'Verbindung zweier Tal- oder Flußseiten', *Brücke* 'Zahnersatz', *Brücke* 'Turnübung', *Brücke* 'schmaler Teppich') und sprachgeschichtlich, im Unterschied zu den Homonymen, aus einem Wort mit einer gemeinsamen Grundbedeutung (hier 'Überbrückung eines Zwischenraums') entstanden sind

Possessivkompositum: ein Wortbildungsgefüge (z. B. *Rotkehlchen*), dessen erster unmittelbarer Bestandteil den zweiten näher bestimmt ('rotes Kehlchen'), das aber im Unterschied zum sogenannten Determinativkompositum (*Hochhaus* ist ein 'Haus') etwas bezeichnet, das die Bestandteile der Zusammensetzung selbst nicht bezeichnen (*Rotkehlchen* ist kein 'Kehlchen' und kein 'Rot', sondern ein 'Vogel, der ein rotes Kehlchen hat/besitzt')

Präfix: ein bedeutungstragendes Element (Morphem) der Wortbildung und Flexion, das einem Wort vorangesetzt wird (z. B. *be-* in *belehren*, *un-* in *unsagbar*, *ge-* in *geliebt*)

Rotwelsch: rotwelsch *Rot* 'Bettler' und *welsch* 'romanisch, unverständlich'; eine im 13. Jahrhundert entstandene Geheimsprache der Gauner und Bettler im Deutschen, die viele Anleihen aus dem hebräischsprachigen Anteil des Jiddischen, den Zigeunersprachen und vor allem deutsche Wörter mit Sonderbedeutung enthält

semantisch: die Bedeutung betreffend

Simplex: lateinisch *simplex* 'einfach'; ein Wort (wie z. B. *Hand*), das weder zusammengesetzt (wie etwa *Handschelle*) noch abgeleitet (wie etwa *handlich*, *aushändigen*) ist

Suffix: ein bedeutungstragendes Element (Morphem) der Wortbildung und Flexion, das an ein Wort oder einen Wortstamm angefügt wird (z. B. *-heit* in *Weisheit*)

Tautologie: griechisch ταυτολόγος 'die gleiche Aussage'; eine Form der semantischen Überflüssigkeit, wobei zwei oder mehr bedeutungsgleiche oder -ähnliche Wörter eine Bezeichnung bilden (z. B. *Einzelindividuum*, mittelhochdeutsch *smutzelachen* 'schmunzellachen')

Volksetymologie: die Neumotivierung eines Worts oder einer Wendung mit isoliertem (vereinzeltem) Wortmaterial, wobei die Lexikoneinheit z. T. mit lautlicher Umgestaltung mit einer neuen Wortfamilie oder einem bekannteren Wort verbunden wird. Die

Erscheinung gehört in den größeren Zusammenhang des synchronen Wortgruppen-Bildens bzw. der Verdeutlichung.

Wortfamilie: eine Gruppe von Wörtern innerhalb einer Sprache, die zu demselben Wortstamm gehören (z. B. *lieb* mit *Liebe*, *lieben*, *Liebchen*, *Liebling*, *lieblich*, *verlieben*, *liebkosen*, *Haßliebe*, *Liebesgedicht* usw.)

Wurzel: sprachgeschichtlich rekonstruierte Lautreihe, die als nicht mehr zerlegbare Grundform eines Worts und als Ausgangsform für eine Gruppe etymologisch verwandter Wörter angesehen wird

> 'wird zu' (z. B. mittelhochdeutsch *mūlwerf* > neuhochdeutsch *Maulwurf*)

< 'entsteht aus' (z. B. französisch *moineau* < lateinisch *monachus* 'Mönch')

* (Asteriskus) die Form ist nur rekonstruiert und nicht historisch belegt

Weitere Informationen liefern linguistische Wörterbücher wie z. B.:

Bußmann, Hadumod: Lexikon der Sprachwissenschaft. 2., völlig neu bearb. Aufl. Unter Mithilfe und mit Beiträgen von Fachkolleginnen und -kollegen. Stuttgart 1990.

Glück, Helmut (Hrsg.): Metzler Lexikon Sprache. Stuttgart/Weimar 1993.

Lewandowski, Theodor: Linguistisches Wörterbuch. 4., neu bearb. Aufl. 3 Bde. Heidelberg/Wiesbaden 1984–85.

Literaturverzeichnis

Die etymologischen und sprachgeschichtlichen Angaben richten sich nach den etymologischen Wörterbüchern Kluge/Seebold (1989), Kluge/Seebold (1995), Pfeifer (1995) und DUDEN Etymologie (1989) sowie dem Deutschen Wörterbuch von Paul/Henne/Objartel (1992).

Viele der besprochenen Wörter und Wendungen finden sich, zumeist oft wiederholt, in der wissenschaftlichen Literatur über Volksetymologie angeführt, wie sie in Olschansky (1996) zusammengetragen ist. Hier habe ich dagegen weitestgehend auf Belegangaben verzichtet. Trotzdem ist folgende Literatur im Buch genannt. In den Zitaten im Text habe ich die Fachabkürzungen zur Vollform aufgelöst.

Algeo (1960) John T. Algeo: Korean Bamboo English. In: American Speech 35 (1960) S. 117–123.

American Speech (1946) [Anonym]: Jottings. In: American Speech 21 (1946) S. 44.

Andresen (1919) Karl Gustav Andresen: Ueber deutsche Volksetymologie. 7., verb. Aufl. besorgt von Hugo Andresen. Leipzig 1919.

Assmann (1971) Dietmar Assmann: Volksetymologie und Heiligenverehrung. In: Studien zur Namenkunde und Sprachgeographie. Festschrift für Karl Finsterwalder zum 70. Geburtstag. Hrsg. von Wolfgang Meid, Hermann M. Ölberg und Hans Schmeja. Innsbruck 1971. S. 405–413.

Augst (1975) Gerhard Augst: Überlegungen zu einer synchronen etymologischen Kompetenz. In: G. A.: Untersuchungen zum Morpheminventar der deutschen Gegenwartssprache. Tübingen 1975. S. 156–230.

Bach (1952–1956) Adolf Bach: Deutsche Namenkunde. 3 Bde. Heidelberg 1952–56.

Bahlow (1953) Hans Bahlow: Schlesisches Namenbuch. Mit einer Kartenskizze. Kitzingen 1953.

Bahlow (1967) Hans Bahlow: Deutsches Namenlexikon. Familien- und Vornamen nach Ursprung und Sinn erklärt. München 1967.

Bahlow (1972) Hans Bahlow: Niederdeutsches Namenbuch. Walluf bei Wiesbaden 1972.

Bahlow (1985) Hans Bahlow: Deutschlands geographische Namenwelt. Etymologisches Lexikon der Fluß- und Ortsnamen alteuropäischer Herkunft. Frankfurt a. M. 1985.

Baldinger (1973) Kurt Baldinger: Zum Einfluß der Sprache auf die Vorstellungen des Menschen (Volksetymologie und semantische Parallelverschiebung). Vorgetragen am 11. November 1972. Heidelberg 1973. (Sitzungsberichte der Heidelberger Akademie der Wissenschaften. Philosophisch-historische Klasse. 1973. 2. Abh.)

Baldinger (1981) Kurt Baldinger: Romanische Etymologie. Zu: Max Pfister. Einführung in die romanische Etymologie. 1980. In: Sprachwissenschaft 6 (1981) S. 69–76.

Barenscheer (1960) Friedrich Barenscheer: Die Hofnamen des Kreises Celle. Celle 1960.

Bartels (1893) P. Bartels: Zur Volksetymologie. In: Zeitschrift für den deutschen Unterricht 7 (1893) S. 56.

Bebermeyer (1974) Renate Bebermeyer: Zur Volksetymologie: Wesen und Formen. In: Sprache und Sprachhandeln. Festschrift für Gustav Bebermeyer zum 80. Geburtstag am 16.10.1970. Arbeiten aus seinem Freundes- und Schülerkreis hrsg. von Jochen Möckelmann. Hildesheim / New York 1974. S. 156–187.

Bebermeyer (1977) Renate Bebermeyer: Volksetymologische Wortspiele im heutigen Sprachgebrauch. In: Sprachspiegel 33 (1977) S. 8–12.

Bellmann (1971) Günter Bellmann: Slavoteutonica. Lexikalische Untersuchungen zum slawisch-deutschen Sprachkontakt im Ostmitteldeutschen. Berlin / New York 1971.

Berger (1993) Dieter Berger: DUDEN. Geographische Namen in Deutschland. Herkunft und Bedeutung der Namen von Ländern, Städten, Bergen und Gewässern. Mannheim [u. a.] 1993.

Berlin (1958) Konrad Berlin: Berliner Bär und Mäuseturm. In: Muttersprache (1958) S. 271–273.

Cazacu (1957) B. Cazacu: Sur la réaction du sujet parlant par rapport au fait linguistique. In: Mélanges linguistiques. Publiés à l'occasion du VIIIe congrès international des linguistes à Oslo, du 5 au 9 août 1957. Bucarest 1957. S. 175–188.

Cienkowski (1971) Witold Cienkowski: Die Rolle der lautlichen und semantischen Faktoren in der etymologischen Reinterpretation (sog. Volksetymologie). In: Zeitschrift für Slawistik 16 (1971) S. 52–57.

Coseriu (1971) Eugenio Coseriu: Die Metaphernschöpfung in der Sprache. In: E. C.: Sprache. Strukturen und Funktionen. 12 Aufsätze zur allgemeinen und romanischen Sprachwissenschaft. In Zusammenarbeit mit Hansbert Bertsch und Gisela Köhler hrsg. von Uwe Petersen. 2., verb. Aufl. Tübingen 1971. S. 15–52.

Dähnhardt (1898) Oskar Dähnhardt: Volkstümliches aus dem Königreich Sachsen auf der Thomasschule gesammelt. 2 Hefte. Leipzig 1898.

Debrunner (1926) Albert Debrunner: Lautsymbolik in alter und neuester Zeit. In: Germanisch-Romanische Monatsschrift 14 (1926) S. 321–338.

Debus (1987) Friedhelm Debus (Hrsg.): Reclams Namenbuch. Deutsche und fremde Vornamen nach Herkunft und Bedeutung erklärt. Stuttgart 1987 [u. ö.].

Deroy (1956) Louis Deroy: L'emprunt linguistique. Paris 1956.

Distel (1901) Theodor Distel: Zu Zeitschrift XV, 324–332. In: Zeitschrift für den deutschen Unterricht 15 (1901) S. 805.

Douffet (1907) Robert Douffet: Deutsche Wortforschung und Wortkunde. Hrsg. von Alfred v. Salten. Leipzig 1907.

DUDEN Etymologie (1989) DUDEN Etymologie. Herkunftswörterbuch der deutschen Sprache. 2., völlig neu bearb. und erw. Aufl. von Günther Drosdowski. Mannheim/Wien/Zürich 1989.

DUDEN Das große Wörterbuch (1993–95) DUDEN Das große Wörterbuch der deutschen Sprache in acht Bänden. Hrsg. und bearb. vom Wissenschaftlichen Rat und den Mitarbeitern der Dudenredaktion unter der Leitung von Günther Drosdowski. 2., völlig neu bearb. Aufl. Mannheim/Wien/Zürich 1993–95.

DUDEN Redewendungen (1992) DUDEN Redewendungen und sprichwörtliche Redensarten. Wörterbuch der deutschen Idiomatik. Hrsg. und bearb. von Günther Drosdowski und Werner Scholze-Stubenrecht. Mannheim/Wien/Zürich 1992.

DUDEN Universalwörterbuch (1989) DUDEN Deutsches Universalwörterbuch. Hrsg. und bearb. vom wissenschaftlichen Rat und den Mitarbeitern der Dudenredaktion unter der Leitung von Günther Drosdowski. 2., völlig neu bearb. und stark erw. Aufl. Mannheim/Wien/Zürich 1989.

Eckardt (1937) Olga Eckardt: Die Sportsprache von Nürnberg und Fürth. Eine volkssprachliche Untersuchung. Erlangen 1937.

Eichhoff (1979) Jürgen Eichhoff: Zur Aussprache und Schreibung von Wörtern deutscher Herkunft im Amerikanischen Englisch. In: Braun, Peter (Hrsg.): Fremdwort-Diskussion. München 1979. S. 114–144.

Eichler (1981) Ernst Eichler: Sprachkontakte und Sprachebenen in der Onomastik. In: Onomastica Slavogermanica. XIII. Hrsg. von Ernst Eichler und Hans Walther. Redaktion: Johannes Schultheis. Berlin 1981. S. 7–19.

Eichler (1985) Ernst Eichler: Probleme der linguistischen Behandlung von Flurnamen slawischer Herkunft im deutsch-slawischen Kontaktgebiet. In: Gießener Flurnamen-Kolloquium. 1. bis 4. Oktober 1984. Hrsg. von Rudolf Schützeichel. Heidelberg 1985. S. 256–265.

Eichler/Jakob (1962) Ernst Eichler / Hans Jakob: Slawische Forst- und Flurnamen im Obermaingebiet. In: Wissenschaftliche Zeitschrift der Karl-Marx-Universität Leipzig. Gesellschafts- und Sprachwissenschaftliche Reihe 11 (1962) S. 283–294.

Eichler/Walther (1986) Ernst Eichler / Hans Walther: Städtenamenbuch der DDR. Leipzig 1986.

Eitzen (1929) Wilhelm Eitzen: Der Irrgarten der Sprachen. Gefährliche Fremdwörter, Mißverständnisse und Entgleisungen. Berlin/Bonn 1929.

Erich/Beitl (1974) Oswald A. Erich / Richard Beitl: Wörterbuch der deutschen Volkskunde. 3. Aufl. Neu bearb. von Richard Beitl unter Mitarb. von Klaus Beitl. Stuttgart 1974.

Feigl (1986) Helmuth Feigl: Änderungen von Siedlungsnamen in Österreich. In: Ortsnamenwechsel. Bamberger Symposion. 1. bis 4. Oktober 1986. Hrsg. von Rudolf Schützeichel. Heidelberg 1986. S. 189–234.

Fill (1976) Alwin Fill: Synchrone oder diachrone etymologische Kompetenz? In: Panagl, O[swald] / Pohl, Heinz Dieter (Hrsg.): Etymologie I. Vorträge der Arbeitsgruppe »Diachrone Sprachwissenschaft«. Klagenfurt, 23.-24. Oktober 1976. Teil I. [o. O.] (Klagenfurter Beiträge zur Sprachwissenschaft 2, 1976, H. 2/3.) S. 3–16.

Fischer (1914) W. Fischer: Die deutsche Sprache von heute. Leipzig/Berlin 1914.

Fleischer (1964) Wolfgang Fleischer: Die deutschen Personennamen. Geschichte, Bildung und Bedeutung. Berlin 1964.

Förstemann (1852) Ernst Förstemann: Ueber deutsche volksetymologie. In: Zeitschrift für vergleichende Sprachforschung auf dem Gebiete des Deutschen, Griechischen und Lateinischen 1 (1852) S. 1–25.

Gabelentz (1901) Georg von der Gabelentz: Die Sprachwissenschaft, ihre Aufgaben, Methoden und bisherigen Ergebnisse. Hrsg. von Albrecht Graf von der Schulenburg. 2., verm. und verb. Aufl. Leipzig 1901.

Gamillscheg (1951) Ernst Gamillscheg: Französische Bedeutungslehre. Tübingen 1951.

Geier (1972) Ruth Geier: Vom »Kater« und anderen Fehletymologien. In: Sprachpflege. Zeitschrift für gutes Deutsch 21 (1972) S. 212 f.

Glöde (1896) O. Glöde: Zur Volksetymologie. In: Zeitschrift für den deutschen Unterricht 10 (1896) S. 512.

Gottschald (1982) Max Gottschald: Deutsche Namenkunde. Unsere Familiennamen. Mit einer Einführung in die Familiennamenkunde von Rudolf Schützeichel. 5., verb. Aufl. Berlin / New York 1982.

Graur (1970) Alexandru Graur: Formations erronées. In: Mélanges Marcel Cohen. Études de Linguistique, Ethnographie et Sciences connexes offertes par ses amis et ses élèves à l'occasion de son 80ième anniversaire. Avec des articles et études inédites de Marcel Cohen. Réunis par David Cohen. The Hague / Paris 1970. S. 78–81.

Gutknecht (1995) Christoph Gutknecht: Lauter böhmische Dörfer. Wie die Wörter zur ihrer Bedeutung kamen. München 1995.

Harndt (1984) Ewald Harndt: Französisches im Berliner Jargon. 7. Aufl. Berlin 1984.

Hellen (1890) Eduard von der Hellen: Die Lehnwörter der neuhochdeutschen Schriftsprache. In: Wissenschaftliche Beilage der Leipziger Zeitung. 1890. Nr.18. [Sp. 1–8.]

Hench (1973) Atcheson L. Hench: *Take It for Granted*, or *Granite*. In: American Speech 48 (1973) S. 302.

Hengst (1964) Karlheinz Hengst: Schwierige Ortsnamen Westsachsens. In: Wissenschaftliche Zeitschrift der Karl-Marx-Universität Leipzig. Gesellschafts- und Sprachwissenschaftliche Reihe 13 (1964) S. 391–393.

Hengst (1981) Karlheinz Hengst: Zur Integration slawischer Toponyme ins Deutsche. In: Onomastica Slavogermanica. XIII. Hrsg. von Ernst Eichler und Hans Walther. Redaktion: Johannes Schultheis. Berlin 1981. S. 21–42.

Hildebrand (1887) Rudolf Hildebrand: Ein Schulspaß, dabei etwas vom Humor in der Schule überhaupt, auch etwas Grammatisches. In: Zeitschrift für den deutschen Unterricht 1 (1887) S. 441–446.

Hinrichsen (1985) Manfred Hinrichsen: Flurnamen und Mehrsprachigkeit. Ergebnisse einer Untersuchung im deutsch-dänischen Interferenzraum. In: Gießener Flurnamen-Kolloquium. 1. bis 4. Oktober 1984. Hrsg. von Rudolf Schützeichel. Heidelberg 1985. S. 243–250.

Hirsch (1964) Ernst Hirsch: Die Lösung des Problems des gaskognisch-pyrenäischen Namengutes im oberen Chisonetal. In: Beiträge zur Namenforschung 15 (1964) S. 303–307.

Hirt (1921) Herman Hirt: Etymologie der neuhochdeutschen Sprache. Darstellung des deutschen Wortschatzes in seiner geschichtlichen Entwicklung. 2., verb. und verm. Aufl. München 1921.

Homberger (1989) Dietrich Homberger: Sachwörterbuch zur deutschen Sprache und Grammatik. Frankfurt a. M. 1989. – Neuausg. u. d. T.: Sachwörterbuch zur Sprachwissenschaft. Stuttgart 2000 [i. Vorb.].

Kahlo (1960) Gerhard Kahlo: Die Naturkenntnis der Indonesier im Spiegel ihrer Sprache. Leipzig 1960.

Kainz (1972) Friedrich Kainz: Über die Sprachverführung des Denkens. Berlin 1972.

Kieser (1972) Otto Kieser: Diatopik eines Wortschatzes nach Sachgruppen. Dialektuntersuchung des Kreises Liebenwerda. Textband. Redigiert von Reiner Hildebrandt. Gießen 1972.

Kieser (1982) Otto Kieser: Bezeichnungen für die ›Kaulquappe‹ im Gebiet von Mulde – Elbe – Schwarze Elster. Gedanken zu Gisela Bangs gleichnamiger Dissertation und zu Walther Mitzkas Karte ›Kaulquappe‹ im »Deutschen Wortatlas«. In: Zeitschrift für Dialektologie und Linguistik 49 (1982) H. 2. S. 208–216.

Kirchmeier (1973) Monika Kirchmeier: Entlehnung und Lehnwortgebrauch. Untersucht am französischen Einfluß auf die württembergischen Mundarten und am württembergischen Einfluß auf die Sprache im Pays de Montbéliard. Tübingen 1973.

Kluge/Seebold (1989) Friedrich Kluge / Elmar Seebold: Etymologisches Wörterbuch der deutschen Sprache. 22., unter Mithilfe von Max Bürgisser und Bernd Gregor völlig neu bearb. Aufl. Berlin / New York 1989.

Kluge/Seebold (1995) Friedrich Kluge / Elmar Seebold: Etymologisches Wörterbuch der deutschen Sprache. Bearb. von Elmar Seebold. 23., erw. Aufl. Berlin / New York 1995.

Kniely (1928) Konrad Kniely: Der »Diebsweg« bei Leoben. In: Blätter für Heimatkunde 6 (1928) H. 4. S. 62–64.

Knobloch (1968) Johann Knobloch: Das schöpferische Missverständnis. In: Lingua 21 (1968) S. 237–249.

Koelwel (1960) Eduard Koelwel: »Red'n Se bitte weiter, Se riechen so scheen nach Schnaps!« In: Sprachpflege. Zeitschrift für gutes Deutsch 9 (1960) S. 165 f.

König (1989) Werner König: dtv-Atlas zur deutschen Sprache. 7. Aufl. München 1989.

Koziol (1967) Herbert Koziol: Grundzüge der englischen Semantik. Stuttgart 1967.

Krämer/Trenkler (1998) Walter Krämer / Götz Trenkler: Lexikon der populären Irrtümer. 500 kapitale Mißverständnisse, Vorurteile und Denkfehler von Abendrot bis Zeppelin. Durchges. Taschenbuchausg. München/Zürich 1998.

Küpper (1982–84) Hans Küpper: Illustriertes Lexikon der deutschen Umgangssprache. In 8 Bänden. Stuttgart 1982–84.

Kunze (1998) Konrad Kunze: dtv-Atlas Namenkunde. Vor- und Familiennamen im deutschen Sprachgebiet. München 1998.

Landmann (1962) Salcia Landmann: Jiddisch. Das Abenteuer einer Sprache. Olten / Freiburg i. Br. 1962.

Lenkowa (1959) A. F. Lenkowa: Die sogenannte Volksetymologie. In: Muttersprache. Zeitschrift zur Pflege und Erforschung der deutschen Sprache 69 (1959) S. 137–141.

Lewkowskaja (1968) X. A. Lewkowskaja: Lexikologie der deutschen Gegenwartssprache. Moskau 1968.

Lochner von Hüttenbach (1984) Fritz Lochner von Hüttenbach: »Unmotivierte« Übernahme von Namen, Beispielmaterial zur sekundären semantischen Motivation. In: Sprachkontakt im Wortschatz – Dargestellt an Eigennamen –. Thesen und Diskussionsbeiträge zum Internationalen Symposium »Eigennamen im Sprachkontakt« des Wissenschaftsbereiches Namenforschung an der Sektion Theoretische und angewandte Sprachwissenschaft vom 16.-17. November 1982. Leipzig 1984. S. 61 f.

Maas (1973) Utz Maas: Linguistik als Legitimationswissenschaft. Zur Diskussion um Linguistik und Lehrer(fort-)bildung. In: Linguistik und Didaktik 4 (1973) S. 34–52.

Mackensen (1926a) Lutz Mackensen: Philologie und Volkskunde. (Greifswalder Antrittsvorlesung vom 16. 1. 1926.) In: Niederdeutsche Zeitschrift für Volkskunde 4 (1926) H. 2. S. 115–128.

Mackensen (1926b) Lutz Mackensen: Sprachmischung als Wortbildungsprinzip. In: Zeitschrift für deutsche Philologie 51 (1926) S. 406–412.

Mackensen (1927) Lutz Mackensen: Name und Mythos. Sprachliche Untersuchungen zur Religionsgeschichte und Volkskunde. Leipzig 1927.

Marzell (1951) Heinrich Marzell: Himmelsbrot und Teufelsleiter. Volkstümliche Pflanzennamen aus Bayern. München 1951.

Marzell (1978) Heinrich Marzell: Die Tiere in deutschen Pflanzennamen. Ein botanischer Beitrag zum deutschen Sprachschatze. Walluf bei Wiesbaden 1978. [Nachdr. der Ausg. Heidelberg 1913.]

Maurer (1934) Friedrich Maurer: Volkssprache. In: Spamer, Adolf (Hrsg.): Die Deutsche Volkskunde. Bd. 1. Leipzig/Berlin 1934. S. 183–202.

Mayer (1962) Erwin Mayer: Sekundäre Motivation. Untersuchungen zur Volksetymologie und verwandten Erscheinungen im Englischen. Diss. Köln 1962.

McKnight (1969) George Harley McKnight: English Words and their Background. New York 1969. [Nachdr. der Ausg. von 1923.]

Meisen (1954) Karl Meisen: »Jo woll, Flötekies!«. Die Entstehung und Bedeutung einer rheinischen Redensart. In: Rheinisch-Westfälische Zeitschrift für Volkskunde 1 (1954) S. 169–177.

Meisen (1955) Karl Meisen: Rheinische Volksetymologie. Ein Beitrag zur rheinischen Wort- und Namenkunde und zum rheinischen Volkshumor. In: Rheinisch-Westfälische Zeitschrift für Volkskunde 2 (1955) S. 201–238.

Mieder (1985) Wolfgang Mieder: Antisprichwörter. Bd. 1. 3. Aufl. Wiesbaden 1985.

Naumann (1961) Horst Naumann: Zu einigen Problemen der Flurnamenforschung in Nordwestsachsen. In: Beiträge zur Namenforschung 12 (1961) S. 113–151.
Naumann (1994) Horst Naumann (Hrsg.): Das große Buch der Familiennamen. Alter. Herkunft. Bedeutung. Mit Unterstützung der Gesellschaft für deutsche Sprache. Niedernhausen 1994.

Olschansky (1996) Heike Olschansky: Volksetymologie. Tübingen 1996.
Osman (1982) Nabil Osman (Hrsg.): Kleines Lexikon deutscher Wörter arabischer Herkunft. München 1982.

Palmer (1936) L. R. Palmer: An Introduction to Modern Linguistics. London 1936.
Panagl (1982) Oswald Panagl: Aspekte der Volksetymologie. Innsbruck 1982.
Paul/Henne/Objartel (1992) Hermann Paul / Helmut Henne / Georg Objartel: Deutsches Wörterbuch. 9., vollständig neu bearb. Aufl. Tübingen 1992.
Pfeifer (1995) Wolfgang Pfeifer [u. a.]: Etymologisches Wörterbuch des Deutschen. Ungekürzte, durchges. Ausg. München 1995.
Pfister (1980) Max Pfister: Einführung in die romanische Etymologie. Darmstadt 1980.
Pickl (1961) Othmar Pickl: »Wanzenbichl« und »Saurüssel«. Von merkwürdigen Berg-, Flur- und Hausnamen im Semmeringgebiet. In: Neue Chronik zur Geschichte und Volkskunde der innerösterreichischen Alpenländer. Graz. 1961. Nr. 66. Eigenbeilage zu Südost-Tagespost. Nr. 152 (5. Ju[?]i). S. 66.
Pohl (1988) Heinz Dieter Pohl: Abgrenzungsprobleme zwischen Toponymen verschiedenen Ursprungs in Kärnten (und Osttirol). In: Onomastica Slavogermanica. XVII. Hrsg. von Ernst Eichler und Hans Walther. Redaktion: Johannes Schultheis. Berlin 1988. S. 33–48.
Post (1982) Rudolf Post: Romanische Entlehnungen in den westmitteldeutschen Mundarten. Diatopische, diachrone und diastratische Untersuchungen zur sprachlichen Interferenz am Beispiel des landwirtschaftlichen Sachwortschatzes. Wiesbaden 1982.
Preradovic (1978) Gisela von Preradovic: Beobachtungen zum Namenverständnis im Mittelalter. In: Onoma 22 (1978) S. 196–207.

Pusch (1990a) Luise F. Pusch: Schreiben Männer anders? oder Der lange Weg zur Müdigkeit. In: L. F. P.: Alle Menschen werden Schwestern. Feministische Sprachkritik. Frankfurt a. M. 1990. S. 234 f.

Pusch (1990b) Luise F. Pusch: Sind Herren herrlich und Damen dämlich? In: L. F. P.: Alle Menschen werden Schwestern. Feministische Sprachkritik. Frankfurt a. M. 1990. S. 209.

Puşcariu (1943) Sextil Puşcariu: Die rumänische Sprache. Ihr Wesen und ihre volkliche Prägung. Aus dem Rumänischen übers. und bearb. von Heinrich Kuen. Leipzig 1943.

Reimann (1964) Hans Reimann: Vergnügliches Handbuch der deutschen Sprache. Völlig rev. und stark erw. Neuaufl. Wiesbaden 1964.

Reitz (1964) Brunhilde Reitz: Die Kultur von ›brassica oleracea‹ im Spiegel deutscher Sprache. In: Festschrift für [. . .] Luise Berthold. Gießen 1964. S. 471–628.

Reitzenstein (1991) Wolf-Armin Frhr. v. Reitzenstein: Lexikon bayerischer Ortsnamen. Herkunft und Bedeutung. 2., verb. und erw. Aufl. München 1991.

Ripećka (1967) Olga Ripećka: Zur semantischen Struktur der slawisch-deutschen Ortsnamen. In: Onomastica Slavogermanica. III. Hrsg. von Rudolf Fischer. Redaktion: Ernst Eichler, Hans Walther und Johannes Schultheis. Berlin 1967. S. 145–152.

Röhrich (1991–92) Lutz Röhrich: Das große Lexikon der sprichwörtlichen Redensarten. 3 Bde. Freiburg i. Br. / Basel / Wien 1991–1992.

Room (1986) Adrian Room: A dictionary of true etymologies. London/Boston/Henley 1986.

Rosenfeld (1985) Hellmut Rosenfeld: Flurnamen in der städtischen Nomenklatur als Geschichtsquelle. In: Gießener Flurnamen-Kolloquium. 1. bis 4. Oktober 1984. Hrsg. von Rudolf Schützeichel. Heidelberg 1985. S. 343–351.

Rosenkranz (1978) Heinz Rosenkranz: Personennamen als Appellativa in der Mundart. In: Namenkundliche Informationen. Nr. 33: Beiträge zum XIII. Internationalen Kongreß für Namenforschung. Kraków, 21.-25. August 1978. Leipzig. 1978. S. 34–42.

Saussure (1967) Ferdinand de Saussure: Grundfragen der allgemeinen Sprachwissenschaft. Hrsg. von Charles Bally und Albert

Sechehaye unter Mitarb. von Albert Riedlinger. Übers. von Herman Lommel. 2. Aufl. Berlin 1967.

Schmidt-Wiegand (1985) Ruth Schmidt-Wiegand: Recht und Aberrecht in Flurnamen. In: Gießener Flurnamen-Kolloquium. 1. bis 4. Oktober 1984. Hrsg. von Rudolf Schützeichel. Heidelberg 1985. S. 600–620.

Schuch (1990) Gerhild von Schuch: Einführung in die Sprachwissenschaft. München 1990.

Schützeichel (1993) Rudolf Schützeichel: Shakespeare und Verwandtes. Vortrag gehalten am 2. Oktober 1982 auf dem Münsteraner Familiennamen-Kolloquium. In: Reader zur Namenkunde. Bd. 2: Anthroponymie. Hrsg. von Friedhelm Debus und Wilfried Seibicke. Hildesheim / Zürich / New York 1993. S. 373–396.

Seebold (1981) Elmar Seebold: Etymologie. Eine Einführung am Beispiel der deutschen Sprache. München 1981.

Sommer (1959) Hans Sommer: Sprachliche Missverständnisse. In: Berner Schulblatt. Korrespondenzblatt des Bernischen Lehrervereins / L'École Bernoise. Organe de la Société des Instituteurs Bernois 91 (1959) Nr. 45–46. S. 807–812. 823–828.

Sprachdienst (1961) [Anonym]: Altes Leiden. In: Der Sprachdienst 5 (1961) H. 6. S. 87–89.

Springmann (1986) Ingo Springmann (Hrsg.): Werbetexte. Texte zur Werbung. Für die Sekundarstufe. Veränderte und bibliographisch erg. Ausgabe. Stuttgart 1986.

Stanjek (1913) J. Stanjek: Die »spitzgeführte« Rechnung. Ein Kapitel von der »Volksetymologie«. In: Rheinisch-Westfälische Zeitung. Essen. Jg. 172. Nr. 100 (24.1.1913). Mittag (II.) Ausgabe. Blatt 2.

Strigl (1904–07) Hans Strigl (Hrsg.): Abraham a Sancta Claras Werke. In Auslese. Im Auftrage des Stadtrates der k. k. Reichshaupt- und Residenzstadt Wien hrsg. und mit Einl. und Anm. vers. 6 Bde. Wien 1904–07.

Thiel (1983) Rudolf Thiel: Der Schein trügt. Etymologische Täuschungen von A bis Z. In: Sprachpflege 32 (1983) S. 116–118.

Trier (1981) Jost Trier: Wege der Etymologie. Nach der hinterlassenen Druckvorlage mit einem Nachw. hrsg. von Hans Schwarz. Berlin 1981.

Trost (1981) Pavel Trost: Namenentstellung und Namenersatz. In: Namenkundliche Informationen 39 (1981) S. 21 f.

Walther (1903) Walther: Ein Beispiel von Volksetymologie. In: Zeitschrift für den deutschen Unterricht 17 (1903) S. 658 f.
Weisgerber (1950) Leo Weisgerber: Die Muttersprache im Aufbau unserer Kultur. Düsseldorf 1950.

Wörterverzeichnis

Aufgenommen sind die Volksetymologien und die intentionalen Umdeutungen und Umbildungen nach Art der Volksetymologie – für den Lexikonteil außerdem die weiteren etymologisch erklärten Wörter.

FN = Familienname
ON = Orts-, Örtlichkeitsname
PN = Personenname

Reclam zum Vergnügen

»Stillsitzen kann ich einfach nicht«
Cicero zum Vergnügen

183 Seiten. 13 Abb. UB 9652

»Frühling mit Nachtigallen
und anderem Zubehör«
Eichendorff zum Vergnügen

149 Seiten. 12 Abb. UB 9670

»Alles kommt auf die Beleuchtung an«
Fontane zum Vergnügen

179 Seiten. 7 Abb. UB 9317

»Ich bin nun, wie ich bin«
Goethe zum Vergnügen

176 Seiten. 25 Abb. UB 8752

»Der Liebe Glut, sie geht zum Teufel«
Heine zum Vergnügen

167 Seiten. 9 Abb. UB 9630

»Es ist traurig, wenn man nichts behält als den Kopf«

Jean Paul zum Vergnügen

157 Seiten. 9 Abb. UB 9602

»Die Welt steht auf kein' Fall mehr lang«

Nestroy zum Vergnügen

172 Seiten. 11 Abb. UB 9409

»Habt ihr auch Schnupftücher genug bei euch?«

Shakespeare zum Vergnügen

167 Seiten. 17 Abb. UB 9779
